"新商科"电子商务系列丛书

跨境电子商务
（第2版）

◎ 主　编：黄　毅　来立冬

◎ 副主编：张　函　金川涵

◎ 主　审：陈　明

电子工业出版社
Publishing House of Electronics Industry
北京·BEIJING

内 容 简 介

本书的主要内容包括跨境电子商务认知、跨境店铺开设、店铺装修、店铺日常管理与优化、跨境店铺营销推广、跨境物流与海外仓、跨境电商客服、跨境电商支付与财务管理，旨在向读者呈现数字经济背景下跨境电子商务的发展现状及政策导向，帮助读者熟悉跨境店铺的运营，从而实现助力中国品牌出海的最终目标。

本书适合作为职业院校电子商务及相关专业的教材，也可供相关从业人员参考。

未经许可，不得以任何方式复制或抄袭本书之部分或全部内容。
版权所有，侵权必究。

图书在版编目（CIP）数据

跨境电子商务 / 黄毅，来立冬主编. —2 版. —北京：电子工业出版社，2024.1
ISBN 978-7-121-45129-4

Ⅰ. ①跨… Ⅱ. ①黄… ②来… Ⅲ. ①电子商务－高等学校－教材 Ⅳ. ①F713.36

中国国家版本馆 CIP 数据核字（2023）第 034440 号

责任编辑：张云怡
印　　刷：山东华立印务有限公司
装　　订：山东华立印务有限公司
出版发行：电子工业出版社
　　　　　北京市海淀区万寿路 173 信箱　　　邮编：100036
开　　本：787×1 092　　1/16　　印张：14.75　　字数：387 千字
版　　次：2018 年 3 月第 1 版
　　　　　2024 年 1 月第 2 版
印　　次：2024 年 1 月第 1 次印刷
定　　价：59.00 元

凡所购买电子工业出版社图书有缺损问题，请向购买书店调换。若书店售缺，请与本社发行部联系，联系及邮购电话：(010) 88254888，88258888。
质量投诉请发邮件至 zlts@phei.com.cn，盗版侵权举报请发邮件至 dbqq@phei.com.cn。
本书咨询联系方式：(010) 88254573，zyy@phei.com.cn。

"新商科"电子商务系列丛书编委会名单

主　任：沈凤池
总主编：胡华江

副主任：（排名不分先后）
商　玮　谈黎虹　陈　明　嵇美华　李玉清　杨泳波

委　员：（排名不分先后）
葛青龙　杨甜甜　张　翔　徐赛华　童海君　姜吾梅　魏　明
童红斌　李囡囡　黄　毅　李丛伟　徐寿芳　刘丽霞　夏　华

前 言

数字贸易作为传统贸易的拓展和延伸,已成为重塑产业价值链、实现制造业智能化转型、赋能中小型企业走向全球市场的重要驱动力。而跨境电子商务作为数字贸易的有机组成部分,正从简单的以跨境货物交易活动为主不断向整合产业链、贸易活动数字化等方向发展。

近些年的客观情况导致海外市场需求减少,2020年中国传统外贸进出口低迷,至第三季度方才实现由负转正。反观跨境电子商务,其进出口则一直保持逆势增长的态势。2018年,全球B2C跨境电子商务交易额突破6500亿美元,较2017年增长27.5%;2019年,全球B2C跨境电子商务交易额突破8000亿美元;2020年,全球B2C跨境电子商务交易额逼近1万亿美元。全球各地区都在享受着日益成熟的全球跨境电子商务带来的益处。

本书旨在向读者普及跨境电子商务的理论知识,让读者体验与应用跨境电子商务,实现网络创业。本书的主要内容包括跨境电子商务认知、跨境店铺开设、店铺装修、店铺日常管理与优化、跨境店铺营销推广、跨境物流与海外仓、跨境电商客服、跨境电商支付与财务管理等,还提供了配套的教学课件与视频。

本书的整体结构设计合理、体系完整、业务流程清晰、知识点翔实、操作实践性强,并具有以下特色。

1. 鲜明的时代性

本书着力凸显时代感与现代性,融入了最新的跨境电子商务的发展状况,同时又不因此而影响到知识的系统性和逻辑性,既有完整的跨境电子商务知识体系,又十分注重对读者跨境电子商务实践动手能力的培养。

2. 学习的便捷性

本书提供配套的学习资源,包括全部的教学课件,以及相关的视频和最新的行业报告。读者可通过扫描书中的二维码进行学习。

3. 受众的广泛性

本书的内容浅显易懂,具有可实践性,读者可以通过对本书内容的学习,全面认识跨境电子商务,还可以结合自身的专业实现创新创业。

本书由黄毅(浙江经济职业技术学院)、来立冬(浙江商业职业技术学院)担任主编,由张函(金华职业技术学院)、金川涵(金华职业技术学院)担任副主编。本书具体的编写分工如下:项目1、项目2由来立冬、黄毅编写,项目3由申潇潇、黄毅编写,项目4、项目8由张函编写,项目5、项目6由金川涵、黄毅编写,项目7由黄毅、严宇婷编写。全书最后由黄毅完成统稿工作。陈明教授（浙江工商职业技术学院）担任本书的主审，为本书的完善提出了宝贵的意见。

编者在编写本书的过程中得到了沈凤池教授与胡华江教授的悉心指导，并得到多位专家与教师的支持和帮助，在此表示衷心的感谢。

由于时间仓促，书中难免存在不足之处，恳请读者批评指正。

黄　毅
2023 年 7 月

目 录

项目1 跨境电子商务认知

引例 1
任务1.1 认识跨境电子商务 2
  1.1.1 跨境电子商务的概念与
     特征 2
  1.1.2 跨境电子商务的模式 5
任务1.2 跨境电子商务的国际环境与
    发展现状 9
  1.2.1 欧洲、北美洲、亚洲典型
     市场跨境电子商务的
     发展概况 9

  1.2.2 中国跨境电子商务的
     发展环境和现状 11
  1.2.3 中国卖家使用较多的
     跨境电商平台 12
同步阅读 16
同步实训 16
  实训 体验跨境网购 16
项目小结 20
同步测试 20

项目2 跨境店铺开设

引例 22
任务2.1 开设店铺 23
  2.1.1 注册账号 24
  2.1.2 企业认证 26
  2.1.3 在线考试 26
任务2.2 产品发布与管理 27
  2.2.1 产品发布与上架 27

  2.2.2 运费模板的设置 32
同步阅读 37
同步实训 38
  实训 Wish店铺的开设
     流程 38
项目小结 41
同步测试 42

项目3 店铺装修

引例 43
任务3.1 设计店铺布局 44
  3.1.1 布局店铺结构 44
  3.1.2 设计产品详情页 50
  3.1.3 设计产品主图 53
任务3.2 装修店铺 56
  3.2.1 店铺装修的基础操作 ... 56

  3.2.2 店铺装修第三方模块的
     操作 62
同步阅读 66
  实训 制作产品主图 67
项目小结 70
同步测试 70

项目 4　店铺日常管理与优化

引例 72
任务 4.1　速卖通后台的基本功能及
　　　　　设置 73
　　4.1.1　卖家后台 73
　　4.1.2　产品管理 77
　　4.1.3　交易管理 79
　　4.1.4　店铺表现与商铺管理 ... 81
　　4.1.5　经营表现 82
任务 4.2　数据化运营 83
　　4.2.1　数据化选品 83
　　4.2.2　商品与店铺表现数据
　　　　　分析 92
　　4.2.3　产品与店铺优化 99
同步阅读 108
同步实训 109
　　实训 4.1　站内数据选品 109
　　实训 4.2　产品分析与优化 113
项目小结 115
同步测试 115

项目 5　跨境店铺营销推广

引例 117
任务 5.1　店铺自主营销 118
　　5.1.1　选择店铺促销活动的
　　　　　时机 118
　　5.1.2　设计店铺的促销活动
　　　　　方案 120
　　5.1.3　设置店铺促销活动 123
任务 5.2　平台活动 131
　　5.2.1　平台活动介绍 131
　　5.2.2　平台活动的规则 131
　　5.2.3　平台活动报名的准备
　　　　　工作 134
任务 5.3　直通车推广 135
　　5.3.1　设计直通车推广
　　　　　策略 135
　　5.3.2　优化直通车的设置 138
任务 5.4　吸引站外流量 140
　　5.4.1　网红合作推广 140
　　5.4.2　联盟营销推广 142
　　5.4.3　搜索引擎推广 143
　　5.4.4　社交媒体推广 146
同步阅读 149
同步实训 152
　　实训 5.1　设置店内营销
　　　　　　活动 152
　　实训 5.2　合理设置关联
　　　　　　营销 152
项目小结 153
同步测试 153

项目 6　跨境物流与海外仓

引例 155
任务 6.1　跨境物流方式 157
　　6.1.1　认识邮政物流 157
　　6.1.2　认识商业快递 159
　　6.1.3　认识专线物流 160
　　6.1.4　认识海外仓 162
　　6.1.5　跨境物流方式的
　　　　　选择 166
任务 6.2　跨境物流运费的计算 168
　　6.2.1　国际海运运费的计算
　　　　　（海外仓）....................... 168
　　6.2.2　国际空运运费的计算
　　　　　（海外仓）....................... 169
　　6.2.3　跨境小包物流运费的
　　　　　计算 170
任务 6.3　线上与线下发货 170

  6.3.1　线上发货 170
  6.3.2　线下发货 174
同步阅读 174
同步实训 175
  实训　选择跨境物流方式 175
项目小结 176
同步测试 177

项目 7　跨境电商客服

引例 179
任务 7.1　跨境电商客服的工作思路、
    工作流程与工作技巧 180
  7.1.1　工作思路 180
  7.1.2　工作流程 181
  7.1.3　工作技巧 182
任务 7.2　纠纷处理、评价管理和老客户
    维护 184
  7.2.1　纠纷处理 184
  7.2.2　评价管理 187
  7.2.3　老客户维护 188
同步阅读 189
同步实训 190
  实训　处理纠纷 190
项目小结 195
同步测试 196

项目 8　跨境电商支付与财务管理

引例 198
任务 8.1　跨境支付 199
  8.1.1　跨境支付介绍 199
  8.1.2　国际支付宝 200
  8.1.3　其他跨境支付方式 204
任务 8.2　收款与提现 205
  8.2.1　收款与提现账户 205
  8.2.2　提现操作 208
  8.2.3　结汇和退税 210
任务 8.3　查看报表与财务管理 213
  8.3.1　订单报表 213
  8.3.2　运费报表 214
  8.3.3　资金账户管理 215
同步阅读 217
同步实训 218
  实训 8.1　查询银行的
      SWIFT Code 218
  实训 8.2　店铺财务核算 221
项目小结 224
同步测试 224

参考文献

项目 1

跨境电子商务认知

跨境电子商务的概念与特征；传统企业进入跨境电子商务的主要做法和关键点；通过跨境网购体验，分析跨境网购的优势和劣势。

引导学生正确认知跨境电子商务，做合规经营者和文明购物者。

项目导图

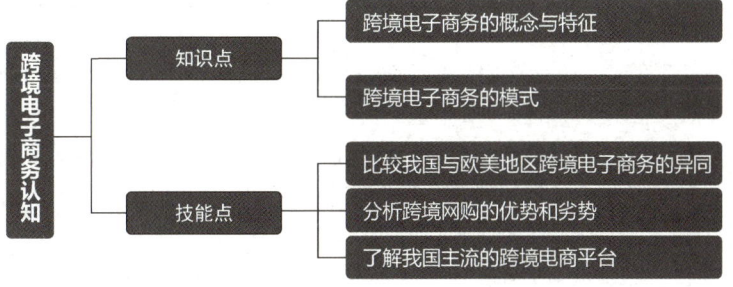

引例

中华人民共和国商务部发布的《2022年上半年中国网络零售市场发展报告》首次明确提及"即时零售"，并指出即时零售在"线上线下深度融合"中的重要价值。

2022年上半年全国网上零售额为6.3万亿元，同比增长3.1%。其中实物商品网上零售额为5.4万亿元，同比增长5.6%，占社会消费品零售总额的比重为25.9%，较2021年同期增长2.2%。

回顾2020年全球电子商务销售额，亚太地区创造了大约62.6%的份额。在国家方面，2020年，中国的电子商务销售额为2.3万亿美元，占全球总额的29%，全球排名第一。在人均销售额上，2020年，中国的人均电子商务销售额为1595.85美元，全球排名第四，仅次于英国（2657.25美元）、美国（2400.28美元）和韩国（2157.24美元）。

中国的跨境电子商务有着"全球货源基地"的制造基础，在高度市场和完备的电子商务服务生态和政策的助力下，中国的跨境电子商务顶层设计领先全球，并且出海企业目前已渗透到全球各地、各平台，未来的发展潜力巨大。

可见，中国的跨境电子商务在全球电子商务市场中是不可或缺的，中国的跨境电子商务在成为国际贸易新动能的同时，也是中国制造连接全球消费者的第一路径。

> **引例分析**
>
> 从上面的案例中可以看出，跨境出口是我国跨境电子商务发展的重点。相比于传统的外贸进出口，互联网实现了全球性、实时性和交互性的国际贸易，基于互联网产生的跨境电子商务也构建起开放、立体的多边贸易合作模式，促进了资源的配置优化，同时拓宽了企业进入国际市场的途径。当前，很多企业都面临着转型升级的重要课题，这些企业应该好好利用跨境电子商务的出口渠道，打造新的经济增长点。随着国家政策支持力度的不断加强，在移动互联网和智能物流等相关技术迅猛发展的背景下，围绕跨境电子商务会产生新的经济链，新的经济链会带动国内企业转型升级，催生出新的经济增长点。本项目主要介绍跨境电子商务的概念、特征、模式，以及跨境电子商务的国际环境与发展现状。

任务 1.1 认识跨境电子商务

计算机网络技术的重大突破，催生了商业化的国际互联网，这正好为电子商务在全球的创立与发展提供了必不可少的网络平台，从而实现了海量信息的快速传递，也实现了网络营销、电子支付等各种新型的电子商务服务及应用。进入 21 世纪以来，随着互联网的普及和快速发展，全球经济的各个领域已经进入互联网时代。利用互联网进行跨境电子商务交易已经成为国际贸易发展的新方向。

数据显示：2018 年，中国跨境电子商务交易规模达 9 万亿元，同比增长 11.6%；2019 年，中国跨境电子商务市场规模达 10.5 万亿元，同比增长 16.66%；2020 年，中国跨境电子商务务市场规模达 12.5 万亿元，同比增长 19.04%。由此可见，跨境电子商务在电子商务市场中占据着举足轻重的地位。

1.1.1 跨境电子商务的概念与特征

1. 跨境电子商务的概念

当前，对于跨境电子商务的认知主要体现在 4 个方面：政策、国际组织、咨询公司、学术研究。在政策方面，欧洲联盟（以下简称欧盟）在其电子商务统计中提出了跨境电子商务（Cross Border E-commerce）的名称和有关内容，但并没有给出明确的含义。2010 年，国际邮政组织在《跨境电子商务报告》中分析了 2009 年的跨境电子商务状况，但对跨境电子商务的概念也没有进行明确的界定，而是使用了"Internet Shopping""Online Shopping""Online Cross-border Shopping"等多个不同的说法。同样，在 eBay、尼尔森等著名公司及诸多学者的表述中也运用了不同的名词，如跨境在线贸易、跨境网购、国际电子商务等。总体来看，这些概念虽然表达不同，但还是反映了一些共同的特点：一是渠道上的现代性，即以现代信息技术和网络渠道为交易途径；二是空间上的国际性，即由一个经济体成员境内向另一个经济体成员境内提供的贸易服务；三是方式上的数字化，即以无纸化为主要交易方式。

跨境电子商务有广义和狭义之分。

（1）广义的跨境电子商务是指分属不同关境的交易主体通过电子商务手段达成交易的跨境进出口贸易活动。

（2）狭义的跨境电子商务特指跨境网络零售，是指分属不同关境的交易主体，通过电子商务平台（以下简称电商平台）达成交易、进行电子支付结算，并通过跨境电子商务物流及异地仓储送达产品，从而完成交易的一种国际商业活动。

想一想

> 在加速发展跨境电子商务的大背景下，传统企业涉足跨境电子商务有什么样的优势和劣势，又面临着怎样的机遇和挑战呢？

2. 跨境电子商务的特征

跨境电子商务具有全球性、无形性、匿名性、即时性、无纸化、快速演进等特征。

1）全球性

网络是一个没有边界的媒介，具有全球性和非中心化的特征。依附于网络发生的跨境电子商务也因此具有全球性和非中心化的特性。电子商务与传统的交易方式相比，具有的一个重要特征是电子商务是一种无边界交易，丧失了传统交易所具有的地理因素。互联网用户不需要跨越国界就可以把产品尤其是高附加值产品和服务提交到市场。网络的全球性特征带来的积极影响是最大程度的信息共享，消极影响是用户必须面临因文化、政治和法律的不同而产生的风险。任何人只要具备一定的技术手段，在任何时候、任何地方都可以让信息进入网络，与他人相互联系并进行交易。

这种远程交易的发展，给税收带来了许多困难。税收权力只能严格地在一国范围内实施，网络的全球性特征为税务机关对超越一国的在线交易行使税收管辖权带来了困难。在传统交易模式下，往往需要一个有形的销售网点存在，如通过书店将书卖给读者，而在线书店可以代替书店这个销售网点来直接完成整个交易。但问题是，税务机关往往要依靠这些销售网点获取税收所需要的基本信息，代扣代缴所得税等。

2）无形性

网络的发展使数字化产品和服务的传输盛行。电子商务是数字化传输活动的一种特殊形式，其无形性的特征使得税务机关很难控制和检查销售商的交易活动，税务机关面对的交易记录都体现为数据代码的形式，使得税务核查员无法准确地计算销售所得和利润所得，从而给税收带来困难。

数字化产品和服务基于数字传输活动的特性也必然具有无形性。传统交易以实物交易为主，而在电子商务中，无形产品却可以替代实物成为交易的对象。以书籍为例，传统的纸质书籍，其排版、印刷、销售和购买被看作产品的生产、销售。然而，在电子商务交易中，用户只要购买网上的数据权便可以获得书中的知识。而如何界定该交易的性质、如何监督、如何征税等一系列问题都给税务和法律部门带来了新的课题。

3）匿名性

由于跨境电子商务的全球性和非中心化特征，电子商务用户的身份及其所处的地理位置很难被识别。在线交易的用户往往不显示自己的真实身份和地理位置，重要的是这丝毫不影响交易的进行，网络的匿名性也允许用户这样做。在虚拟社会里，隐匿身份的便利导致自由与责任的不对称。人们在这里可以享受很大的自由，却只承担很小的责任，甚至有人逃避责任。这显然给税务机关制造了麻烦，税务机关无法查明应当纳税的在线交易人的身份和地理位置，也就无法获知纳税人的交易情况和应纳税额，更不要说去审计核实了。该部分交易和纳税人在税务机关的视野中"隐身"了，这对税务机关来说是致命的。

电子商务交易的匿名性导致逃避税收的现象恶化。网络的发展降低了避税成本，使电子商务避税更轻松易行。电子商务交易的匿名性使得应纳税人利用避税地联机金融机构规避税收监管成为可能。

4）即时性

对网络而言，信息传输的速度和地理距离无关。在传统交易模式下，信息交流方式如信函、电报、传真等，在信息的发送与接收间存在着长短不一的时间差。而电子商务中的信息交流，无论实际距离远近，一方发送信息与另一方接收信息几乎都是同时的，就如同生活中的面对面交谈。某些数字化产品（如音像制品、软件等）的交易，还可以即时清结，订货、付款、交货都可以在瞬间完成。

电子商务交易的即时性提高了人们交往和交易的效率，免去了传统交易中的中介环节，但也隐藏了法律危机。它在税收领域的表现：电子商务交易的即时性往往会导致交易活动的随意性，电子商务主体的交易活动可能随时开始、随时终止、随时变动，这就使得税务机关难以掌握交易双方的具体交易情况，不仅使得税收的源泉扣缴的管控手段失灵，还从客观上促成了纳税人不遵从税法的随意性，加之税收领域的现代化征管技术滞后，依法治税变得非常困难。

5）无纸化

电子商务主要采取无纸化操作的方式，这是以电子商务形式进行交易的主要特征。在电子商务中，计算机的电子通信记录取代了一系列的纸面交易文件。用户发送或接收的都是电子信息。由于电子信息以比特的形式存在和传送，因此整个信息发送和接收过程实现了无纸化。无纸化带来的积极影响是使信息传递摆脱了纸张的限制，但由于传统法律的许多规范是以"有纸交易"为出发点的，因此无纸化带来了一定程度上的法律混乱。

电子商务以数字合同取代了传统贸易中的书面合同，削弱了税务机关获取纳税人经营状况和财务信息的能力，而且电子商务所采用的其他保密措施也将增加税务机关掌握纳税人财务信息的难度。在某些交易无据可查的情形下，纳税人的申报额将会大大降低，应纳税所得额和所征税款都将少于实际所达到的数量，从而造成征税国国际税收流失。例如，世界各国普遍开征的传统税种之一的印花税，其课税对象是交易各方提供的书面凭证，课税环节为各种法律合同、凭证的书立或做成，而在网络交易无纸化的情况下，物质形态的合同、凭证形式已不复存在，因而印花税的合同、凭证贴花（完成印花税的缴纳行为）便无从下手。

6)快速演进

互联网一直处于持续不断的更迭中,网络设施和相应的软件协议未来的发展仍有很大的不确定性。基于互联网的电子商务活动也处在瞬息万变的过程中,在短短的几十年中,电子交易经历了从 EDI(Electronic Data Interchange,电子数据交换)到电子商务零售业的兴起过程,而数字化产品和服务更是花样出新,不断地改变着人们的生活。

跨境电子商务越来越成为世界各国关注的焦点。随着世界范围内新一轮产业结构的调整和贸易自由化进程的推进,跨境贸易在各国经济中的地位还将不断上升,跨境电子商务整体趋于活跃。

1.1.2 跨境电子商务的模式

从业务模式角度来看,跨境电子商务包括跨境零售(B2C、C2B)及跨境一般贸易(B2B)。从货物流向来看,跨境电子商务包括跨境进口和跨境出口。从经营主体主角来看,跨境电子商务包括平台型、自营型、混合型(平台+自营)。中国主要跨境电子商务的模式如表 1-1 所示。

表 1-1 中国主要跨境电子商务的模式

模 式	平 台 型	自 营 型
跨境 B2B(出口)	阿里巴巴国际站、中国制造网、环球资源网、敦煌网	—
跨境 B2B(进口)	1688.com、海带网	—
跨境电子商务零售(出口)	速卖通、eBay、亚马逊、Wish、Lazada、Shopee	兰亭集势、DX、米兰网
跨境电子商务零售(进口)	天猫国际、淘宝全球购、洋码头	网易考拉、京东全球购、聚美优品、小红书

根据不同的业务形态,跨境进口电子商务分为海外代购模式,直发、直运平台模式,自营模式,导购、返利平台模式,海外产品闪购模式。

1. 海外代购模式

简称"海代"的海外代购模式是继海淘之后第二个被消费者熟知的跨国网购概念。简单地说,就是身在海外的人、卖家为有需求的中国消费者在当地采购所需产品并通过跨国物流将产品送达消费者手中的模式,如图 1-1 所示。

从业务形态上看,海外代购模式大致可以分为以下两类。

(1)海外代购平台。海外代购平台的运营重点在于尽可能多地吸引符合要求的第三方卖家入驻,不会深度涉入采购、销售及跨境物流环节。入驻平台的卖家一般都是有海外采购能力或者跨境贸易能力的小卖家,他们会定期或根据消费者的订单集中采购特定的产品,并通过转运或直邮方式将产品发往中国。

海外代购平台是典型的跨境 C2C 平台。海外代购平台通过向入驻卖家收取入场费、交易费、增值服务费等获取利润。

优势:为消费者提供了较为丰富的海外产品,拥有的流量较大。

劣势:①消费者对于入驻卖家的真实资质抱有怀疑的态度,交易信用问题是 C2C 海外代购平台目前最需要解决的问题之一；②对跨境供应链的涉入较浅，难以建立充分的竞争优势。

代表企业：淘宝全球购、京东海外购、eBay 全球集市、美国购物网等。

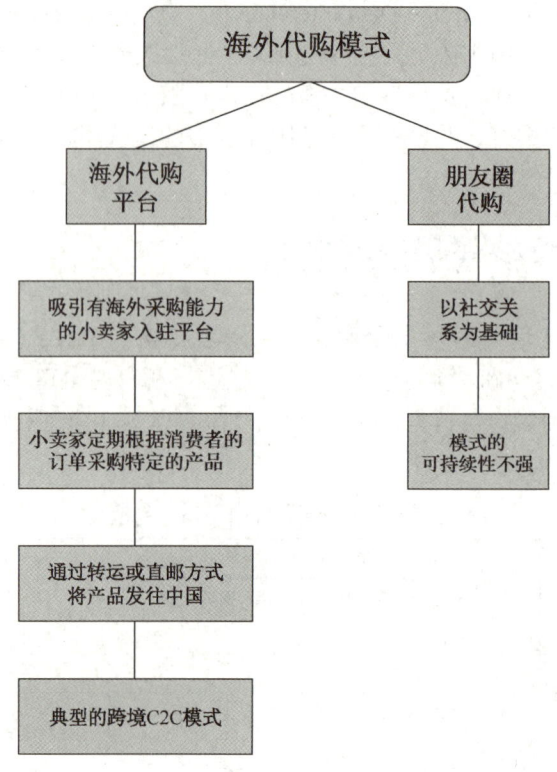

图 1-1　海外代购模式

（2）朋友圈代购。朋友圈代购是依靠熟人、半熟人社交关系从移动社交平台自然生长出来的原始商业形态。虽然社交关系对交易的安全性和产品的真实性起到了一定的背书作用，但受骗的人也不在少数。随着海关政策的收紧，未来在海购市场格局完成整合后，这种模式恐怕将难以为继。

2. 直发、直运平台模式

直发、直运平台模式又被称为 Dropshipping 模式，如图 1-2 所示。在这种模式下，电商平台将接收到的消费者订单信息发给批发商或厂商，后者按照消费者订单信息以零售的形式向消费者发送产品。由于供货商是批发商或厂商，因此直发、直运平台模式是一种典型的 B2C 模式。我们可以将其理解为第三方 B2C 模式（参照国内的天猫商城）。直发、直运平台的部分利润来自产品的零售价和批发价之间的差额。

优势：对跨境供应链的涉入较深，后续发展潜力较大；在寻找供货商时是与可靠的海外供应商直接谈判并签订跨境零售供货协议的。为了解决跨境物流环节的问题，这类电商平台会选择自建国际物流系统（如洋码头），或者和特定国家的邮政、物流系统达成战略合作关系（如天猫国际）。

劣势：招商缓慢，前期流量相对不足，前期所需资金体量较大。

代表企业：天猫国际（综合）、洋码头（北美）、跨境通（上海自贸区）、海豚村（欧洲）、一帆海购网（日本）、走秀网（全球时尚百货）等。

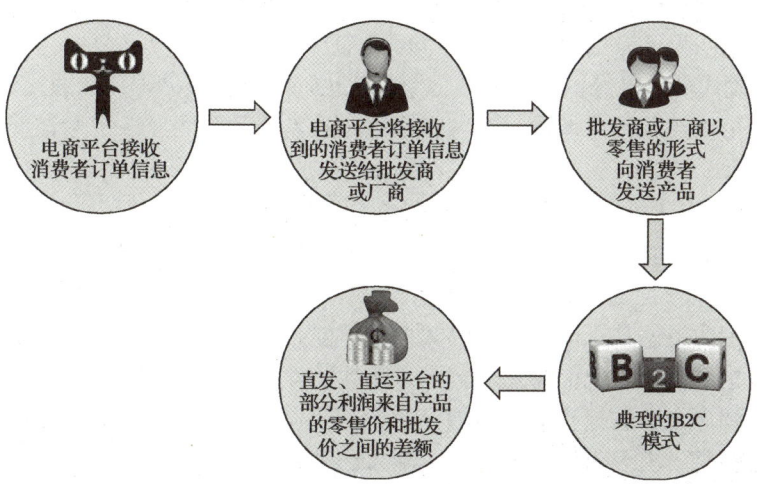

图 1-2 直发、直运平台模式

3. 自营模式

在自营模式下，对于大多数产品，平台都需要自己备货，因此它是所有模式中最重的一种模式，如图 1-3 所示。

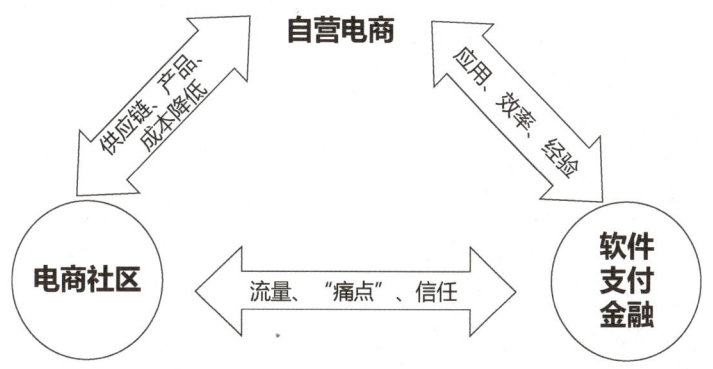

图 1-3 自营模式

1）自营模式的概念

自营模式是指一种他组织模式，即企业调动自身资源，打造用户体验。在现实中，这样操作的企业也不少，因为互联网将大数据集中于云端，而且提供了对大数据进行处理的云计算能力。互联网技术让企业对于数据的吸纳和处理实现了规模效应，使得企业凭借自己有限的资源也能够做出足够大的"蛋糕"。

除了完全使用自身资源的模式，自营模式还有一种变形，即进货-销售模式，也就是所谓的渠道模式。典型的例子是电子商务企业中的亚马逊、京东、当当等。这类端口企业先从各资源供给企业处进货，然后在自己的商城上销售，并提供统一的仓储、物流、整体品牌营销等一站式服务，用户可以在这里进行一站式采购。在自营模式中，为用户提供什么样的资源完全由端口企业基于自身掌握的数据进行判断。

2）自营模式的优点

（1）自营模式可以保证利益不外流，端口企业的投入越多，获得的收益也就越多。事实上，在自营模式中，由于端口企业对于供应链的强力控制，因此可以挤出各环节大量的利润，如将电子商务的物流环节做强也能带来该环节的巨大利益（有可能是大量节约的成本，也有可能是向第三方出售的服务能力）。

（2）自营模式可以确保供应链的强力整合，此时的端口成为端口企业出货的专用平台，因此端口企业可以控制用户体验，这在容错性比较差的互联网经济中尤其重要（用户轻点鼠标就可以离开）。

3）自营模式的缺点

（1）端口企业的有限资源不一定能够满足所有用户的需求，也就意味着浪费商机。即使采用进货-销售模式，也是依靠端口企业的数据处理能力来预判用户的需求，并采购相应的资源进行匹配的。但是，端口企业的数据处理能力是有限的，对于用户需求的判断失准时有发生，这也是端口企业市场反应较慢、产品种类扩充不灵活的原因。

这就需要端口企业进行权衡，当端口企业认为自己的数据处理能力足够强大、自己的资源可以打造各类"上天入地"的产品，即自己做出来的这个"蛋糕"足够大时，就会走入"自己玩数据"的自营模式。

（2）自身建立的垄断市场无法提供市场化的激励机制。这一风险甚至比端口企业缺乏资源做不大"蛋糕"的危害更大。端口企业缺乏资源，但资源可以逐渐累积，至少还有希望，但如果端口企业缺乏激励，那么即使具备了资源，也会将资源浪费掉。既然是在自家的地盘上，并拥有排他性经营权，端口企业就不会有足够的动力去做到最好，因为没有足够的压力。

代表企业：MALL、eBay、亚马逊、京东、当当、蜜芽宝贝（母婴）等。

4．导购、返利平台模式

导购、返利平台模式是一种比较轻的模式，可以被分成两部分：引流部分和产品交易部分。引流部分是指通过导购资讯、产品比价、海购社区论坛、海购博客及用户返利来吸引用户的部分。产品交易部分是指用户通过站内链接向海外 B2C 电商或者海外代购者提交订单实现跨境购物的部分。

为了提升产品品类的丰富度和货源的充裕度，导购、返利平台通常会搭配海外 C2C 代购模式。因此，从交易关系来看，导购、返利平台模式可以被理解为海淘 B2C 模式和代购 C2C 模式的综合体。

在典型的情况下，导购、返利平台会把自己的页面与海外 B2C 电商平台的产品销售页面进行对接，一旦产生销售，B2C 电商平台就会给予导购、返利平台一定的返点。导购、返利平台则将其所获返点中的一部分作为返利回馈给用户。

优势：定位于对信息流的整合，模式较轻，较容易开展业务。引流部分可以在较短时期内为导购、返利平台吸引到海购用户，可以让导购、返利平台比较好地理解用户的前端需求。

劣势：长期而言，把规模做大的不确定性比较大，对跨境供应链的把控较弱，进入门槛低，竞争对手多，相对缺乏竞争优势，若无法尽快达到一定的可持续流量规模，则后续发展难以维持。

项目 1　跨境电子商务认知

代表企业：55 海淘、一淘网（阿里旗下）、极客海淘网、海淘城、海淘居、海猫季、悠悠海淘、什么值得买、美国便宜货等。

5. 海外产品闪购模式

跨境闪购所面临的供应链环境比境内的供应链环境复杂，因此在很长一段时间里，涉足跨境闪购的玩家都处于小规模试水阶段。每年进入 9 月，聚美优品的"聚美海外购"和唯品会的"全球特卖"频道都纷纷高调亮相网站首页。两家企业都宣称对海外供应商的把控力强、绝对正品、全球包邮、一价全包。海外产品闪购模式是一种第三方 B2C 模式。

优势：一旦确立行业地位，就会形成流量集中、货源集中的平台网络优势。

劣势：对货源、物流的把控能力要求高，对前端用户引流、转化的能力要求高，任何一个环节的能力有所欠缺都可能导致失败。

代表企业：蜜淘网（原 CN 海淘）、天猫国际的环球闪购、1 号店的进口食品闪购活动、聚美优品海外购、宝宝树旗下的杨桃派、唯品会的海外直发专场等。

任务 1.2　跨境电子商务的国际环境与发展现状

艾媒咨询的统计数据显示，2020 年上半年，中国跨境电子商务逆势上扬。监测数据显示，2019 年中国跨境电子商务零售进出口总值达到 1862.1 亿元，同比增长 38.3%。2020 年上半年，中国通过海关跨境电子商务管理平台进出口增长 26.2%。跨境电子商务进出口在 2020 上半年保持高速增长，主要原因在于，疫情期间，跨境电子商务企业发挥"不接触"优势，从而加大了欧美等主要市场的开拓力度；同时，一系列利于跨境电子商务发展的政策纷纷落地。

1.2.1　欧洲、北美洲、亚洲典型市场跨境电子商务的发展概况

1. 欧洲的跨境电子商务市场

欧洲的 8.2 亿人口中有 5.3 亿个互联网用户、2.59 亿个在线购物用户。电子商务为欧洲贡献了大约 5% 的 GDP（Gross Domestic Product，国内生产总值）。纵观欧洲，英国、德国和法国是欧洲最大的跨境电子商务市场。2019 年，欧洲跨境 B2C 电子商务市场规模达 1000 亿欧元。西欧仍然是欧洲最发达的电子商务市场，保持稳健的增长趋势；同时，东欧的电子商务业务增长最快，其中罗马尼亚和保加利亚的电子商务市场在 2020 年增长了 30%，是整个欧洲增长最快的两个国家。而在南欧地区，希腊、葡萄牙、意大利等国，仅有 1/3 的消费者会选择线上购物。

网上交易对经济的贡献率逐步增长，互联网对欧洲 GDP 的贡献在迅速增加，尤其是英国，它引领了欧洲电子商务的潮流。除了给 GDP 做出贡献，电子商务还为欧洲创造了很多就业岗位。

欧洲的电子商务市场可以分为北部成熟的市场、南部增长迅速的市场和东部新兴市场。一旦资金和物流体系有所改善，东欧将会有很大改变。仅以俄罗斯来说，俄罗斯的网民已达 9500 万人（占俄罗斯总人口的 78.8%）；16～55 岁的俄罗斯人每年至少网购两次；77% 的网购者每月至少网购一次，23% 的网购者每周至少网购一次。但俄罗斯较低的信用卡渗透率及落后的物流服务等，导致俄罗斯的电子商务仍停留在现金交易阶段。尽管如此，2020 年上半年，俄罗斯的线上零售市场规模也达到了 1.654 万亿卢布。

2. 北美洲的跨境电子商务市场

全球约 37% 的跨境数字买家集中在北美洲。美国拥有 3.28 亿人口、2.85 亿个网民。相关数据显示，2020 年美国约有 2.56 亿个数字买家，约占成年人口的 88%，而这一数字在未来还会进一步攀升。

美国是世界上最大的经济体，也是世界第二大电子商务市场（第一是中国），年销售额达 5870 亿美元，线上营业额占总体营业额的 11.3%。在在线零售领域，美国是世界上最大的市场，其 2020 年的零售总额比 2019 年增长了 6.7%，是预期增长速度的近两倍，达到 40 600 亿美元。

超过半数的美国电子商户都从国外接受订单。虽然跨境电子商务面临各种挑战，但依然挡不住巨大的商机。除中国（全球电子商务销售额排名第一）外，美国是最受欢迎的跨境电子商务市场，紧接着是英国、日本、韩国、德国、法国。在跨境运送服务方式中，45% 的美国商户会选择标准邮政渠道。

加拿大的互联网、手机和银行服务的普及率很高，但由于加拿大地广人稀，因此物流对偏远地区来说是一个挑战。加拿大也是美国跨境电子商务的重要市场之一，因为其税率比美国国内更为优惠。60% 的加拿大人从美国网购，其中 38% 的加拿大人生活在安大略省。这里相对较低的物流费用和汇率，使加拿大人的网购热情有增无减。

北美洲的南部和加勒比海地区的网购发展势头迅猛。这些地区的网购者对美国和加拿大来说都是潜在客户。但目前来看，欧洲的电子商务发展得更加迅速。

3. 亚洲的跨境电子商务市场

在亚洲的在线销售统计中，日本和韩国独树一帜，有 80% 的人活跃在网上，25% 的韩国网购者和 18% 的日本网购者都会海淘。亚洲各地区之间有着极强的联系，排名前 3 的跨境电子商务地区和国家分别是中国香港（96%）、中国内地（90%）、日本（71%）。在全世界的互联网用户数量排名中，前 5 名中有 3 个亚洲国家：中国、日本和印度。

除了增长的财富和庞大的中等收入群体，互联网的普及也是电子商务的重要推手，没有互联网的普及就不可能有在线销售。We Are Social 和 Hootsuite 发布的 2019 年的数字报告显示，全球约有 76.76 亿人，有 34.84 亿人活跃在社交媒体上。从 2019 年的网民增长规模来看，印度排名第一，中国排名第二。

亚洲的数字产业发展呈现不同的情况。印度是全球唯一还在快速增长的市场。2019 年的全球移动状况报告显示，印度的移动互联网普及率高达 91%。虽然印度目前的移动网络用户总数仍不及中国，但其发展十分迅速，印度第二大的移动运营商 Airtel 曾在一个月内就获得了超过 580 万个用户。

在印度接入互联网的用户中，使用运营商 Reliance Jio 的网络的用户占据了一半以上。印度整体的互联网普及率在 35% 左右，其中城市地区的互联网普及率为 65%，农村地区的互联网普及率为 20%。印度的互联网普及率正在急速上升，电子商务机会巨大。

在东南亚地区，马来西亚的电子商务市场仍然极具吸引力，发展潜力巨大，这得益于飞速发展的经济和数字技术、巨大的人口红利和充足的人才储备（马来西亚约有 2584 万个活跃互联网用户，占总人口的 80%，手机普及率极高）。

日本和韩国的电子商务成熟度较高。由日本的电子商务企业等组成的日本通信销售协会公布的 2020 年度电商销售额估值为 10.63 万亿日元，较 2019 年度增长 20.1%，首次突破 10 万亿日元。

日本的电子商务渗透率达到 97%，因为大部分日本人都居住在城里，这也就解释了为什么多渠道销售较容易赢利。在一个基础设施发达且面积相对较小的国家中，提供物流服务更易于使客户感到满意。

1.2.2 中国跨境电子商务的发展环境和现状

近年来，中国跨境电子商务的规模快速增长。中国海关的数据显示，2020 年，通过海关跨境电子商务管理平台验放的进出口清单达到 24.5 亿票，同比增长 63.3%，进出口额达 1.7 万亿元，同比增长 31.1%，与 2015 年相比，5 年增长了 10 倍。从进出口角度看，2021 年 1—6 月，中国跨境电子商务进出口额达 8867 亿元，同比增长 28.6%，其中出口额为 6036 亿元，同比增长 44.1%。中国跨境电子商务零售进出口总额及同比增长率（2015—2019 年）如图 1-4 所示。

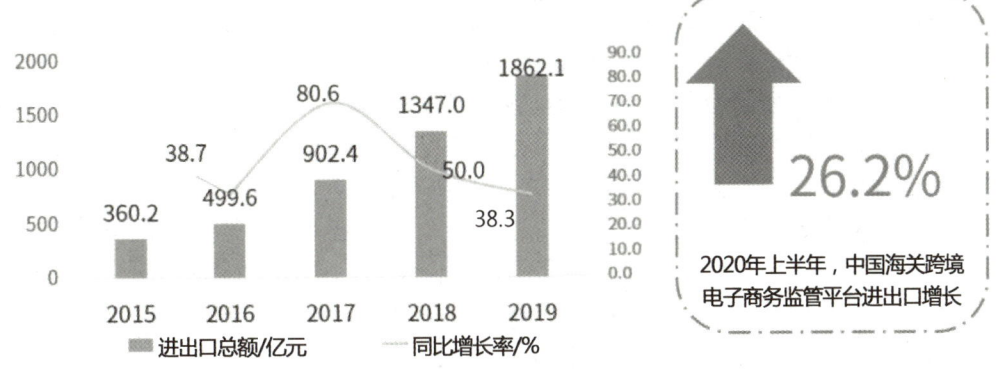

图 1-4　中国跨境电子商务零售进出口总额及同比增长率（2015—2019 年）

（资料来源：海关部署、艾媒数据中心）

从交易品类看，跨境电子商务的交易品类较为集中。相关机构的研究表明，中国跨境电子商务品类主要集中在服装服饰、3C 电子产品、家居园艺和汽车配件等行业，其中 3C 电子产品的占比高达 41.2%。这些产品的标准化程度高、退货率低、便于运输和存储等特点突出，适宜通过电子商务渠道进行销售。

从跨境电子商务卖家的区域分布来看，跨境电子商务卖家主要集中在外贸发达的地区。广东、江苏、浙江、上海、福建这 5 个省（市）的跨境电子商务交易额的占比接近 80%，其中广东的跨境电子商务交易额的占比高达 38.9%。这与沿海外贸发达地区的经济实力较强、区位优势明显有较大的关系。

从跨境出口电子商务贸易对象来看,美国和欧盟市场较为稳定,一些新兴市场,如东盟、俄罗斯、印度、巴西等地区和国家的交易也在迅速增长。当前,美国、欧盟地区、东盟地区成为中国的三大跨境电子商务贸易对象,其交易额分别占16.6%、15.3%和11%。

从用户群体来看,中国的跨境电子商务用户主要由高学历、高收入、高职位群体构成。艾瑞咨询的研究显示,跨境网购用户中25~35岁的群体的占比高达65%,其中25~30岁的群体的占比达39.7%,跨境电子商务用户更趋于年轻化。这类群体对生活品质的要求较高,对互联网购物非常熟悉,同时部分高收入群体愿意为质量较高的国外产品支付更高的价格,对跨境电子商务的接受程度较高。

1.2.3 中国卖家使用较多的跨境电商平台

在众多国内外跨境电商平台中,亚马逊、eBay、Wish、速卖通、敦煌网的市场份额占比较高,Lazada、Shopee这两个面向东南亚市场的平台也成为中国卖家出海的重要选择,中国卖家正在深度融入全球市场。跨境网购正在逐步改变人们的生活方式和消费观念。

跨境电商平台介绍

1. 亚马逊

亚马逊(Amazon)是美国最大的一家网络电子商务企业,位于华盛顿州的西雅图,是网络上最早开始经营电子商务的企业之一。亚马逊成立于1994年,一开始只经营网上的书籍销售业务,如今经营的产品范围相当广泛,成为全球产品品种最多的网上零售商和全球第二大互联网企业。亚马逊旗下有Alexa Internet、A9、Lab126和互联网电影数据库等子公司。

亚马逊及其他销售商为客户提供数百万种独特的全新、翻新及二手产品,如图书、影视、音乐、游戏、计算机、家居园艺用品、玩具、婴幼儿用品、食品、服饰、鞋、珠宝、健康和个人护理用品、体育及户外用品、汽车及工业产品等。

2000年,亚马逊在美国开通了第三方平台业务,首次允许其他卖家入驻;2012年年初,亚马逊在中国正式启动"全球开店"业务;2014年6月,亚马逊"全球开店"业务增加日本和加拿大两个站点,至此,中国卖家可以在美国、德国、英国、法国、意大利、西班牙、加拿大及日本网站进行全球跨境业务的拓展。亚马逊依靠成熟运作的海外站点和物流仓储系统,使得跨境业务高速发展。

亚马逊的优势在于品牌的国际影响力和优质的买家服务体系,以及领先的国际物流仓储服务。亚马逊在北美市场提供FBA(Fullfillment By Amazon,亚马逊物流)服务,能实现2~3天到货,最快次日送货;在欧洲市场,可以帮助卖家实现欧洲五国(英国、法国、德国、意大利、西班牙)的统一仓储和物流服务,并可配送至欧盟其他国家或地区,方便卖家向亚马逊欧洲网站的客户提供本地化客户服务及快捷的送货服务。亚马逊平台提供免费的站内推广服务,以及面向买家的精准的产品推荐服务。

2. eBay

eBay是跨境电商平台的全球领先者,利用其强大的平台优势和旗下全球市场占有率极高的支付工具PayPal为全球卖家提供网上零售服务。通过eBay的全球平台,中国卖家的支付、语言、政策、品牌、物流等问题得到了很好的解决,同时在出口电子商务网络零售领域发挥了自身优势,可将产品销售到世界各国,直接面对亿万个买家。中国卖家还可以通过 eBay 推广自有品牌，提升其品牌的知名度。eBay 也帮助买卖双方削减中间环节，创造价格优势，降低运营成本。

eBay 对入驻其平台进行跨境电子商务交易的卖家收取两项费用：一项是刊登费，即卖家在 eBay 上刊登产品所需支付的费用；另一项是成交费，即在交易成功时，平台收取的一定比例的佣金。

eBay 的优势在于较大的品牌国际影响力、较高的全球市场覆盖率、健全的买家保障体系，以及与 PayPal 支付的紧密合作。在物流方面，eBay 联合第三方合作伙伴——中国邮政速递，为中国卖家提供便捷、快速、经济的国际 e 邮宝货运服务，并逐渐从美国、澳大利亚、德国等发达国家向俄罗斯等新兴市场延伸。eBay 推出卖家保护政策，通过大数据技术及买家质量评估，强化对卖家的支持和保护，助力卖家业务的快速发展。

3．Wish

Wish 是一款移动电子商务购物 App，是由 ContextLogic 于 2011 年独立设计和开发，通过反复计算进行消费者行为和偏好分析的个性化产品。2018 年，Wish 累计向全球超过 3.5 亿个买家供应了约 2 亿款产品，月活跃用户超过 9000 万人，活跃卖家有 12.5 万个，日出货量峰值达到 200 万单，订单主要来自美国、加拿大、欧洲等全球各地区。2018 年度全球 App 下载量排行榜显示，Wish App 荣登 2018 年全球购物类 App 下载量排行榜榜首。Wish 一直在积极地尝试招募中国以外的卖家，自 2019 年以来，Wish 上来自北美洲、欧洲和拉丁美洲的卖家数量增加了 234%左右。其中，从 2019 年以来，新入驻的美国卖家数量增加了 268%左右。Wish 的数据显示，在 2020 年新增的卖家中，只有 45%的卖家来自中国，美国新增的卖家数量反而更多。但总体来说，Wish 上 90%以上的活跃卖家还是中国卖家。

Wish 的优势在于：坚持追求简单、直接的风格，既不讨好大卖家，又不扶持小卖家，全部通过技术算法将买家与其想要购买的产品连接起来；卖家入驻门槛低，平台流量大，成单率高，利润率远高于传统的电商平台；与 PC 端展开差异化竞争，利用移动平台的特点，卖家不必以降低产品价格来取胜。

4．速卖通

全球速卖通（以下简称速卖通）是阿里巴巴面向全球市场打造的在线交易平台，被广大卖家称为国际版"淘宝"。速卖通于 2010 年 4 月上线，并高速发展、日趋成熟，覆盖全球 220 个国家和地区，主要交易市场为美国、俄罗斯、西班牙、巴西、法国等国；每天海外买家的流量都很大，海外成交买家数量突破 1.5 亿个；22 个行业囊括日常消费类目，产品备受海外买家欢迎；同时，支持全球 51 个国家的当地支付方式，已经成为全球最大的跨境电商平台之一。2019 年，速卖通的官方消息称，速卖通平台"双 11"全天交易共覆盖全球 230 余个国家和地区，无线订单成交占比超过 62.3%。在全球经济增长持续放缓、复苏进程缓慢的大背景下，海外买家"双 11"平均单价较 2018 年同期逆势增长 28.3%。在"双 11"启动前，全球就有超过 1700 万个买家将心仪的产品加入速卖通的购物车中。俄罗斯、西班牙、法国、意大利、波兰、中东等国家和地区是速卖通的全球重点市场，在 2019 年"双 11"开场 1 小时之内，俄罗斯爆发出同比近 4 倍的惊人增长力，西班牙的买家数则是 2018 年同期的 3 倍；沙特阿拉伯的买家数同比增幅近 70%；法国用 4 个小时打破了 2018 年全天的纪录；波兰用 36 分钟赶超了 2018 年 4 个小时的成交额；墨西哥买家的成交额达到了 2018 年的近 3 倍。速卖通采用对成功交易收取 5%的手续费、不成功不收费的模式，正逐步向不同品类、不同支付方式、不同交易金额收取不同比例手续费的商业模式发展。

速卖通是在俄罗斯颇受欢迎的跨境网购平台，其交易额占俄罗斯跨境网购市场总值的 35%；紧随其后的是 eBay，所占的比例为 30%；亚马逊所占的比例为 7.5%。速卖通不仅拥有英文主站，还拥有俄语、葡萄牙语分站，并呈现向东南亚地区扩张的趋势。

速卖通的优势在于平台交易手续费率低，和其他竞争对手相比有明显的优势：全中文操作界面；丰富的淘宝产品资源，其淘代销的功能可使卖家非常方便地将淘宝产品一键卖向全球；容错性相对较高；优胜劣汰，防止胡乱发布产品的现象发生，保护核心买家，做到一定的平衡。速卖通还为卖家提供一站式产品翻译、上架、支付、物流等服务。另外，凭借阿里巴巴国际站的知名度，以及各大洲相关联盟站点、Google 线上推广等渠道的推广，速卖通有源源不断的优质流量。

5. Lazada

Lazada（来赞达）是东南亚地区最大的在线购物网站之一，自 2016 年起成为阿里巴巴集团东南亚旗舰电商平台。Lazada 的目标主要是印度尼西亚（以下简称印尼）、马来西亚、菲律宾及泰国的用户。

iPrice 2018 年度的报告显示，Lazada 以 27% 的访问额占据东南亚电商平台在线流量排名榜单第一的位置。2019 年 7 月 12 日，CNN 报道，第三方机构 Alvara 研究中心的一项研究结果表明，Lazada 当选印尼当地千禧年轻一代最喜爱的购物平台。2020 年 8 月 4 日，《苏州高新区·2020 胡润全球独角兽榜》发布，Lazada 排名第 58 位。2020 年 8 月 19 日，Lazada 联合天猫推出"新国货出海计划"，为入驻品牌商城 LazMall 的天猫品牌设立快速入驻通道，入驻周期从一个月缩短到一周。Lazada 自建物流网络，凭借平台的端对端物流能力对供应链进行全面掌控。目前，Lazada 在东南亚 17 个城市拥有超过 30 个仓储中心，在各国建立自营仓库、分拣中心和电子科技设施，配合合作伙伴网络，具备了跨境及"最后一公里"物流能力。

6. 敦煌网

敦煌网于 2004 年正式上线，是中国国内首个实现在线交易的跨境电商 B2B 平台，以中小额外贸批发业务为主，开创了"成功付费"的在线交易佣金模式，卖家免费注册，只有在买卖双方交易成功后才收取相应的手续费，将传统的外贸电子商务信息平台升级为真正的在线交易平台。

目前，敦煌网已拥有超过 230 万个累计注册供应商，年均在线产品数量超过 2500 万个，累计注册买家超过 3640 万个，覆盖全球 223 个国家及地区，拥有 100 多条物流线路和十几个海外仓、71 个币种支付能力，在北美洲、拉丁美洲、欧洲等地设有全球业务办事机构。敦煌网在品牌优势、技术优势、运营优势、用户优势四大维度上，已建立起难以复制的竞争优势。在过去几年的发展过程中，敦煌网实现了在物流、资金流和信息流三大环节的平台整合。敦煌网提供第三方网络交易平台，中国卖家通过店铺建设、产品展示等方式吸引买家，买家可以选择直接批量采购，也可以选择先小量购买样品，再大量采购。敦煌网还提供融货源、海外营销、在线支付、国际物流、保险、金融、培训为一体的供应链整合服务体系，实现一站式外贸购物。

敦煌网于 2013 年推出"在线发货"物流服务，通过线上申请、线下发货的方式简化了发货流程，为卖家提供更为便捷的快递服务。敦煌网的优势在于较早推出增值金融服务，根据自身交易平台的数据为敦煌网上的卖家提供无须实物抵押和第三方担保的网络融资服务。虽然速卖通后续也推出过类似的服务，但晚于敦煌网。敦煌网在行业内率先推出 App

应用,不仅解决了跨境电子商务交易中的沟通问题和时差问题,还打通了订单交易的整个购物流程。

7. Shopee

Shopee 是覆盖东南亚及中国台湾地区的跨境电商平台,于 2015 年在新加坡成立并设立总部,随后拓展至马来西亚、泰国、中国台湾地区、印尼、越南及菲律宾等市场。Shopee 拥有的产品种类包括电子消费品、家居、美容保健、母婴、服饰及健身器材等。Shopee 社群媒体粉丝超 3000 万人,拥有 700 万个活跃卖家,员工遍布东南亚地区及中国,是东南亚地区发展较快的电商平台。

Shopee 自成立起,一直保持增长。2018 年,Shopee 的产品交易总额达到 103 亿美元,同比增长 149.9%。2019 年第一季度,Shopee 的季度产品交易总额同比增长 81.8%,总订单数同比增长 82.7%,App 下载量超过 2 亿次。App Annie 的《2019 年移动市场报告》显示,2018 年,Shopee 在全球 C2C 购物类 App 中下载量排名第一;Price Group 2019 年第一季度的报告显示,Shopee 凭借 PC 端和移动端共 1.84 亿次访问量,成为 2019 年第一季度东南亚地区访问量最大且唯一流量呈正增长趋势的电商平台。

Shopee 的优势在于入驻简单,目前来说门槛较低,无入驻费、无押金且前 3 个月无平台佣金。Shopee 未来的发展空间大。Shopee 对卖家的扶持力度大,规则少,新手卖家易操作、易上手且竞争相对较小,机会较多,新手卖家的发展空间大。Shopee 不是单品概念,而是店铺和整个卖场概念,因为它注重店铺,所以比较依靠选品及个人运营,不靠推广,且产品具有丰富性,大卖店铺至少要有 1000 个 SKU(Stock Keeping Unit,库存量单位)。东南亚市场对产品的需求量很大,而且还没有到追求质的阶段,所以在货源选择和成本控制方面对新手卖家比较友好。Shopee 存在售后问题,但是占比不超过 3%。因为是从海外网购,买家为了凑单满足包邮条件,常常一单买多个产品,所以卖家需要做好店铺设置和产品搭配。

8. 阿里巴巴国际站

阿里巴巴国际站成立于 1999 年,提供帮助中小型企业拓展国际贸易业务的出口营销推广服务。它通过向海外买家展示、推广供应商的企业和产品,获得贸易商机和订单,是出口企业拓展国际贸易业务的首选网络平台之一。

阿里巴巴国际站的物流服务已覆盖全球 200 多个国家和地区,它将与生态合作伙伴一起通过数字化重新定义全球货运标准。"门到门"服务能力是重点方向之一:产品被从工厂拉到境内港口,经过报关,通过海、陆、空运输进入境外港口,经由清关、完税,最后完成末端配送。

阿里巴巴国际站提供一站式的店铺装修、产品展示、营销推广、生意洽谈及店铺管理等线上服务和工具,帮助企业降低成本及高效率地开拓外贸市场。

阿里巴巴国际站的优势在于:知名度高;功能齐全、完善;可以提供专业的外贸培训。但阿里巴巴国际站也存在劣势:阿里巴巴国际站不是免费为企业进行推广和宣传的,企业要想在平台上有较好的排名,就需要进行投资。

任何跨境电商平台都有利有弊,外贸人员要做的就是努力将阿里巴巴国际站的优势发挥到极致。

同步阅读

助力跨境电子商务：RCEP 签订

随着互联网应用的加深，跨境运输网络日益发达，海淘从困难重重变得像日常购物一样便利。海淘具有其特有的价格、品类等优势。近年来，我国海淘用户的规模不断扩大。2018 年，我国海淘用户的规模突破 1 亿人。2019 年，我国海淘用户的规模将近 1.55 亿人。如此庞大的用户基数，加之 RCEP（Regional Comprehensive Economic Partnership，区域全面经济伙伴关系协定）的落地，会对跨境电子商务产生什么影响？

1. 减免关税，促进跨境电子商务交易增长

RCEP 中提到将会有 90%的产品实现 0 关税，这将降低跨境卖家的交易成本，也给目的市场的买家带来更加实惠的价格及更高的性价比，这无疑会激发跨境卖家的贸易激情，也会提升买家的消费力，让"卖全球"与"买全球"都变得更加顺畅和便利。

2. 贸易标准化，削弱交易壁垒

此前，中国产品出口到海外，会面临一个较高的风险——两方市场对同一产品的贸易标准不同。例如，我们进入某个市场可能需要具备某些特定的认证证书及符合质检标准，或者办理其他烦琐的手续。这里面还包括各项原始产地规则、市场进入政策、投资政策、服务贸易政策等。RCEP 的签订，将有利于将两方市场的贸易标准统一化，削弱交易壁垒，促进自由贸易。

3. 有助于海外仓的搭建与运作

由于疫情，跨境电子商务有一定程度的受挫，这一点在物流上表现得十分明显，有大量的买家购买产品，但是卖家无法发货。此时，海外仓就发挥了极大的作用。

在签订 RCEP 以后，区域内的资源流动、产品流动、技术合作、服务资本合作、人才合作等都将更加便利，因而海外仓的建设遇到的阻碍也会减少。

4. 数字贸易技术出口趋势初显，促进当地电子商务基础设施建设

RCEP 的签订将为很多高新技术企业带来出口的机会，如东南亚地区的物流系统、支付系统、仓储系统的建设，都为高新技术企业开展出口业务提供了便利。这将极大地促进东南亚地区电子商务基础设施建设，让电子商务在东南亚地区得到快速发展。

（资料来源：雨果网，有改编）

实训　体验跨境网购

亚马逊简介

 实训目的

能够熟练地描述跨境网购的流程，比较和分析跨境网购与传统购物的优势和劣势，加深对跨境电子商务的概念及特征的感性认识。

实训内容与步骤

（1）进入亚马逊官网首页，单击"免费注册"按钮，注册亚马逊账户，如图 1-5 所示。

图 1-5　注册亚马逊账户

（2）进入注册页面，完善注册信息（见图 1-6），单击"创建您的 Amazon 账户"按钮。

（3）通过邮箱进行验证（见图 1-7），账户便注册好了。

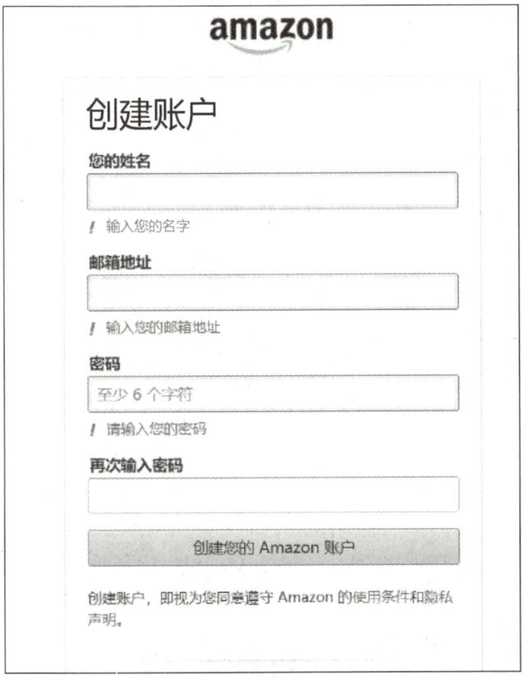

图 1-6　完善注册信息 　　　　　　　图 1-7　进行邮箱验证

（4）现在可以选购商品了。输入关键词，如"baby toothbrush"（宝宝牙刷）进行搜索，搜索结果如图1-8所示。

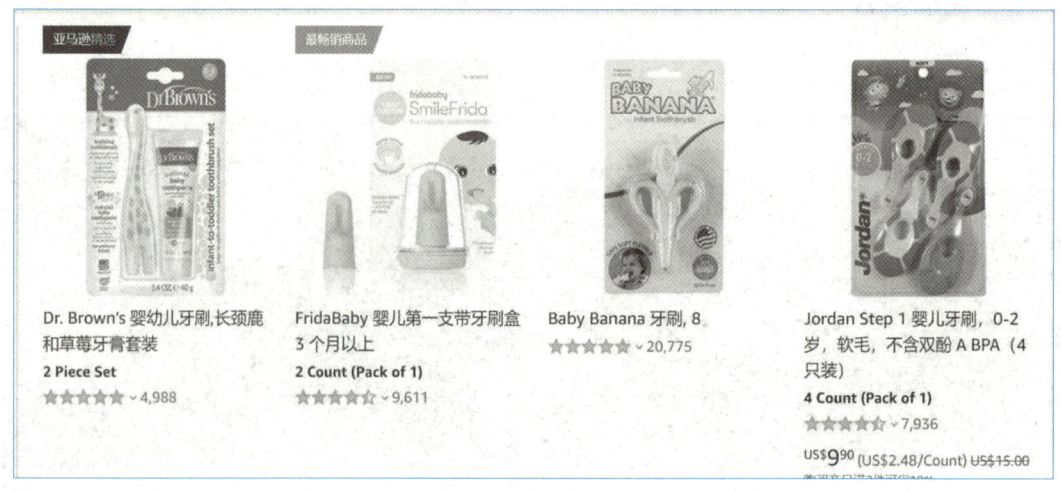

图1-8 搜索结果

（5）选择一个商品（如图1-8中的第4个），进入商品详情页面。若决定购买，则可以把商品加入购物车中。在商品详情页面应注意：①"Shipping & Fee Details"中标明了商品的价格及运费总和；②是否标有"Amazon's Choice"，若有，则表明该商品是亚马逊选择的可立即发货的高评价、价格合理的商品，如图1-9所示。

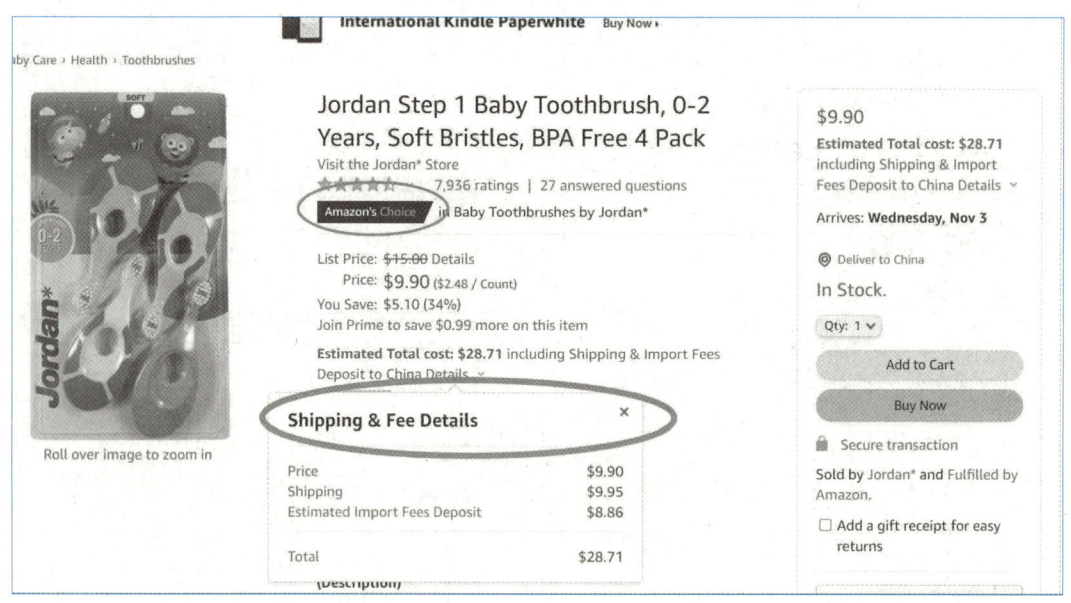

图1-9 商品详情页面

（6）继续选择所需商品，在选完之后，单击"Proceed to Checkout"按钮就可以去结账了。在结账前还需填写地址和信用卡等信息。

（7）进入地址填写页面，请按照转运公司的地址如实填写，并单击"Continue"按钮。进入运输方式选择页面，若选择的商品都符合"super saver shipping"条件并且总金额超过 35 美元，则可以选择"free super saver shipping"（免费运输）选项，之后选中"Group my items into as few shipments as possible"单选按钮（见图 1-10），单击"Continue"按钮。

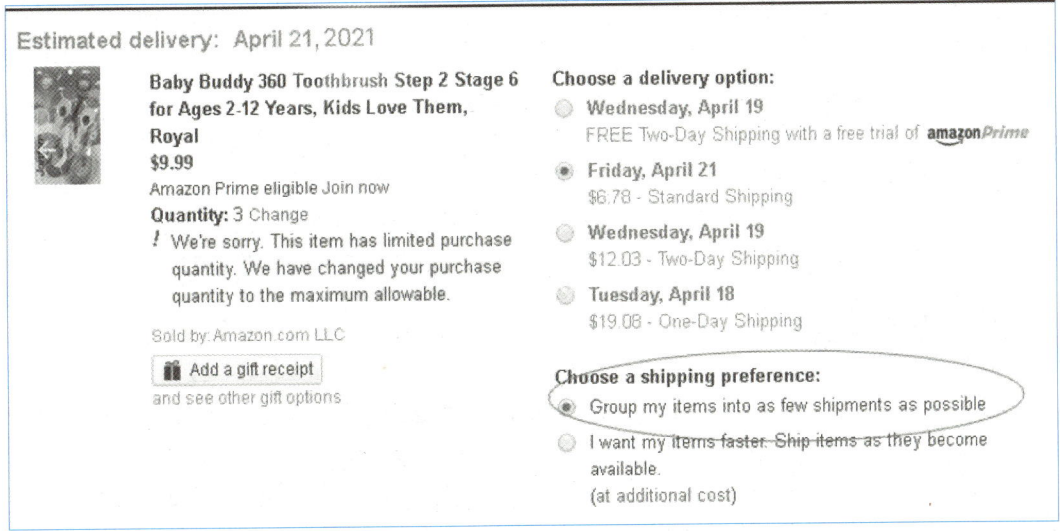

图 1-10　选择运输方式

（8）进入信用卡信息填写页面，信用卡上有"VISA"或"MASTER"标识就可以使用。填写卡号、持卡人姓名（须同卡片上一致），以及有效期等信息。

（9）单击"Place your order in CNY"按钮，就确认下单了，如图 1-11 所示。

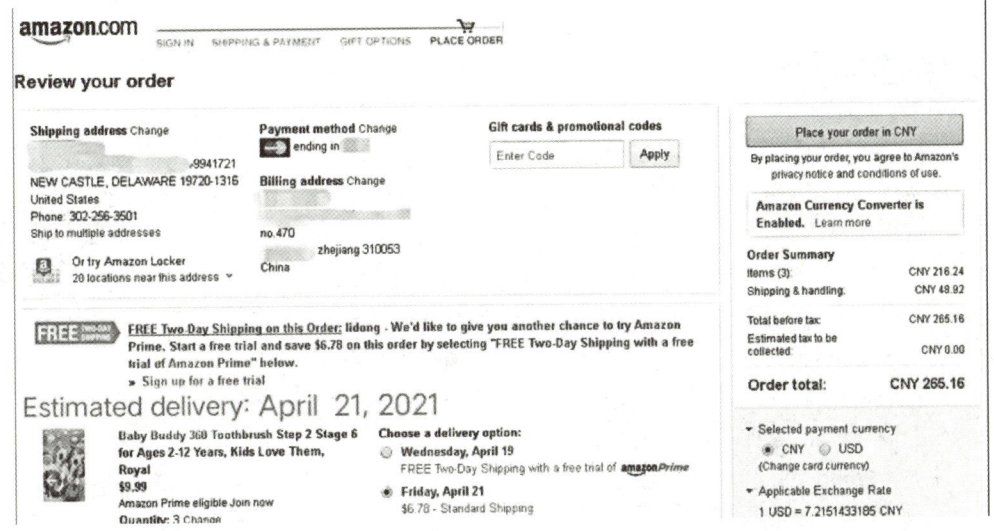

图 1-11　确认下单

 **实训提示**

买家在选择商品时虽然主要看价格，但还必须考虑商品的星级评分、是否为亚马逊自营商品等因素，毕竟交易的安全性是最重要的。

亚马逊平台运营相关规则与政策

思考与练习

请体验一次美国亚马逊网购,以文字配截图的形式记录操作过程,并回答下列问题。

(1) 用框图描述美国亚马逊网购的交易流程。

(2) 美国亚马逊提供了哪些支付方式和配送方式?你选择的是什么支付方式和配送方式?请说明选择的理由。

(3) 你认为美国亚马逊网购与传统购物相比具有哪些优势与劣势?

项目小结

随着电子信息技术和经济全球化的深入发展,跨境电子商务在国际贸易中的地位和重要作用日益凸显,跨境电子商务已广泛地渗透到全球经济和生活的各个领域。从此之后,随时、随地、方便、快捷地满足"地球村"中每位居民的个性化需求的梦想不再遥远。

后面的章节将以速卖通为例进行详细的操作讲解和运营营销理念介绍,不同的跨境电商平台的具体规则不同,所以操作和运营策略稍有不同,但是对于产品的理解和市场的分析都是相通的。笔者希望读者在学习了本书以后,能对跨境电子商务有一个整体的认识和理解,并能将其运用到各项具体工作中。笔者相信,每一个认真、努力的人都可以在跨境电子商务方面取得令人满意的成绩。

同步测试

同步测试答案

1. 单项选择题

(1) 狭义的跨境电子商务概念通常是指( )。
    A. 零售   B. 国际贸易
    C. 跨境网络零售   D. 跨境零售

(2) 跨境电子商务不具有的特征是( )。
    A. 全球性   B. 无形性
    C. 实名性   D. 即时性

(3) 以下平台,属于跨境B2B电商平台的是( )。
    A. 1688.com   B. 海带网   C. 速卖通   D. 环球资源网

(4) 亚马逊公司成立于( )年。
    A. 1844   B. 1894   C. 1994   D. 1995

(5) 以下4个省(市),跨境电子商务交易额占比最高的是( )。
    A. 广东   B. 江苏   C. 浙江   D. 上海

2. 多项选择题

(1) 目前,对于跨境电子商务的认知主要体现在( )方面。
    A. 政策   B. 国际组织   C. 咨询公司   D. 学术研究

（2）根据经营主体划分，跨境电子商务可被分为（　　）。

　　A．平台型　　　B．自营型　　　C．零售型　　　D．混合型

（3）跨境电子商务的参与主体有（　　）。

　　A．通过第三方平台进行跨境电子商务经营的企业和个人

　　B．跨境电子商务的第三方平台

　　C．物流企业

　　D．支付企业

（4）eBay 对入驻其平台进行跨境电子商务交易的卖家主要收取的费用是（　　）。

　　A．卖家在 eBay 上刊登产品所收取的费用

　　B．站内推广服务费用

　　C．交易成功时，平台收取一定比例的佣金

　　D．互联网电影数据库佣金

（5）跨境电子商务的发展趋势是（　　）。

　　A．产业生态更为完善，各环节协同发展

　　B．产品品类和销售市场更加多元化

　　C．B2C 占比提升，B2B 和 B2C 协同发展

　　D．移动端成为跨境电子商务发展的重要推动力

3．分析题

（1）阐述中小型企业开展跨境电子商务的优势和劣势。

（2）调研本地两家已经实施跨境电子商务的传统企业，分析这两家企业进入跨境电子商务的做法有何不同。

项目 2

跨境店铺开设

  项目重点和难点

在跨境电商平台上注册账号、上传产品,并设置合适的运费模板;正确地选择合适的类目,准确地为产品填写标题和关键词。

  素养目标

培养严谨、细致的工作作风和自主创新能力。

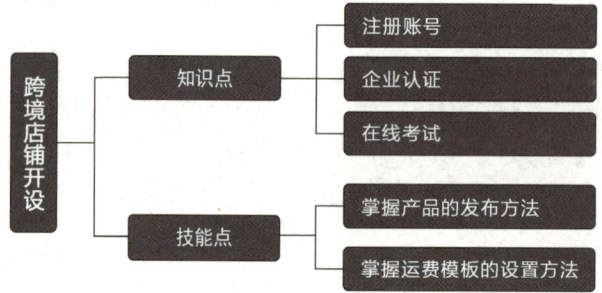

  引例

　　从事电商行业的李壮,通过朋友接触到了速卖通这个跨境电商平台,经过考察和自己拥有的电商经验,于 2019 年 4 月 22 日入驻速卖通。他尝试了很多类目,最后选择卖女鞋(2018 年 4 月,他创立了女鞋品牌 YTMTLOY)。当时速卖通女鞋业务在海外市场的发挥空间非常大。为了找到优质货源,他跑遍了全国。通过对比国内各个货源地的产品,他最终定位到浙江温岭的女鞋。而且速卖通上的很大一部分买家来自俄罗斯,温岭的产品价位更适合俄罗斯的买家。目前,俄罗斯是 YTMTLOY 女鞋的主要"战场"。

　　李壮自从转型后就和速卖通达成深度合作,他认为速卖通在很多方面都适合国内的卖家。速卖通是全球性的,买家数量庞大;速卖通是中国企业开发的网站,国内的卖家对于平台的操作方式和政策理解度更高、更透彻,更容易运营店铺;产品类型丰富,这样的平台更容易有流量，自然也能带动销量；在速卖通上，卖家可以将产品从货源地直接送到买家手里，这样可以避免二次仓储造成的额外成本、降低发错货的概率；速卖通还会根据大数据分析出哪类鞋子的市场需求量大，帮助卖家上新产品，并依照买家的需求进行精准推广，为卖家带来流量。

在店铺运营方面，速卖通也为卖家实践了平台孵化机制。速卖通还将通过推进"品牌化"与"本地化"服务，为更多的国内中小型企业赋能，帮助这些中小型企业实现跨境销售，并培养出更多被海外买家认可的中国品牌。

引例分析

速卖通一直在海外主流网站、电视、报纸、杂志等媒体投放巨额广告，利用 SNS（Social Networking Service，社交网络服务）、电子邮件等方式扩大其在海外的影响，精确锁定海外买家，导入海量访问流量。时至今日，速卖通的交易额增长已十分可观，每天有近 200 个国家和地区的数以百万计的海外买家在速卖通上采购产品，速卖通已经培养了大量的优秀卖家，速卖通正处在高速发展时期。本项目将详细地讲述如何在速卖通上开设店铺、如何进行产品发布与管理。

任务 2.1 开设店铺

目前，国际上主流的跨境电商平台有阿里巴巴国际站、速卖通、敦煌网、Wish、亚马逊和 eBay 等。作为阿里巴巴未来国际化的重要战略产品，速卖通近几年的发展可谓如火如荼，自 2010 年 4 月正式上线以来，已经成为全球最活跃的跨境电商平台之一。速卖通已经于 2019 年开始实行保证金制度，若平台上的卖家出现违规行为，则平台会从其保证金中扣除相应款项。

开店前期准备

速卖通的入驻流程如图 2-1 所示。

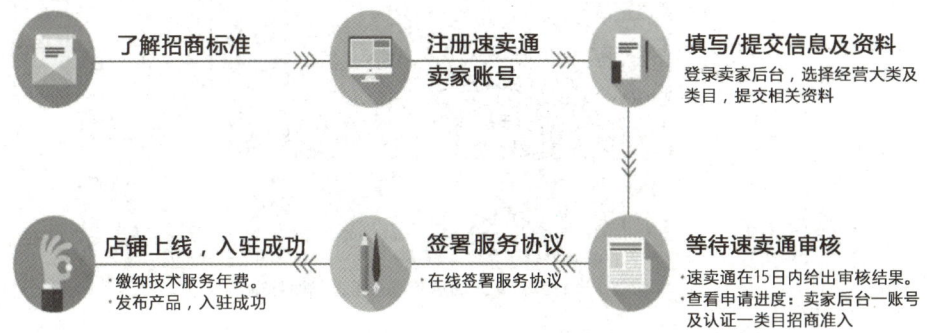

图 2-1　速卖通的入驻流程

想要在速卖通上开店，就要了解速卖通开店的条件是什么。不同的速卖通店铺有不同的开店条件和要求,因此卖家需要明确速卖通店铺的类型。速卖通店铺的类型及相关要求如图 2-2 所示。

店铺类型	官方店	专卖店	专营店
店铺类型简介	官方店是指卖家以自有品牌或权利人独占性授权(仅商标为R标)入驻速卖通开设的店铺	专卖店是指卖家以自有品牌(商标为R或TM状态),或者持他人品牌授权文件在速卖通开设的店铺	专营店是指经营一个及以上他人或自有品牌(商标为R或TM状态)产品的店铺
开店企业的资质	(1)企业营业执照副本的复印件。 (2)企业税务登记证复印件。 (3)组织机构代码证的复印件。 (4)银行开户许可证的复印件。 (5)法定代表人身份证的正反面复印件	同官方店	同官方店
单店铺可申请的品牌数量	仅一个	仅一个	可多个
平台允许的店铺数量	同一品牌(商标)仅一个	同一品牌(商标)可多个	同一品牌(商标)可多个
需提供的材料	(1)商标权人直接开设官方店,需提供国家商标总局颁发的商标注册证(仅R标)。 (2)由权利人授权开设官方店,需提供国家商标总局颁发的商标注册证(仅R标)与商标权人出具的独占授权书(若商标权人为境内自然人,则需同时提供其亲笔签名的身份证复印件;若商标权人为境外自然人,则提供其亲笔签名的护照/驾驶证复印件也可以)。 (3)经营多个自有品牌产品且品牌归属同一个实际控制人的,需提供多个品牌国家商标总局颁发的商标注册证(仅R标)。 (4)卖场型官方店,需提供国家商标总局颁发的35类商标注册证(仅R标)与商标权人出具的独占授权书(仅限速卖通邀请)	(1)商标权人直接开设的品牌店,需提供国家商标总局颁发的商标注册证(R标)或商标注册申请受理通知书(TM标)。 (2)持他人品牌开设的品牌店,需提供商标权人出具的品牌授权书(若商标权人为自然人,则需同时提供其亲笔签名的身份证复印件;若商标权人为境外自然人,则提供其亲笔签名的护照/驾驶证复印件也可以)	需提供由国家商标总局颁发的商标注册证(R标),或商标注册申请受理通知书的复印件(TM标),以及商标持有人为源头的完整授权或合法进货证(各类目对授权的级别要求,具体以品牌招商准入资料提交为准)

图 2-2 速卖通店铺的类型及相关要求

2.1.1 注册账号

开店注册流程

(1)进入速卖通首页,在"Sell on AliExpress"下拉列表中选择"中国卖家入驻"选项或者单击"Join"按钮,如图 2-3 所示。

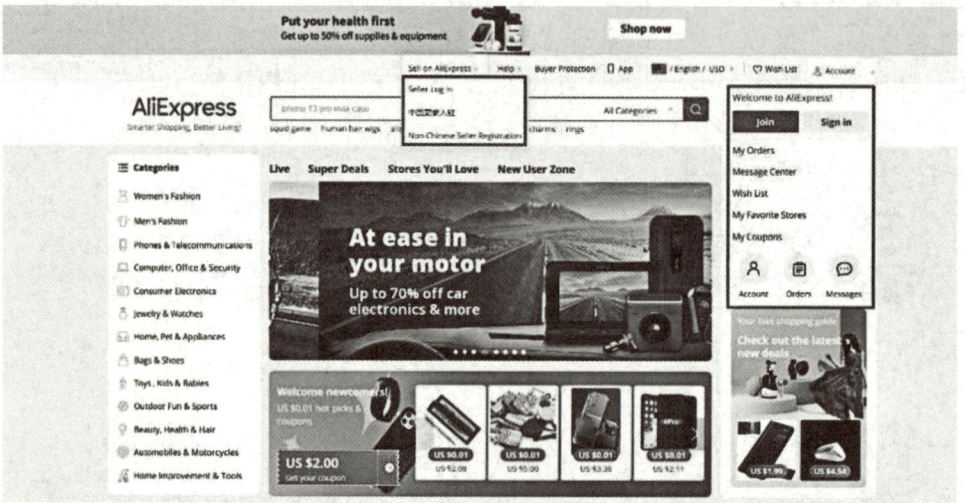

图 2-3 速卖通首页

(2)填写注册信息,在所有注册信息准确无误地填写完后,单击"下一步"按钮,如图 2-4 所示。

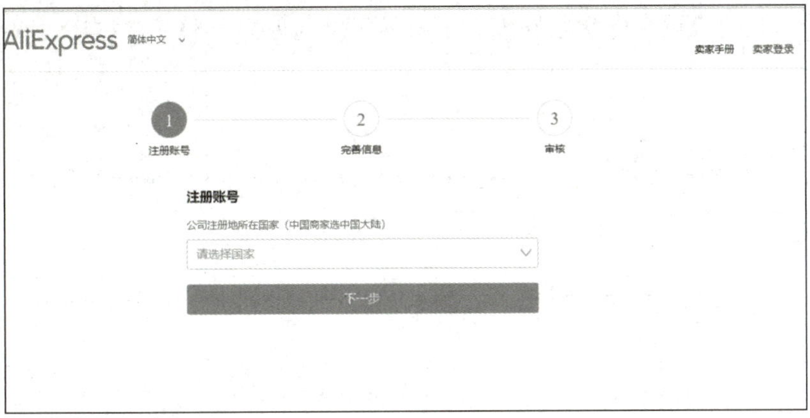

(a)

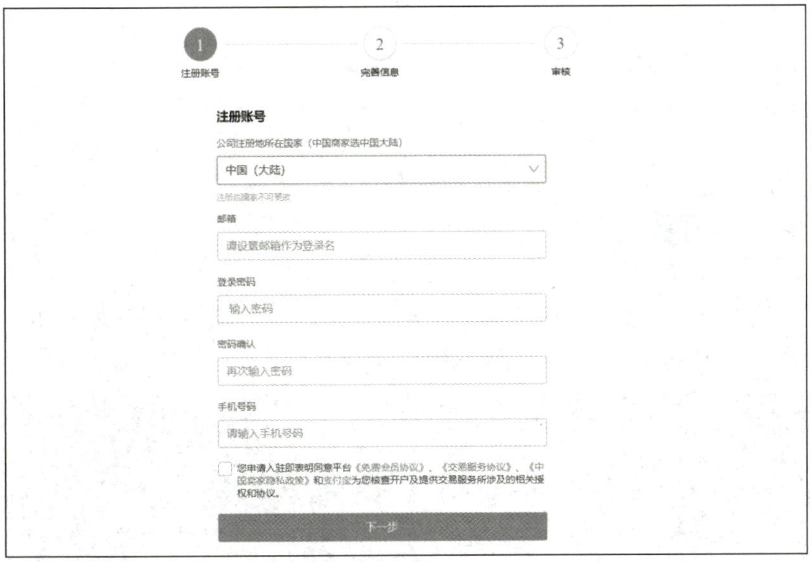

(b)

图 2-4　填写注册信息

（3）速卖通会向注册邮箱发送一封确认电子邮件，单击链接进行确认，如图 2-5 所示。

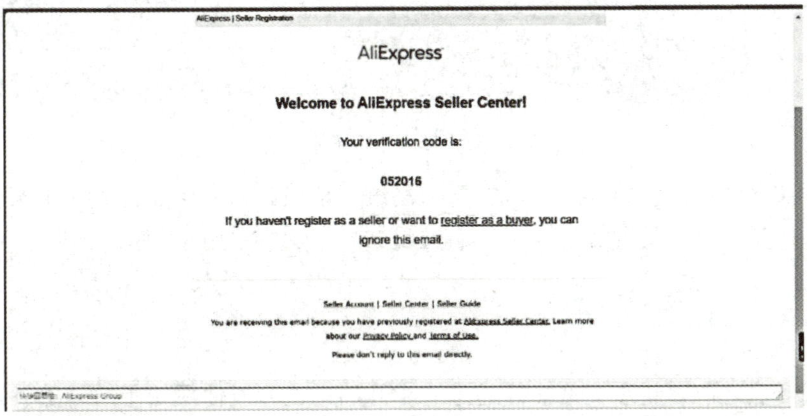

图 2-5　确认电子邮件

（4）随后，速卖通会向卖家输入的手机号发送验证码，验证通过后，即完成注册，如图2-6所示。

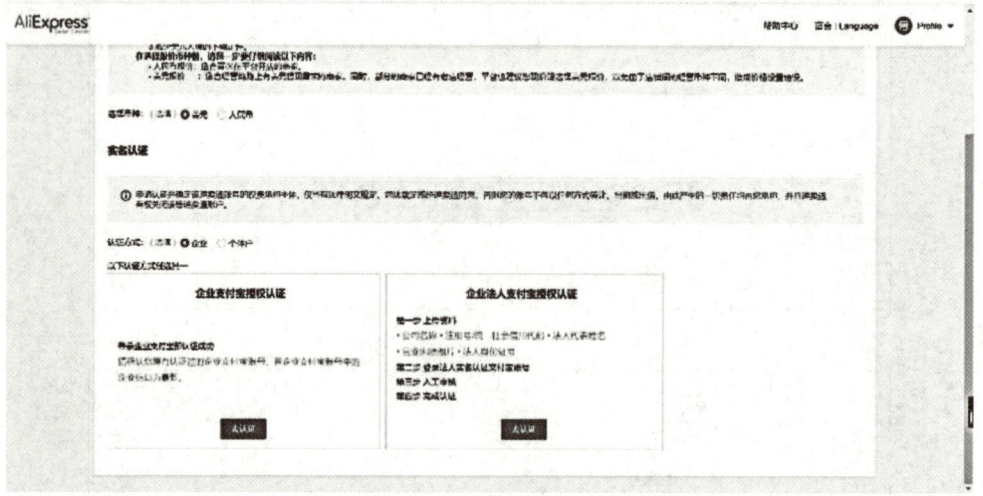

图2-6　账号注册成功

2.1.2　企业认证

登录支付宝账户（该支付宝账户必须已经完成企业支付宝认证），如图2-7所示。在绑定支付宝账户后，卖家需要严格根据要求上传企业资料。

图2-7　登录支付宝账户

在进行实名认证后，速卖通会对卖家信息进行审核。在审核通过后，卖家会收到通知邮件和短信，即可登录速卖通账号。但是，此时还不能进行实际操作，需要进行在线考试。

2.1.3　在线考试

在正式开店之前，新手卖家需要通过一个开店考试，以便尽快了解与熟悉速卖通。考试试题的总分为100分，90分及格。

考试内容包括速卖通的基本知识、速卖通的交易流程、速卖通常见页面介绍、如何发布产品、如何发布淘代销产品、速卖通搜索排序规则、速卖通物流知识、店铺自主营销、速卖通平台活动、"数据纵横"工具介绍、搜索作弊行为介绍、速卖通纠纷规则、速卖通平台规则等。

考试为开卷考试，题目旁边有相关知识点的视频，新手卖家可以从视频中找到答案。考试没有次数限制。在通过考试后，新手卖家单击"进入我的速卖通"按钮即可开始发布产品。

任务 2.2　产品发布与管理

跨境电商平台的产品发布与上架一般包括以下几个步骤：选品、选择类目、填写属性、设置产品标题、上传产品图片、产品定价、制作产品详情页等。下面以速卖通为例，详细介绍跨境电商平台产品发布与上架的过程。

2.2.1　产品发布与上架

卖家登录速卖通账号，选择"我的速卖通"→"发布产品"选项（见图 2-8），即可进入发布产品的页面。

发布新产品操作示例

图 2-8　"发布产品"选项

1. 选择正确的类目

类目是跨境店铺的主要流量来源之一，买家可以通过首页的类目进行产品筛选。

卖家可以根据自己想要搜索的产品逐层筛选类目层级，也可以参考使用产品关键词搜索推荐类目，从而在类目推荐列表中选择最准确的类目，如图 2-9 所示。

速卖通宝贝定价公式

2. 填写完整的属性

速卖通的后台产品属性包含两个方面，即系统定义属性和自定义属性，分别如图 2-10

和图 2-11 所示。系统定义属性根据行业类目的不同而不同。为了优化产品，系统定义属性的填写率最好为 100%，否则会影响产品的曝光率。带有叹号标记的为关键属性，带有星号标记的为必填属性。

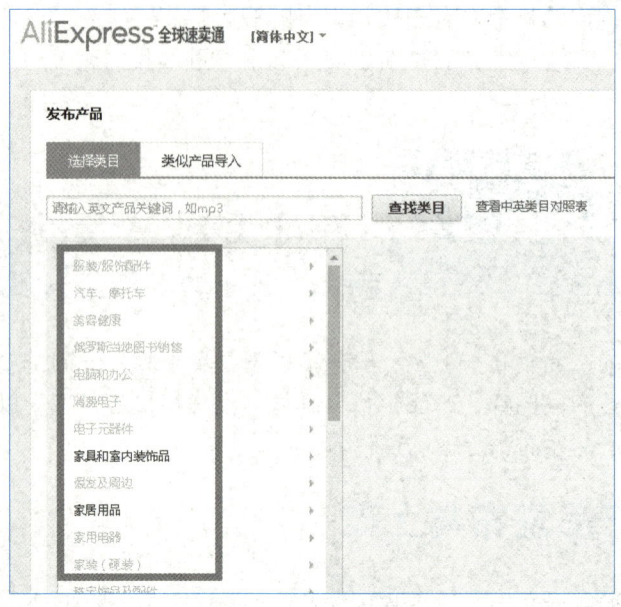

图 2-9　选择类目

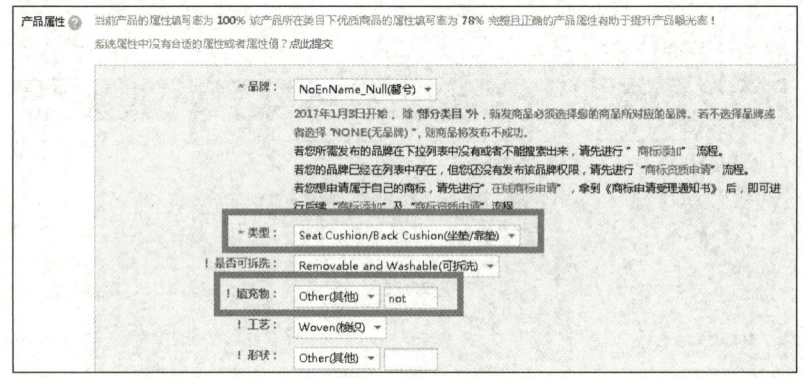

图 2-10　系统定义属性

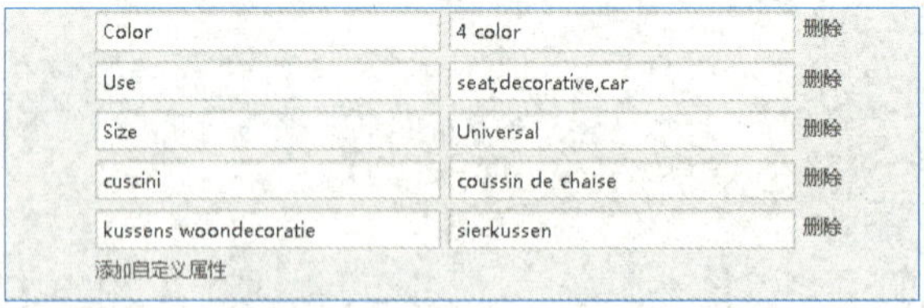

图 2-11　自定义属性

速卖通允许添加 10 个自定义属性，可以方便卖家设置产品的属性，如颜色、尺寸等。完整地填写产品属性可以提高搜索时的曝光率，也可以使买家更加全面地了解产品。

注意：带星号标记的属性是必填的；自定义属性最好与系统定义属性不同，这样可以提升属性的曝光率。

3. 设置产品标题

从 2017 年 1 月 3 日开始，除"部分类目"外，新发产品必须选择卖家的产品所对应的品牌。若不选择品牌或者选择"NONE（无品牌）"，则产品将发布不成功，如图 2-12 所示。

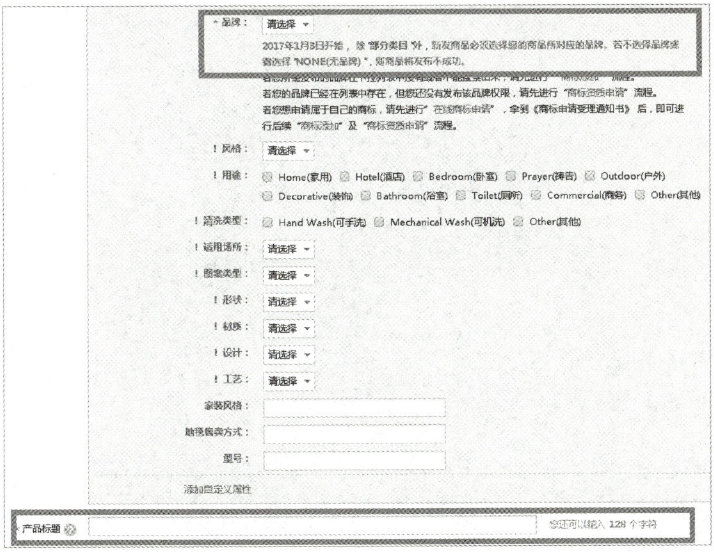

图 2-12　设置产品标题

产品标题通常由 3 个部分组成：核心词、属性词和流量词。其中，核心词是行业热门词，影响排行顺序和点击率。属性词包括颜色、长度、功能、材质、款式等，而流量词则是实际带来流量的词。

产品标题的设置要符合买家的搜索习惯。设置产品标题的目的是让买家发现产品，所以买家搜索的词就是卖家需要的词，这些词就是产品标题的重要组成部分，也就是我们常提到的关键词。

4. 上传产品图片

产品图片对于电商的重要性不言而喻，衡量图片优劣的关键在于点击率和转化率。

在速卖通中共有 6 张主图，第一张主图会被展示在搜索引擎列表中，所以第一张主图最重要，其用途是获得精确的、更多的流量。剩下的 5 张主图用于展示给移动端的买家。上传产品图片的界面如图 2-13 所示，卖家可以从自己的电脑中选择产品图片进行上传，也可以从图片银行中选择产品图片进行上传。

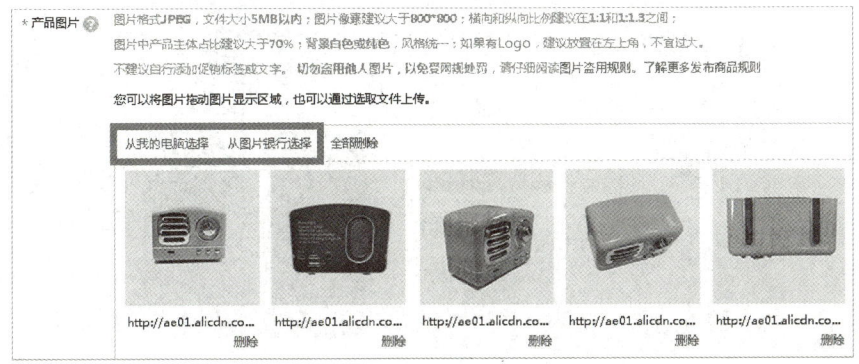

图 2-13　上传产品图片的界面

产品图片的排列要遵守整体功能描述、细节展示、使用效果图和包装图的顺序。这个顺序符合买家的浏览习惯。如图 2-14 所示，该产品图片是十分值得肯定的，首图将产品展示得充分、美观、有质感，产品的主要特点一目了然；图片为纯色背景，简洁明了。

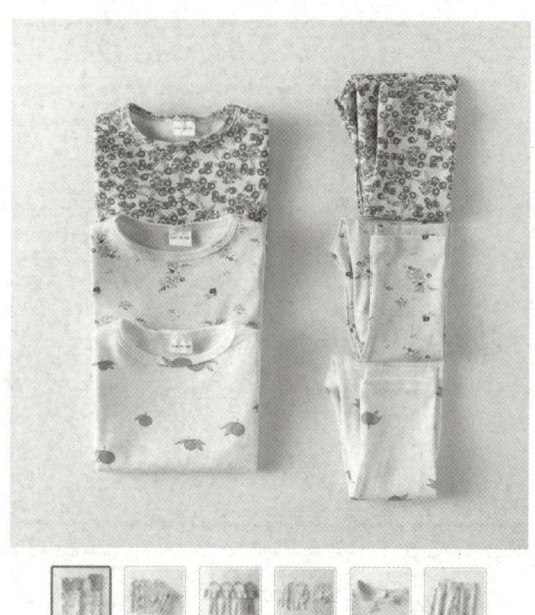

图 2-14　产品图片设置的优秀案例

5．制作产品详情页

产品详情页是绝大多数买家了解产品信息的第一个页面，因此其页面设计十分重要。好的产品详情页是提升店铺转化率、买家浏览深度、整店客单价的关键。

产品详情页由文字、图片、视频组成，向买家介绍产品的属性、使用方法等详细情况。其最主要的作用就是完成订单、实现转化。产品详情页包括广告图、关联营销图、产品广告图、产品实拍图及店铺信息图。

（1）广告图。从 2015 年 7 月开始，速卖通为了让卖家的优质产品信息拥有更多维度的展示形式，配合卖家进行产品优化，上线了产品视频，允许卖家在产品详情页中上传视频，用于进行产品宣传。视频可以从多个维度向买家展示产品的特性。速卖通产品详情页中的广告图如图 2-15 所示。

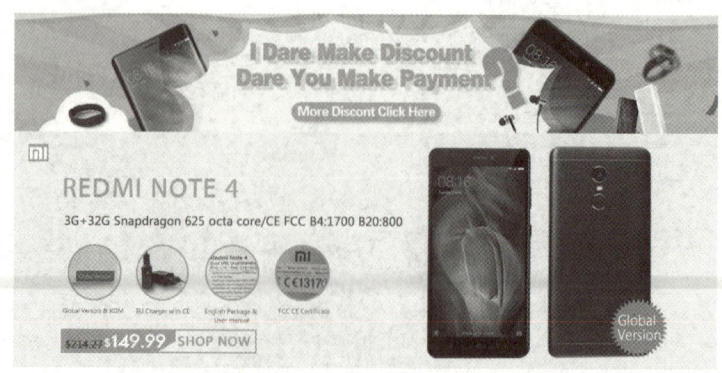

图 2-15　速卖通产品详情页中的广告图

（2）关联营销图。关联营销产品信息的模块一般放在产品详情页的最上方，也就是说，在买家进入产品详情页之后而还未浏览产品信息前，速卖通会先向买家推荐本店铺的其他产品，提高买家进入其他页面的可能性，从而引导流量，以及防止买家因为看过产品后对产品没有兴趣而直接关闭页面并离开店铺。

在产品详情页的最上方，卖家一般会放置一些美观的广告图、海报图或一些想告诉买家的重要信息，还可以放置一些关联营销图，如图2-16所示。

图2-16　关联营销图

在速卖通上，大多数买家都只看产品详情页，而不会看店铺首页。这给了卖家两个提示：一是产品详情页比店铺首页更重要；二是需要引导买家去店铺首页，做好店铺首页是最好的关联营销。

（3）产品广告图。这里一般会放置产品的广告图、SKU介绍、产品的属性、产品的卖点、颜色对比等信息，主要用于对产品进行广告宣传。图2-17是针对同款产品不同颜色的展示。

图2-17　针对同款产品不同颜色的展示

（4）产品实拍图。这里一般会放置产品的实拍图、细节图、使用图，以及买家分享图等。总之，产品实拍图要在真实的基础上做到美观、有吸引力，如图 2-18 所示。

图 2-18　产品实拍图

（5）店铺信息图。这里可以放置一些和产品本身关系不大，但是和交易有关的信息，如付款方式、物流方式、企业介绍、企业实拍图、FAQ（Frequently Asked Questions，常见问题解答）等，如图 2-19 所示。

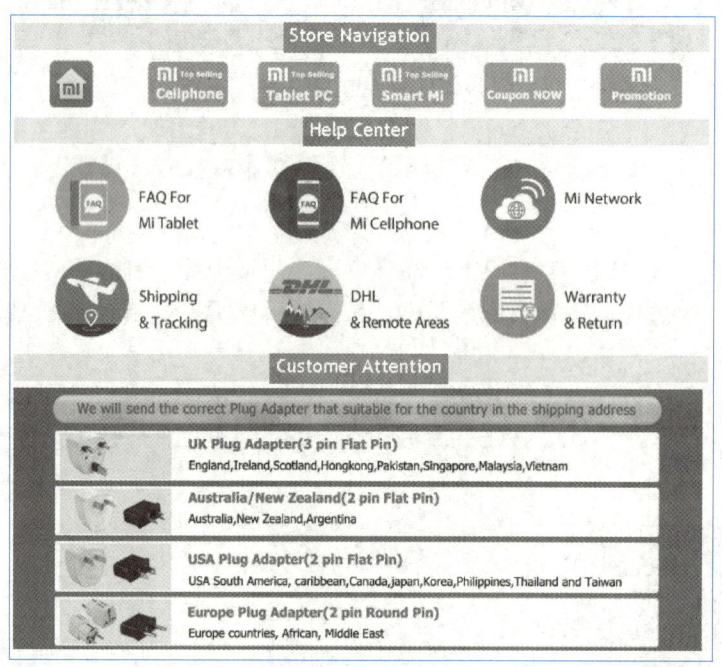

图 2-19　店铺信息图

✓ 2.2.2　运费模板的设置

在发布产品时，卖家需要对产品的运费进行计算。如果每发布一个产品，都要对运费进行定义，就会非常烦琐，因此卖家需要设置一个运费模板。运费模板是指为一批产品设置的一个运费计算方式。在发布产品时，卖家选择已经设定的运费模板即可。当需要修改运费时，修改运费模板，关联产品的运费将会被一起修改。

1. 新手运费模板

卖家在发布产品之前需要先设置好产品运费模板，若未设置自定义模板，则只能选择新手运费模板才能发布产品，如图 2-20 所示。

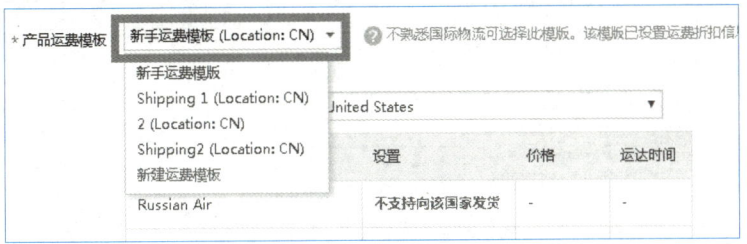

图 2-20　选择新手运费模板[①]

运费模板的设置位置在店铺后台的"产品管理"→"运费模板"中，如图 2-21 所示。

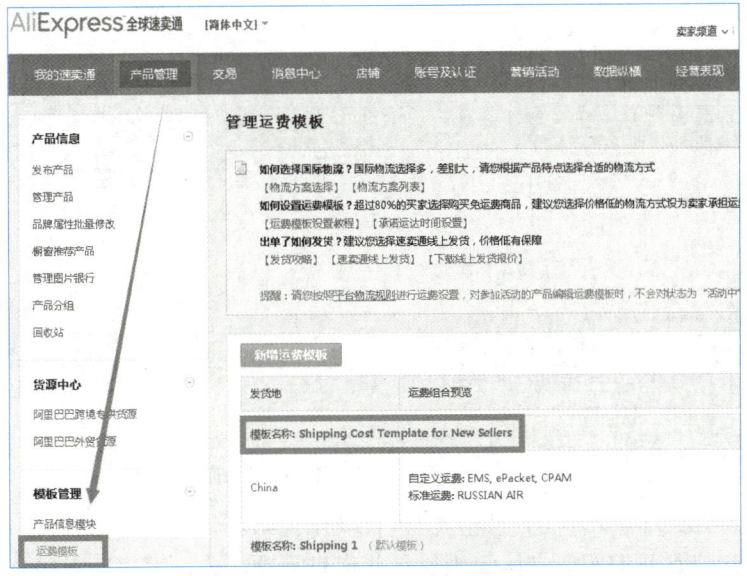

图 2-21　运费模板的设置位置

单击模板的名称后可以看到"运费组合"和"运达时间组合"，如图 2-22 所示。在"运费组合"下，速卖通默认的新手模板只包含"China Post Registered Air Mail""Russian Air""EMS""ePacket"等。平台提供的标准运费为各大快递公司在中国内陆地区公布的运费价格，对应的减免折扣率则是根据当前平台与中国邮政洽谈的优惠折扣提供的参考。而"其余国家不发货"包含两重意思：一是部分国家不通邮或邮路不够理想；二是部分国家有更好的物流方式可供选择，如收件人在中邮小包不发货的国家，卖家可通过 EMS 发货。从"运达时间组合"上看，"承诺运达时间"为平台判断的将包裹寄达收件人所需的时间。

2. 新建运费模板

对大部分卖家而言，新手运费模板并不能满足其需求，而需要进行运费模板的自定义设置。单击"新建运费模板"按钮，如图 2-23 所示。卖家需要选择物流方式、设置优惠折扣、个性化地选择寄达国家并设置承诺运达时间（时间由平台标准配置）。

---

① 页面中的"模版"应为"模板"，后文同。

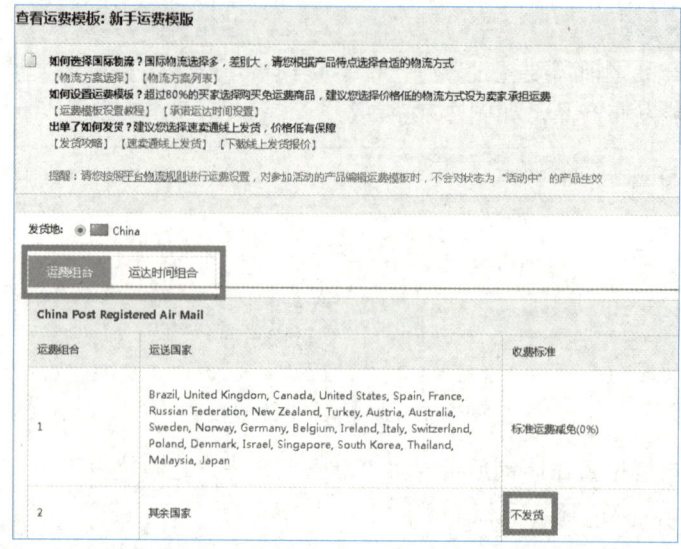

图 2-22　查看新手运费模板

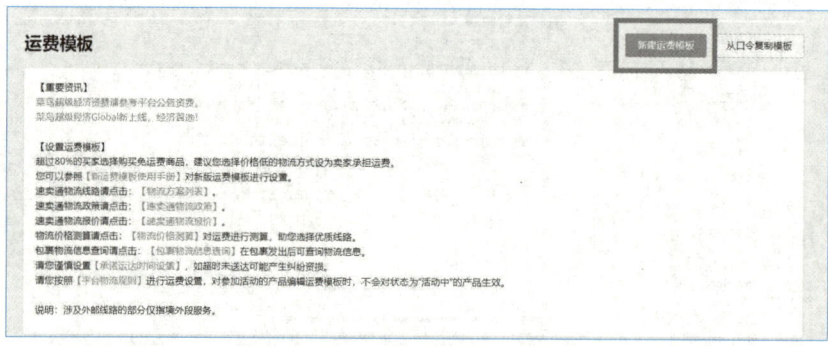

图 2-23　单击"新建运费模板"按钮

下面以中国邮政平常小包的设置为例进行操作说明：勾选"中国邮政平常小包"复选框；设置标准运费意味着对所有国家均执行此优惠标准，若需要对所有国家均采取卖家承担运费设置，即包邮处理，则选中"卖家承担"单选按钮；承诺运达时间由平台标准配置，如图 2-24 所示。

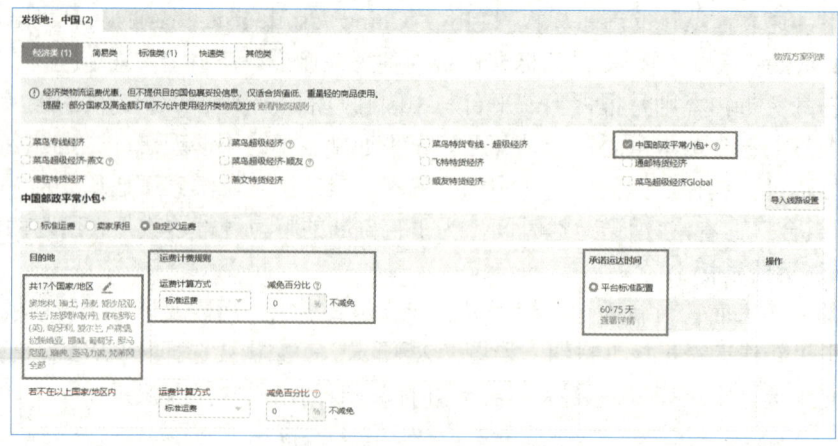

图 2-24　运费模板的设置

卖家若希望进行更加细致、个性化的设置，则可以通过自定义运费和自定义运达时间来实现。

（1）自定义运费。卖家可以选中"自定义运费"单选按钮，对运费进行个性化设置。设置的第一步是选择国家/地区，可以按照地区选择国家，也可以按区域选择国家，如图 2-25 所示。

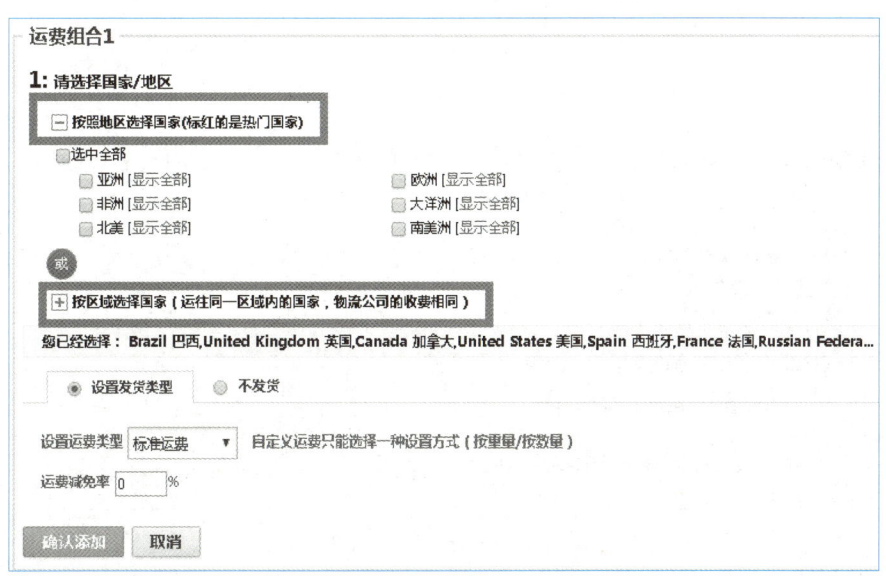

图 2-25　选中"自定义运费"单选按钮

为便于说明，下面以对阿根廷采取"不发货"操作为例进行说明。进入自定义运费设置界面后，操作步骤如下。

① 选择国家。该步骤有两种方法：一是展开南美洲的国家名，找到阿根廷，并勾选，如图 2-26 所示；二是按照区域选择国家，找到阿根廷，并勾选。

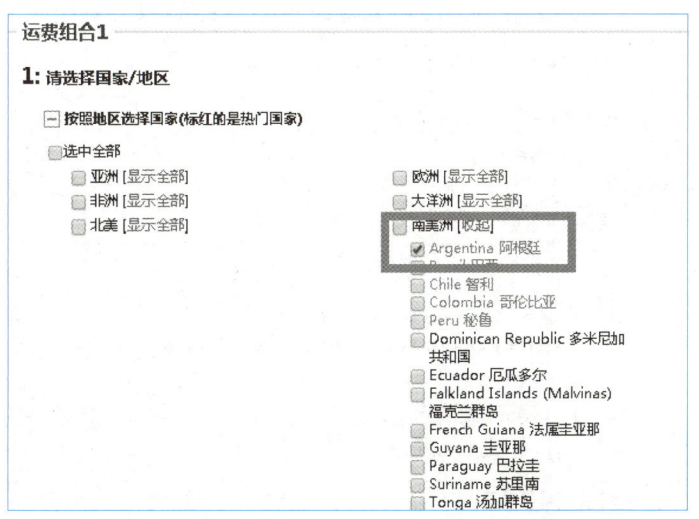

图 2-26　不发货国家的选择

② 对已经选择的国家进行"不发货"操作，并单击"确认添加"按钮完成设置，如图 2-27 所示。

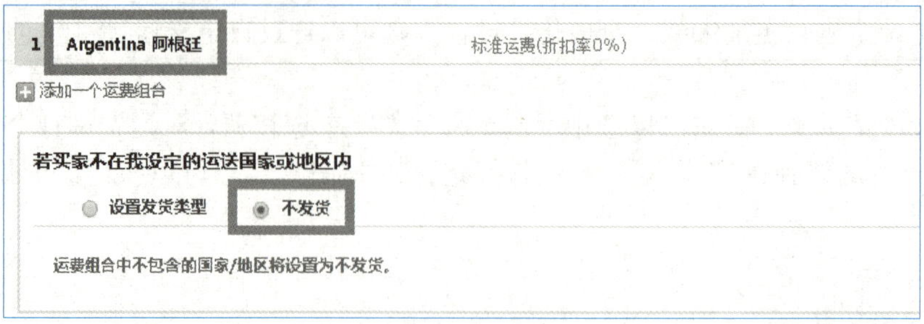

图 2-27　不发货国家的设置

③ 如果需要对更多国家进行个性化设置，就单击"添加一个运费组合"按钮，如图 2-28 所示。

图 2-28　添加运费组合

先选择相关的国家，再进行发货类型的设置。在发货类型的设置中，除对选择的国家采取"不发货"操作外，还可以对标准运费进行一定程度的折扣减免，如图 2-29 所示。同时，还可以按重量或者数量进行自定义运费的设置，如图 2-30 所示。依次单击"确认添加"按钮和"保存"按钮。

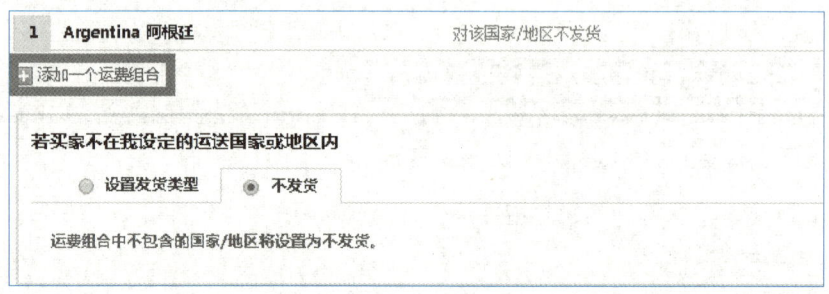

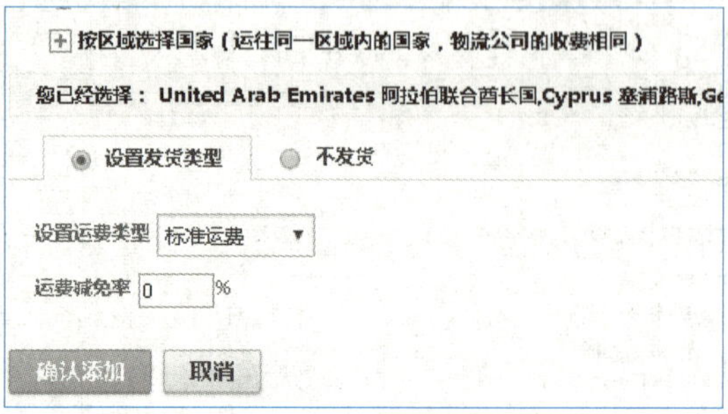

图 2-29　运费类型的设置

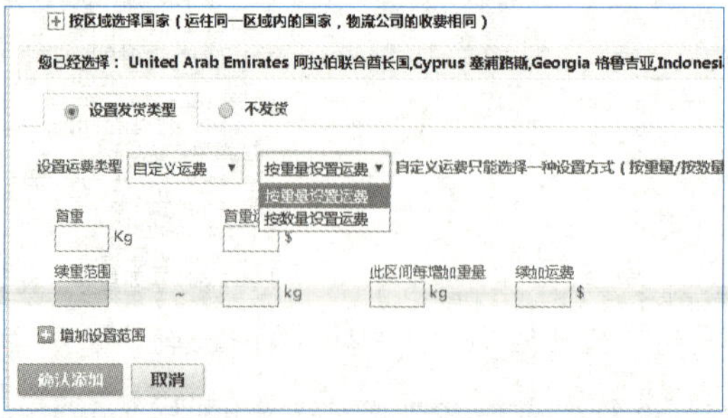

图 2-30　自定义运费的设置

（2）自定义运达时间。以中国邮政挂号小包为例，为了便于理解，这里以设置"巴西 60 天，俄罗斯 45 天，其他国家 30 天"为例进行说明。

① 在勾选所需要的物流方式后，选中"自定义运达时间"单选按钮，如图 2-31 所示。

图 2-31　选中"自定义运达时间"单选按钮

② 对不同的国家设置不同的承诺运达时间。不同国家的选择和自定义运费的设置一致，可以按照国家/地域进行选择。选择南美洲的巴西，对其承诺运达时间为 60 天；选择欧洲的俄罗斯，对其承诺运达时间为 45 天；其他国家为 30 天，如图 2-32 所示。

图 2-32　承诺运达时间的设置

承诺运达时间并非实际包裹从发出到买家签收的时间，为了更好地保障卖家和买家的权益，卖家应在如下 3 个要素中寻求一个平衡点：一是买家的购买感受；二是邮路的实际情况；三是卖家防止买家以承诺最后运达时间到期为由提起纠纷。因此，卖家需要适当地修改承诺运达时间。

卖家必须根据自身的实际情况进行自定义运费的设置，切忌盲目模仿。因为国际物流受国家政策、物流资费、极端天气、政治原因、邮路状况等多种因素的影响，所以在不同时期，卖家应该设置不同的运费模板。

跨境电商新手入门

近几年，跨境电商如火如荼，再加上政策扶持，该行业已进入一个高速发展的阶段。那么，新手卖家如何才能迅速入行呢？

1．产品分析

新手卖家应分析自己的产品目前是不是热销品；和同类型的产品相比，价格、质量及竞争力怎么样；适合在哪个平台销售；是否有侵权的风险。

新手卖家还应了解产品的重量、尺寸，估算物流成本和利润。如果产品的物流成本太高，且本身价值又不高，就应被舍弃。

2．平台分析

目前，入驻人数较多的跨境电商平台有亚马逊、eBay、Wish、速卖通等。

亚马逊：对新手卖家较友好，店铺的等级不会影响产品的销量，没有店铺的等级之分，重视产品的质量。

eBay：对产品的质量要求比较高，注重价格，在产品质量相同的情况下，价格越低的越有优势；平台规则严格，对时效性要求高。

Wish：出单速度较快，不需要太多的运营技巧，上传产品比较简单，容易上手；账号注册通过率低，新入驻的卖家需要支付注册费；平台的客单价较低；卖家需要上传大量的SKU。

速卖通：主要针对俄罗斯、巴西、土耳其、东欧等国家和地区；入驻费用高；买家群体主要是中低端群体，客单价低。

3．物流选择

新手卖家在选择物流时，需要同时分析物流成本及时效。

从淡旺季方面分析，有些卖家会在淡季时以价格（物流成本）作为物流选择标准，在旺季时以时效作为物流选择标准。这种方法并不是很合理，新手卖家需要综合考虑物流成本及时效。

从平台方面分析，开设亚马逊店铺，要考虑是否发FBA；开设eBay店铺，由于eBay对时效性的要求比较严格，因此要考虑是否向一些小国家发货；开设Wish店铺，由于该平台比较看重物流跟踪和时效，因此新手卖家应做好这两个方面；开设速卖通店铺，由于该平台对时效性的要求不严，因此核算物流成本是关键。

（资料来源：雨果网，有改编）

实训　Wish店铺的开设流程

实训目的

能够比较和分析不同跨境电商平台之间的区别，加深对各类跨境电商平台的感性认识。

实训内容与步骤

（1）进入Wish卖家首页（操作界面为中文版的，通俗易懂），如图2-33所示，单击右上角的"立即开店"按钮或者下方的"立即开店"按钮。Wish店铺的开设总共包括3个步骤：设置用户名—填写账号信息—注册完成。

图 2-33　Wish 卖家首页

（2）填写注册信息，如图 2-34 所示。

图 2-34　填写注册信息

（3）在提交信息后，要阅读并同意商户协议，如图 2-35 所示。在勾选"我已阅读并理解以上所有条款"复选框后，要进行邮箱认证，如图 2-36 所示。

（4）填写账号信息，严格按照要求填写完整、详细的信息，如图 2-37 所示。

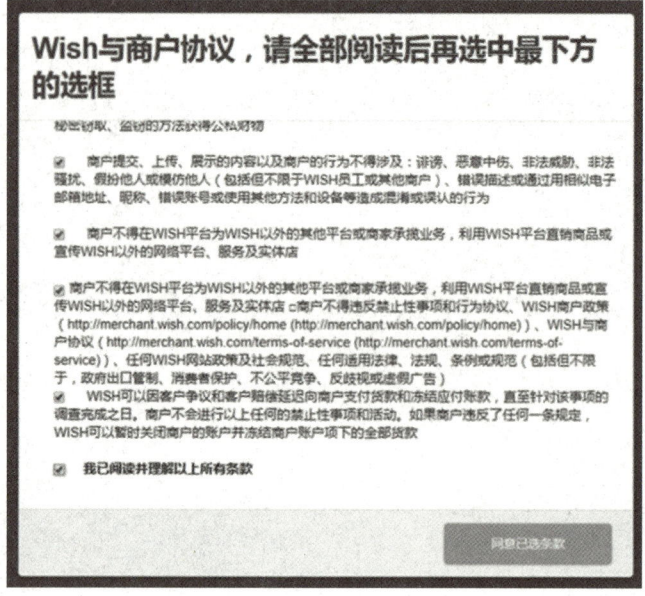

图 2-35　阅读并同意商户协议

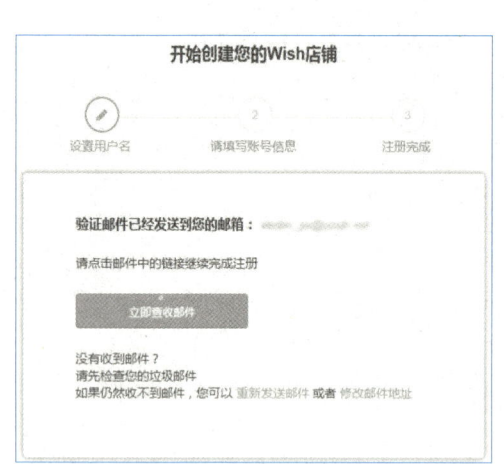

图 2-36　进行邮箱认证

图 2-37　填写账号信息

（5）在填写完账号信息后，Wish 店铺就注册成功了。但是，在此之后还有一个非常重要的步骤——实名认证。实名认证是卖家在 Wish 上发布产品之前必须做的工作，其中除了法人代表的身份证信息，还需要营业执照等，如图 2-38 所示。

（6）在进行一系列的企业账号实名认证和收款方式选择的操作后，店铺就进入审核阶段，如图 2-39 所示。在审核通过后，卖家就可以发布产品了。

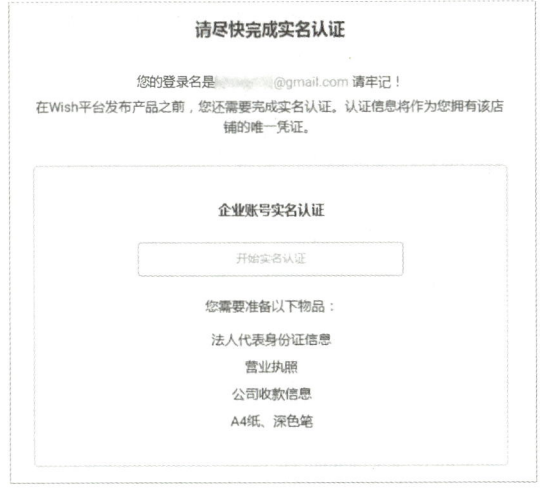

图 2-38　实名认证

图 2-39　店铺审核阶段

 思考与练习

请体验一次在 Wish 上发布产品，以文字配截图的形式记录操作过程，并回答下列问题。

（1）用框图描述 Wish 的交易流程。
（2）Wish 提供了哪些支付方式和配送方式？
（3）在 Wish 上如何设置运费模板？如何根据需求设置运费模板？

跨境电商店铺的开设是卖家开启跨境电商运营之旅的起点。在开设店铺前，卖家首先要对自己的店铺进行定位，选择一个合适的行业，确定目标市场和客户，明确自己的优势，

确定店铺的风格和特点；其次，要对进货渠道有把握，尽量避免断货或出现产品质量问题；最后，要确定产品的价格，采取合理的定价策略。

接下来，卖家就可以在各类跨境电商平台上注册店铺，利用平台提供的各类工具进行选品了。卖家在发布产品时，要特别注意类目的选择、产品属性的填写、产品标题的设置、产品图片的准备、运费模板的设置等。

同步测试答案

1. 单项选择题

（1）以下身份，不可以注册速卖通店铺的是（   ）。
    A. 合资企业　　　　　　　　　B. 自然人
    C. 独资企业　　　　　　　　　D. 合伙企业

（2）产品详情页中的（   ）可以推荐本店铺其他产品。
    A. 广告图　　　　　　　　　　B. 关联营销图
    C. 产品广告图　　　　　　　　D. 产品实拍图

（3）从"运达时间组合"上看，平台判断包裹寄达收件人所需时间的依据是（   ）。
    A. 承诺运达时间　　　　　　　B. 运费模板
    C. 平台运达时间　　　　　　　D. 寄达国家

（4）在新手运费模板中，EMS 的承诺运达时间是（   ）天。
    A. 39　　　B. 14　　　C. 27　　　D. 60

（5）以下物流方式，收费最高的是（   ）。
    A. 中国香港邮政小包　　　　　B. 中国邮政小包
    C. EMS　　　　　　　　　　　D. UPS

2. 多项选择题

（1）速卖通在线考试的内容包括（   ）。
    A. 速卖通的基本知识　　　　　B. 速卖通的交易流程
    C. 速卖通常见页面介绍　　　　D. 如何发布产品

（2）买家找到自己想要购买的产品的方式有（   ）。
    A. 活动　　　　　　　　　　　B. 收藏
    C. 类目筛选　　　　　　　　　D. 关键词搜索

（3）产品发布的注意事项包括（   ）。
    A. 完整、清晰的详细描述　　　B. 全面、准确的属性
    C. 完整而又重点突出的标题　　D. 与产品匹配的类目

（4）产品标题主要由（   ）组成。
    A. 核心词　　B. 属性词　　C. 关键词　　D. 流量词

（5）新手运费模板包括的物流方式有（   ）。
    A. EMS　　B. ePacket　　C. DHL　　D. China Post Air Mail

3. 分析题

（1）在速卖通上开店与在 Wish 上开店相比，各有什么优势和劣势？

（2）调研本地一家已经开设速卖通店铺的跨境电商企业，分析该企业的发展历程。

项目 3 店铺装修

项目重点和难点

店铺基础页面布局元素;产品详情页的模块布局及内容策划要点;产品主图背景搭配的类型;店铺装修的基础操作及第三方模块的操作。

素养目标

提升美学素养;强化版权意识。

项目导图

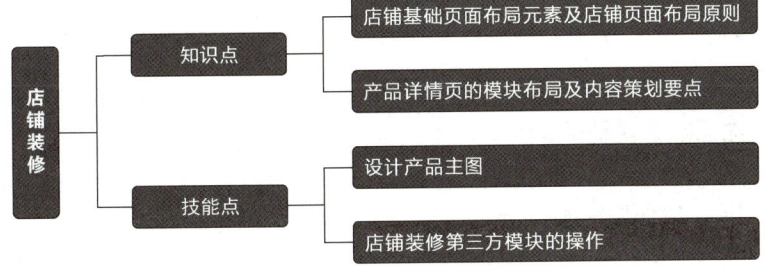

引例

浙江省在校大学生王伊于2019年年底在速卖通上开设了一家主要销售真丝类睡衣、围巾等产品的店铺。然而,王伊在上传产品后,发现和预期差距较大。他一心想着产品丰富、种类齐全,不愁没销量,但过了一个月,店铺销量为0,流量也很少。王伊开始向一位有经验的速卖通卖家朋友求助,朋友告诉王伊,他比较重视做营销推广,如开了直通车,销量飞速上升,现在每天都来不及发货。王伊听得心潮澎湃,想着估计是自己不敢砸钱做推广的缘故,第二天就把直通车开起来了。在开了一周直通车后,问题又来了,王伊每天投入近1000元,店铺流量是增加了,却没有转化成订单,反而让店铺的转化率不断下降;停掉直通车,流量就又没了。

在店铺开通的前3个月里,王伊天天忙到凌晨两点,做了大量的工作,每天上传产品、优化产品信息,店铺流量也有小范围的增加,但转化不尽如人意,这样的结果让他很受挫。看着身边同一时间一起开店的同学都把速卖通店铺经营得有声有色,王伊不禁开始怀疑自己,甚至一度有放弃的想法。如果不是王伊不够努力、不够聪明,那么究竟是什么原因呢?是选品有问题吗?实际上,王伊在选择产品时,曾花了近两个月的时间反复对速卖通的数据和其他跨境电商平台的数据进行分析,也直接和间接地调查过目标市场当地的风俗习惯及该类产品的市场销售情况和用户接受程度。如果不是选品有问题,那么是哪个环节出了问题呢?或者是哪个买家关注的点被他忽略了呢?王伊开始自我反思,从各个角度分析自己的店铺。

王伊做了大量的前期准备和市场调研等相关工作,但在开了直通车之后流量猛增却不成交,这说明王伊店铺的产品主图对买家有一定的吸引力,但是买家在点击进去之后却没有想买的欲望,这往往是由以下两个方面的原因造成的。

(1)直通车关键词的定位不精准,即这款产品与买家想要的产品差别较大。对于这个原因,王伊需要不断地对直通车关键词进行测试和更新,找到最为精准的关键词,从而提高转化率。

(2)产品详情页和店铺首页等页面出现了问题,这往往是由于这些页面的制作达不到买家的审美要求、不够专业、图片和文案等对买家而言不够有吸引力,或者关联营销不到位等原因导致的,这些页面没有很好地起到视觉营销的作用。

基于这两个方面的原因,王伊后续需要把更多的精力放在产品详情页和店铺首页的优化上,应根据视觉营销的原则,全部进行细致、谨慎的优化,而非一味地上传产品。当将店铺的转化率优化至趋向类目平均值,甚至高于类目平均值时,则说明视觉营销的目的基本达到了,这时再辅以平台营销策略,店铺的整体数据将会有出人意料的变化。

> **引例分析**
>
> 实际上,无论是开实体店还是网店,我们首先需要做的都是把基础打好,产品详情页和店铺首页就是我们的根基,因此我们只有打好这一根基,才能在大批流量进来时应对自如。那么,针对跨境电商店铺,卖家应该如何从视觉规范化和视觉营销角度做好各类店铺页面呢?本项目将从设计店铺布局、装修店铺等方面入手来剖析这一问题。

任务3.1 设计店铺布局

3.1.1 布局店铺结构

1. 店铺基础页面布局元素

在一个完整的速卖通店铺中,店铺基础页面一般由页头、首屏、主体和页尾4个部分组成。其中,页头的基本元素一般包括店招、导航;首屏的基本元素一般包括轮播海报、主推信息、客服和所有分类，原则上主推分类和所有分类不可共用（严格来说，主推信息、客服和所有分类这 3 个部分不在首屏，但同属于重点展示区，为表达其重要性，故将其划分在首屏部分）；主体部分包括分类标题、分类海报及分类产品列表等元素；页尾部分主要包括重复导航栏、店内搜索框、国际站点、买家须知、联系方式、图文说明、快递说明等元素（见图 3-1）。下面只介绍其中几个重要的元素。

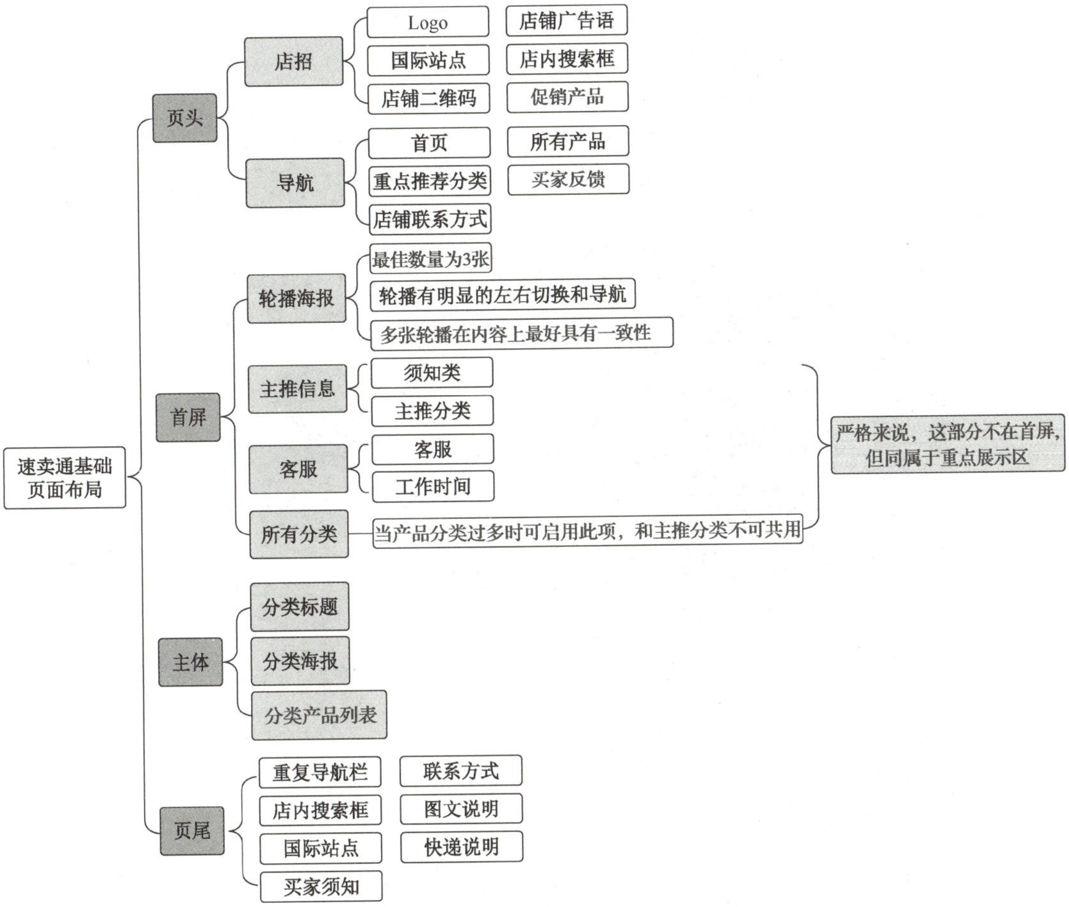

图 3-1　速卖通店铺基础页面布局元素

1）店招

从字面去理解，店招即为店铺的招牌，位于店铺页面的顶端。现有速卖通店铺的店招往往可以分为两类：一类是简约版，往往只包括 Logo、店铺内导航（见图 3-2）；另一类是多功能版，一般包括 Logo、广告语、国际站点、店内搜索框和促销产品等（见图 3-3）。

图 3-2　简约版店招

图 3-3　多功能版店招

具体选用哪一类店招，卖家需要视店铺的具体情况而定，一般需遵循两个基本原则：一是在店招内植入品牌形象；二是抓住产品定位。其中，品牌形象的植入可以通过店铺名称、Logo 和广告语来展示；产品定位则展示店铺主营的产品，精准的产品定位可以快速吸引目标买家。

2）轮播海报

轮播海报位于主区内，在导航栏下方，是一个非常重要的产品展示模块。通常，买家进入店铺首页首先看到的就是轮播海报，它将多张店铺广告图片以滚动播放的形式进行动态展示，能更直观、更生动地表现产品和店铺活动，吸引买家，提升店铺的访问深度和延长买家的停留时间，进而促成更多转化。轮播海报的内容主要为店铺自主活动海报、节日海报和上新海报等（见图 3-4～图 3-6）。

图 3-4　店铺自主活动海报

图 3-5　节日海报

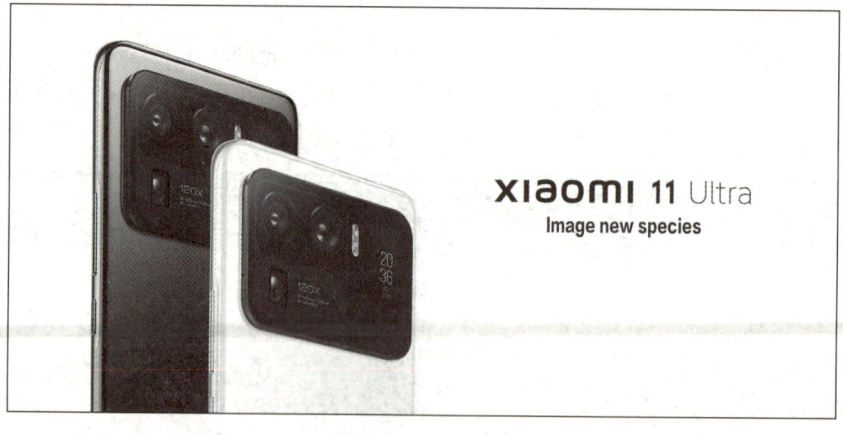

图 3-6　上新海报

3）主推分类

主推分类（见图 3-7）属于店铺的主推信息，一般位于店铺轮播海报的下方。主推分类主要为店铺通过对买家的浏览记录和购买记录等数据进行数据分析，所得出的有助于买家浏览和挑选产品、能激起买家浏览和点击的兴趣、促进成交的店铺产品分类方式。从原则上说，主推分类与所有分类不可在店铺内共用。

图 3-7　主推分类

4）客服

目前，速卖通上有大量店铺未在首页设置客服模块，这是一个相对不专业的表现。当买家在浏览店铺首页时，若能看到客服模块，则会对店铺产生一个良好的印象——店铺专业；其次，当买家在浏览店铺首页时，若发现疑问需要咨询，则无须进入某个产品详情页寻找客服，否则会大大降低买家的用户体验，因此从专业性和用户体验角度来讲，店铺首页的客服模块是一个较为重要的模块。

同时，针对中大型速卖通店铺而言，在客服模块应当详细区分销售类客服和售后客服（见图 3-8）。对客服进行专业分工，将有利于店铺工作的开展，也能在较大程度上给予买家该店铺服务专业的印象，从而激发买家的购买兴趣。

图 3-8　客服模块

5）分类标题、分类海报和分类产品列表

很多速卖通卖家将店铺的产品进行分类，在店铺首页以分类产品的形式进行展示，以方便买家挑选。但是在首页的分类产品列表中，卖家往往由于产品多而无法完全列出该分类下的所有产品，因此需要从热搜、热销和新品等多个维度入手去进行数据分析，挑选出对买家来说最有吸引力、最能激发其购买欲望的产品进行罗列。卖家也常常以海报的形式展示产品。分类海报可以将产品以图片的形式进行大致分类，如链接到相关活动场景，从而使产品更加生动、具有吸引力（见图3-9）。

图3-9 分类标题、分类海报和分类产品列表

6）页尾

页尾部分位于店铺基础页面的底端，其主要功能是为店铺基础页面提供辅助性说明。专业的速卖通店铺往往会在页尾部分重复一遍导航栏的内容，以方便买家在浏览至首页底端时，可以通过导航栏选择浏览店铺的其他内容（如店铺重点推荐等），而不用拉回至首页顶端才能进行选择，这样有助于提升买家对店铺的访问深度和用户体验，从而促进买家购买产品。店铺首页页尾部分应设置国际站点、店内搜索框、买家须知等内容，为买家选购产品提供方便，用店铺的专业性来增加买家的信任（见图3-10）。

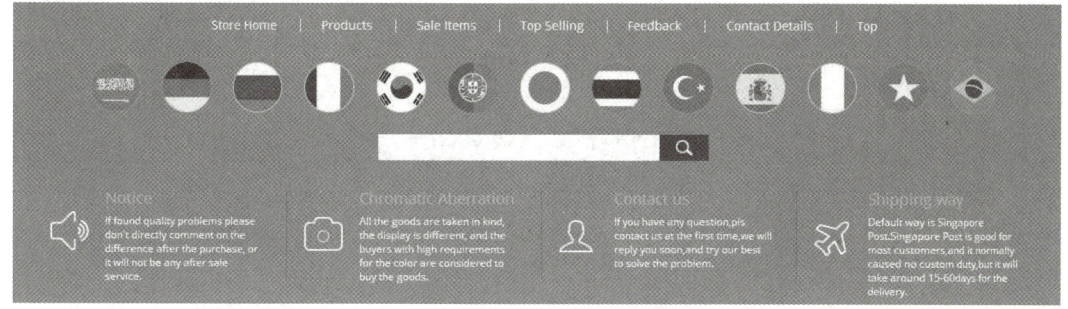

图 3-10　店铺首页页尾

2. 店铺页面布局原则

店铺页面布局的成功与否，直接影响了买家能否在第一时间产生浏览或者购买的欲望。那么，为了最大限度地把握店铺的每一位访客、每一点流量，以便提高转化率，卖家不仅需要根据店铺风格、产品类别对店铺产品、促销活动等进行清晰、完整的布局，还需要讲究布局的合理性，以便让买家有一个舒适、流畅的视觉体验。卖家要进行合理的店铺页面布局，往往需要遵循以下几个原则。

1）主次分明、中心突出

人的视觉中心一般在屏幕中心或中部偏上的位置。将店铺的促销活动、新品信息、爆款产品、主推产品等重要信息放置在视觉中心，无疑会吸引买家的眼球。在视觉中心以外，可以放置相对次要的信息，这样做可以达到主次分明、中心突出的效果。

图 3-11 为速卖通店铺 ZIRUNKING Love Fur Store 的首屏，通过观察我们可以发现，其店招、导航栏及轮播海报中的关键信息都集中在这 3 个模块的中心位置。该店铺虽然采用了 1920 像素宽度的全屏店招、导航栏和海报，但在中心位置以外的区域均以背景进行填充，这样可以有效地聚焦买家的视线，同时能规避部分买家由于屏幕小无法展示如此大的画面而导致的买家屏幕中只显示一部分海报内容的情况。若在设计时，将产品主体等关键信息放在旁边的位置，则很可能无法在屏幕中完全显示产品主体等关键信息。因此，卖家在设计页面布局时，应考虑买家体验的问题，把关键信息放在中心位置，确保关键信息都能被传递给买家。关键信息一般控制在 1200 像素以内。

图 3-11　ZIRUNKING Love Fur Store 的首屏

2）区域划分明确

合理、清晰的分区可帮助买家快速找到自己的目标产品，如买家可根据图 3-12 中清晰的店铺产品分类找到所需产品。

图 3-12　合理、清晰的分区

3）简洁与一致性

保持页面的简洁与一致性是布局的基础，如字体、颜色搭配得当，字体种类不宜过多，保持店铺各个页面的文本、产品的间距和图形、标题之间的留白一致等。

4）布局饱满，应有尽有

布局饱满不是指店铺各个模块的简单堆砌，而是根据买家的思维逻辑和浏览路径，将有必要的模块涵盖全面，除店招、轮播海报、导航栏等常规模块外，必要的模块还包括客服、搜索、多语言栏等，以便提升买家体验和买家的黏性。

3.1.2　设计产品详情页

产品详情页不仅能向买家清晰地展示产品的规格、细节、颜色、材质等基础信息，还能向买家展示产品搭配、产品的优势、创意文案等内容。由此可见，买家能否喜欢上产品或成为店铺的忠诚顾客，常常取决于产品详情页是否能打动人心。

详情页制作

1. 产品详情页的模块布局

在速卖通上，产品详情页的设计相对简单，通常包括产品参数、产品规格信息和颜色展示、产品细节展示和亮点分析、产品全方位展示、品牌故事、包装展示、买家须知、联系方式、关联营销等模块，如图 3-13 所示。

第①部分为产品参数模块。这个模块的主要目的在于让买家了解鞋子的一些基本参数，这些参数往往会在买家最终收到的鞋子的包装盒上有所展示。

第②部分为产品规格信息模块和颜色展示模块。这个模块主要对鞋子更为细化的规格进行描述，如不同国家的鞋号编码，通过图片指导买家如何测量自己脚的大小来挑选合适的鞋子，告知买家鞋码可能存在的测量误差、鞋子的材质及颜色等内容。

第③部分为产品细节展示和亮点分析。这个模块主要针对鞋底、鞋子内饰、鞋子两侧及鞋标等细节,以大图方式进行展示,让买家能通过大图更直观地了解鞋子的情况;同时在细节图旁边辅以对应文案,有助于提炼亮点,以创意文案和产品优势赢得买家的青睐,因此这个模块是买家关注的一大重点。

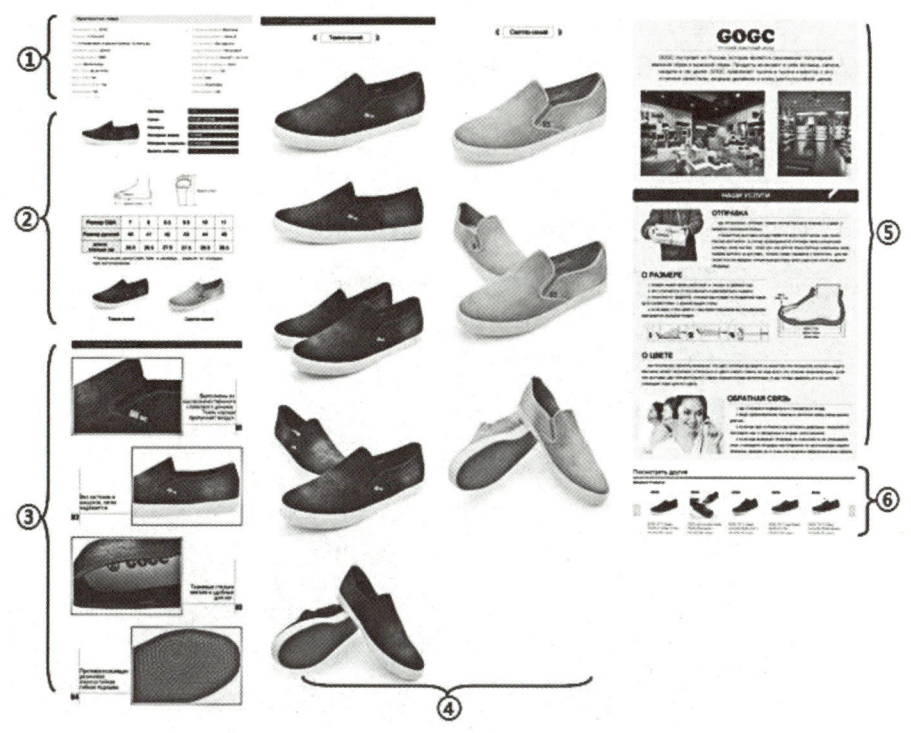

图3-13　产品详情页案例展示

第④部分为产品全方位展示模块。这个模块主要将鞋子进行全方位的展示,以便帮助买家做出购买与否的决策。

第⑤部分为品牌故事、包装展示、物流服务、买家须知和联系方式模块。这个模块为店铺各产品详情页的通用模块。品牌故事主要向买家传递品牌价值及理念,增加买家对品牌的认同感,有助于增加回头客;包装展示和物流服务的描述能够让买家放心购买,同时,精美的包装是体现产品服务质量的重要部分,也是店铺营销实力的体现,这都有助于提升买家的购物体验;买家须知可以规避在购买时可能产生的不必要的误会,减少很多基础性售后问题;联系方式能在较大程度上提升买家的信任感,给予买家"无论何时,卖家一直都在"的感受。

第⑥部分为关联营销模块。很多店铺客单价较低的原因是没有做好关联营销。卖家应在深入分析店铺数据、挖掘店铺内不同产品之间的关联轨迹及买家偏好的基础上,有选择性地进行关联营销。优质的关联营销能提升买家访问深度、降低跳失率、促进销售、提升客单价,由此可见关联营销的重要性。

2. 产品详情页的内容策划要点

产品详情页的内容布局、模块设置及文案撰写需要根据产品的类别进行策划。例如,对于数码电子类产品等标准化程度高的产品,买家的购买基本为理性购买,买家关注的重点是产品的功能性。那么,卖家在进行产品详情页布局时,往往会涉及产品细节展示、产品参数和功能展示等模块。而对于标准化程度较低的产品,如女装、珠宝饰品等,买家的购买更多的是冲动性购买,针对这类产品,产品的展示方式、场景烘托及创意文案就显得格外重要。由此可见,针对不同类别的产品,卖家在设计产品详情页时考虑的角度往往有所不同,但是最终目的都是激发买家的兴趣和购买欲望,因而万变不离其宗,卖家在策划产品详情页时,需要把握以下3点。

(1)激发买家的兴趣和购买欲望,挖掘潜在需求。卖家可以运用创意性的焦点图来吸引买家的眼球,通过焦点图所营造的场景可以是产品的功能特点、应用场景、目标消费人群等,从而挖掘买家的潜在需求。如图3-14所示的焦点图很好地营造了朋友一起外出烧烤的场景,通过营造贴近大自然这一场景,将烧烤架的产品功能进行了升华,给人以清新、温馨且乐趣无穷的感受,能很好地激发买家的兴趣和购买欲望。

图3-14　焦点图

(2)赢得买家的信任。卖家可以从产品细节的完善、解决买家的"痛点"、挖掘产品卖点、增加品牌附加值、引起买家情感共鸣和塑造买家拥有后的感受等多个角度入手,赢得买家的信任。也就是说,卖家应站在买家的角度考虑产品详情页的布局和设计,当产品详情页能打动自己时,就有可能激发与自己各方面相似的买家的欲望,当然这只是第一步。

在图3-15中,第一幅场景图通过放置烧烤食物,让买家感受到这个烧烤架的宽度和长度合适,不会太小,适合多人一起使用;第二幅场景图通过让一个人坐在烧烤架上,展示出烧烤架质量好、耐受力强、结实的特性;第三幅场景图展示出烧烤架便于携带的特性。由此可以发现,该产品的卖家很好地解读了买家的"痛点",通过3幅场景图有效地帮助买家解决"痛点",能在较大程度上为客服减轻压力,赢得买家的信任,且能有效地引起买家内心的共鸣,从而很好地激发了买家的购买欲望。

(3)替买家做决定。卖家可以通过限时限量折扣、品牌介绍、数量有限、库存紧张等手段吸引犹豫不决的买家快速做出决定。当买家浏览完产品详情页仍然没有下单时,卖家可以通过关联营销模块推荐其他产品。

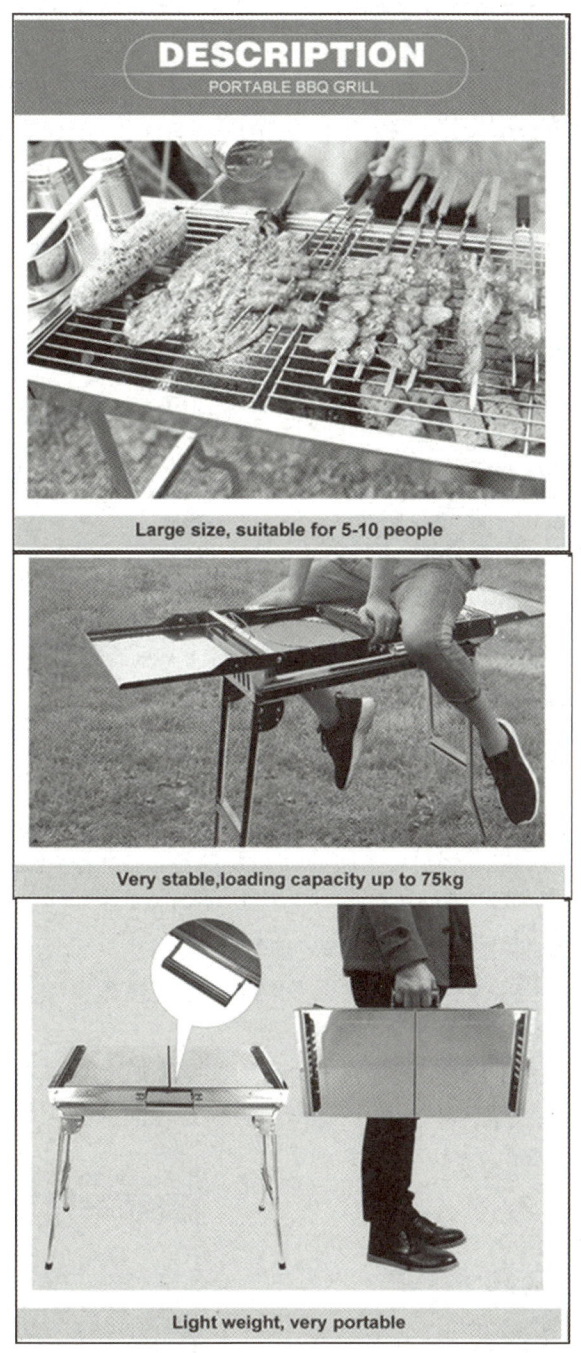

图 3-15　产品细节展示

3.1.3　设计产品主图

产品主图往往是最先映入买家眼帘的产品图片，一般出现在产品搜索结果页、店铺首页和产品详情页顶端这 3 个地方，表现了店铺的风格和气质，因而非常重要。好的产品主图往往能在买家看第一眼的时候就抓住买家的眼球并激发买家的购买欲望。那么，好的产品主图是什么样的呢?下面从产品主图的规范、背景搭配和制作技巧等多个角度进行分析。

1. 产品主图的规范

速卖通对产品主图的建议尺寸为 800 像素×800 像素,这是由于产品详情页提供图片放大功能,若产品主图像素过低,则被放大后会变得模糊,即只有当卖家上传的图片达到 800 像素×800 像素这一尺寸或超过这一尺寸时,在产品详情页被放大时,图片才清晰。因此,为了让买家在将鼠标指针移到产品主图上时可以清晰地看到产品的细节,卖家应上传大小至少为 800 像素×800 像素的产品主图。产品主图和放大后的产品主图如图 3-16 和图 3-17 所示。

图 3-16　产品主图　　　　　　　图 3-17　放大后的产品主图

2. 产品主图的背景搭配

产品主图作为店铺重要的广告图,可直接影响点击转化率。目前,在速卖通上,产品主图主要分为 3 类。

(1) 白底主图(见图 3-18)。白底主图的优势在于主体突出、干净大气、简单明了。对卖家来说,白底主图的拍摄、布景及后期处理相对简单。同时,买家更加追求图片的真实性和产品时尚、大气的风格,因此为了避免不必要的退换货,很多速卖通卖家往往都遵循一个原则:产品质量过硬且图片写实、后期处理少。此外,平台活动和促销往往也要求卖家报送白底主图,因此很多卖家从便利性角度考虑也会选择白底主图,如图 3-17 所示。

(2) 边框主图(见图 3-19)。速卖通平台页面的整个底色均是白色的,带有边框的主图恰好能有效地利用这一点,在众多的产品中脱颖而出,以便被买家发现并促成点击。

如何使用 Photoshop 切图

图 3-18　白底主图　　　　　　　图 3-19　边框主图

(3) 背景主图。背景主图作为一个色块,其吸引力还是非常大的,但经常有很多卖家在使用时，把握不好度，使其变成"主图牛皮癣"，反而减少了产品的日常点击量。因此，若卖家在审美、布景、设计等维度上对产品主图的观感难以把握，则应尽量选择白色或者其他颜色的纯色的产品主图，不要额外布景、拍摄和后期制作，防止适得其反。

实际上，背景的搭配影响着产品主图的质量。合理、灵活地搭配背景色和产品，可以让产品更具亲和力和感染力。在搭配产品主图的背景时，卖家不仅要考虑背景中的元素恰当与否，还应考虑产品的形象与背景的色调是否相得益彰、产品的形象能否从背景中凸显出来。

图 3-20 中的男士穿着一件驼色的针织短袖衫站在一艘大型船只旁边（图中的船只不明显），背后是有些凌乱的船只靠岸的绳线，配以少量光照，慵懒、凌乱中不失大气和休闲，很好地凸显出这件驼色短袖衫随意的风格，给人舒适、和谐的观感，有较强的感染力。

综上所述，卖家应当清楚自己的店铺在何时应该使用何种产品主图，若是参加活动，则应尽量选择干净、大气的白底主图；平时则可用一些简单的边框主图和背景主图聚焦眼球，从而增加点击量、提高转化率。

3. 产品主图的制作技巧

买家在浏览产品主图时速度较快，如何让自己的产品主图在搜索结果页的众多产品主图中凸显出来，成功吸引买家的注意力，是制作优质产品主图的关键。一般来说，产品主图的制作技巧有以下 4 个。

图 3-20　背景主图

（1）卖点清晰、有创意。卖点即产品具备的别出心裁或与众不同的特色、特点，可以是产品的款式、形状，也可以是产品的价格等。卖点清晰是指即便买家快速浏览，也能迅速了解到产品的优势所在。

产品主图的卖点不在于多，而在于是否能击中买家的"痛点"、打动买家。深入分析速卖通，会发现大量产品的卖点大同小异，因此卖家若想让自己的产品脱颖而出并引起点击，就需要优化卖点，让其变得有创意。

在图 3-21 中，虽然没有模特的展示，但是运动鞋的概貌被完整地展示出来，完整的近景展示了产品的整体，突出了鞋子这一主体，可以激起买家的购买欲。

（2）产品大小适中。产品在图片中过大，则显得臃肿，给人以压力感；产品在图片中过小，则不利于表现产品的细节、不利于突出产品的主体地位。而大小合适的产品往往能给人以视觉的舒适感，有助于提升产品的点击率。

（3）宜简不宜繁。有些卖家为了突出产品的卖点，在产品主图上设置了大量文案，加之排版不合理，最终导致适得其反。实际上，买家在浏览产品主图时速度较快，因此产品主图传递的信息越简单、越明确，就越容易被买家接受。背景繁杂、产品放置杂乱、文案信息多及水印夸张的产品主图均会影响产品信息的传递。因此，卖家在设计产品主图时，应当考虑买家的接受程度和认可程度。

（4）细节丰富。在设计产品主图时，卖家可以通过放大产品细节来提高产品主图的点击率，也可以在产品主图上添加少许文案，如产品的名称、特点、包邮、特价等想让买家关注的内容，以便丰富产品主图的细节，如图 3-22 所示。

图 3-21　运动鞋主图

图 3-22　产品主图的丰富细节

任务 3.2　装修店铺

3.2.1　店铺装修的基础操作

对任何速卖通卖家而言,店铺首页都是其冥思苦想要优化的页面。目前,速卖通在视觉营销方面增加了新的开放式功能模块。其中,基础模块包含店招模块、图片轮播模块、产品推荐模块及自定义内容区等部分。第三方模块相对于基础模块,功能更加丰富,包含新品上市、限时导购、自定义模块、全屏轮播、优惠券、分类导航、广告墙及页角等。下面对速卖通店铺装修基础模块的操作进行介绍。

1. 装修前的准备工作

进入卖家后台,选择"店铺"→"店铺装修"选项,进入店铺装修页面,单击"编辑店铺装修"按钮,如图 3-23 所示。

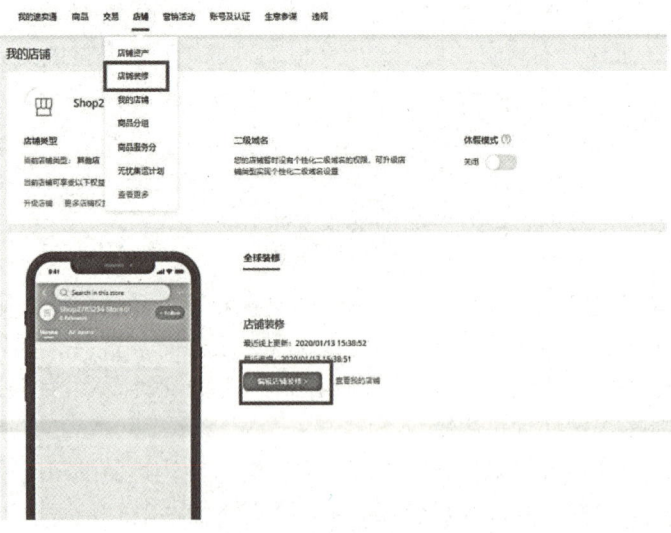
图 3-23　店铺装修页面

当将鼠标指针放在"装修"按钮上时，会出现下拉列表，如图 3-24 所示。

图 3-24 "装修"按钮的下拉列表

页面管理：编辑首页的版式、模块。
样式编辑：选择首页的主题色。
模板管理：选择免费模板或者购买收费模板。

选择"装修"→"样式编辑"选项，可以看到有 4 种配色样式可供选择，即卖家在装修店铺之前，需从整体上为店铺定一个主色调。在基础模块中，有 4 种样式可供选择，分别是湖蓝、蓝色、红色和棕色，卖家可以根据主营产品的性质、类别及目标市场选择一种相应的主色调，并单击"保存"按钮，如图 3-25 所示。

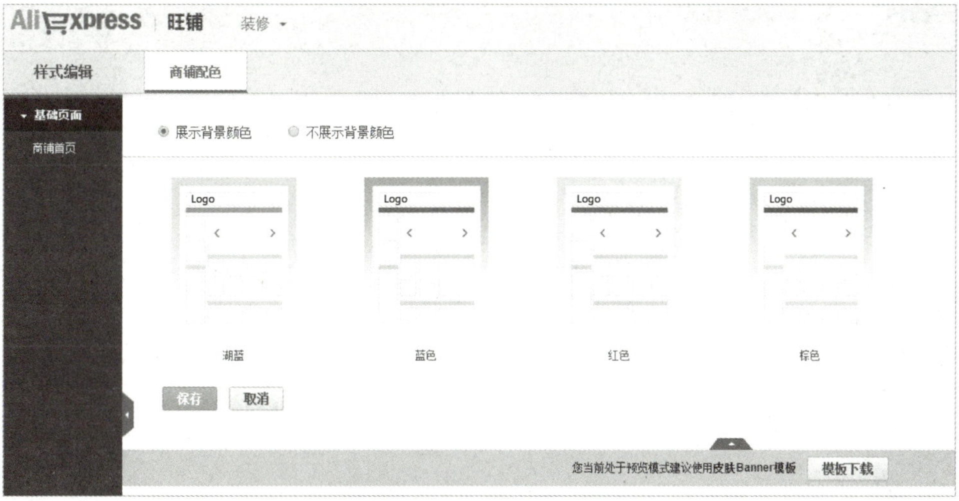

图 3-25 4 种配色样式

卖家的选色方式主要有以下 3 种。

（1）基于主营产品选色。当主营产品具有一定的相似度，且颜色相对统一时，卖家可以选取产品的核心颜色作为店铺首页的主色调。

（2）基于目标客户选色。根据目标客户来选色，即当主营产品为童装、童鞋等与儿童相关的产品时，卖家应当选择色彩鲜艳、充满朝气的颜色作为店铺首页的主色调；当主营产品为老年服装、拐杖等老年人使用居多的产品时，卖家应当选择稳重、大气、相对偏深的颜色作为店铺首页的主色调。

（3）基于概念选色。当店铺产品的颜色众多且没有统一性时，卖家可以考虑主营产品是否与某些特定的概念相关，从而选择与这些概念相对应的颜色。

2．店招模块

在"页面编辑"界面中，将鼠标指针放在每个模块上，其右上角均会出现"编辑"和

"删除"按钮(见图3-26),单击"编辑"按钮,可以进行图片的修改、增加链接、排布等操作。在"布局管理"界面中,则可以调整首页的整体结构,如图3-27所示。

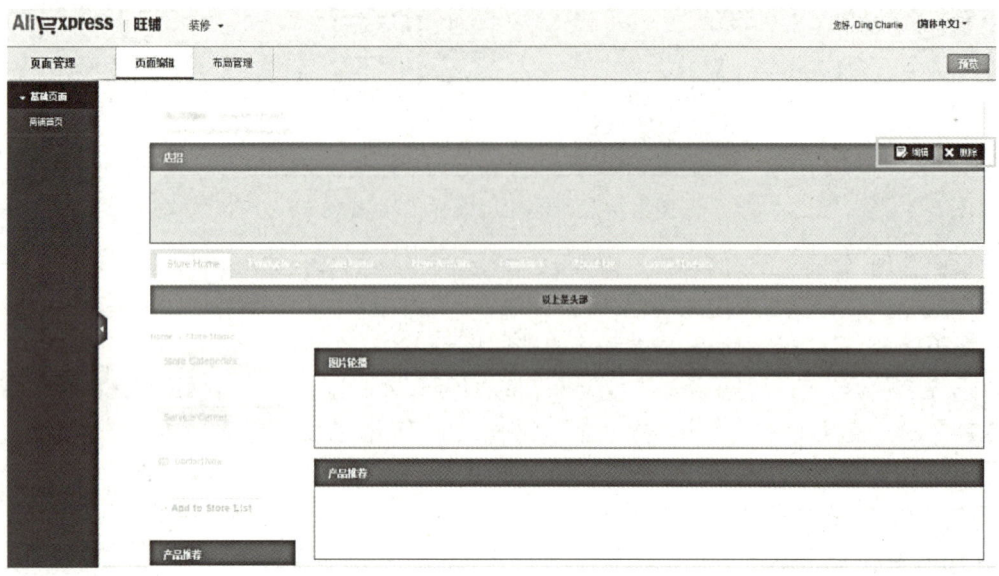

图3-26 "编辑"和"删除"按钮

图3-27 "布局管理"界面

将鼠标指针放在店招模块上,单击右上角的"编辑"按钮,可看到对应的店招模块的规格参数:店招模块的高度为100~150像素、宽度为1200像素,单张图片的大小不能超过2MB(见图3-28)。同时,店招模块允许加入一个链接,卖家可以根据店铺的实际需要对首页、活动或者单品进行交替链接,从而更科学地使用好店招模块。此外,店招图片可以直接从本机上传,也可以使用已上传的图片(直接输入URL即可上传)。

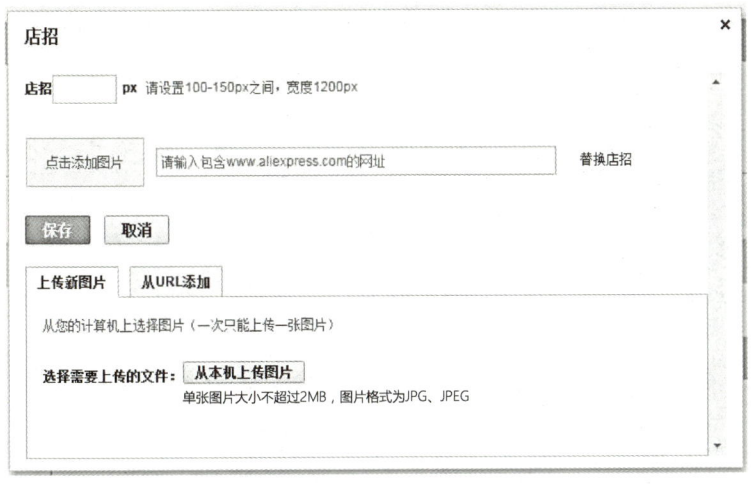

图 3-28　店招模块的参数设置界面

从视觉角度看，高度为 150 像素的店招比 100 像素的店招更大气、更符合审美要求，因此笔者建议卖家在设置店招的高度时选择 150 像素。

3. 图片轮播模块

图片轮播模块属于主区内模块。在主区内最多可以添加 6 个图片轮播模块，且位置可以上下调整，以便与其他模块相互呼应、相互搭配。

单击图片轮播模块右上角的"编辑"按钮，可以看到图片轮播模块的规格参数（见图 3-29），其中，模块的高度为 100～600 像素、宽度为 960 像素，单张图片的大小不能超过 2MB。单击"点击添加图片"按钮，可以从本地上传图片；单击"添加新图片"按钮，可以增加轮播图片的数量，最多为 5 张，即一个图片轮播模块最多可添加 5 张图片，每张图片都可添加一个相应的链接。因此，作为首屏中心位置的图片轮播模块往往是卖家苦心经营的"宝地"，在这里，卖家可以设置店铺活动海报、新品发布海报及节日海报等，作为店铺引导点击的关键一环。

图 3-29　图片轮播模块的参数设置界面

在设计图片轮播模块的海报时，务必在每张海报中都添加类似"Buy Now"等引导购买的按钮，从而刺激买家的眼球并引导买家购买，如图3-30所示。

图3-30 图片轮播模块案例

4．产品推荐模块

基础模块中的产品推荐模块的使用率较高，但存在结构相对单一的缺陷。若它能有效配合图片轮播模块和自定义内容区的应用，则能更好地展示产品。一个店铺最多可以添加5个产品推荐模块。单击"编辑"按钮，可以设置产品推荐模块的参数，如图3-31所示。

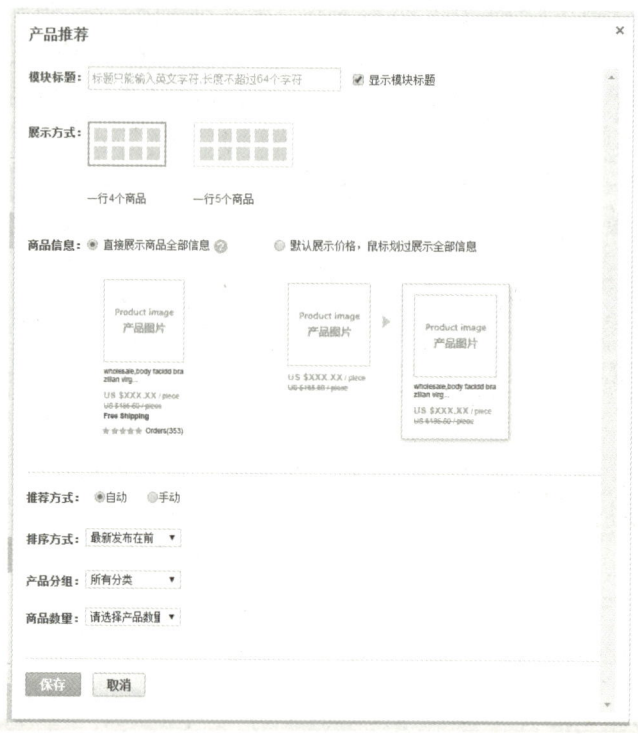

图3-31 产品推荐模块的参数设置界面

产品推荐模块中的图片往往会使用产品的首图，因此为了使展示效果统一，被选产品的首图务必干净、整洁，且与店铺整体的装修风格一致。

5. 自定义内容区

自定义内容区的排版相对灵活，可以配合卖家的营销想法更好地展示店铺和产品。在基础模块中最多可添加 6 个自定义内容区，在一个区内，字符数不能超过 5000 个，如图 3-32 所示。

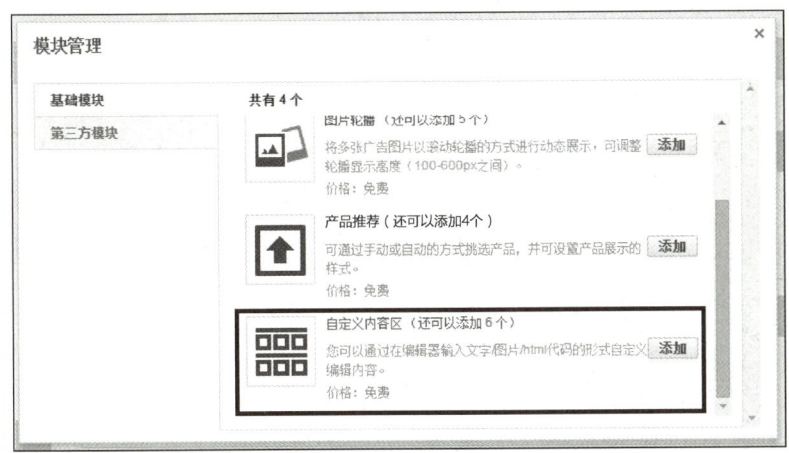

图 3-32　基础模块中的自定义内容区

自定义内容区的应用广泛，国际站点也属于自定义区的内容。卖家先将语言图标设计出来、切片，然后加入语言链接即可，如图 3-33 所示。

图 3-33　自定义内容区——国际站点

（1）主区自定义规格。基础模块的自定义内容区中的图片宽度最大为 920 像素，高度不限，但以不超过 3000 像素为宜，因为太高会影响网页打开的速度，且字符数容易超出限定。

（2）侧边栏自定义规格。在侧边栏添加自定义内容区，其图片的最大宽度为 180 像素，高度不限，但建议不要超过 1500 像素。

实际上，自定义内容区是高级旺铺装修中一个比较常用的内容，应用灵活，可以是图片，也可以是文字。但对新手卖家而言，往往较难上手，需要搭配 Photoshop 的切片功能和 Dreamweaver 的代码来共同实现。

6. 店铺基础装修的四大秘籍

（1）秘籍一：用好预览功能。在装修好店铺以后，卖家如果想查看装修效果，就可以单击屏幕右上角的"预览"按钮进行预览，在确认装修无误后再进行发布，这样可以确保万无一失，减少不必要的返工并在一定程度上降低买家体验感下降的概率。

（2）秘籍二：侧边栏也可以装修。卖家可以在侧边栏添加一个产品推荐模块，推荐方式选择"自动"，排序方式选择"最新发布在前"（见图 3-34），即可重新调出消失的 Top Selling。同理，卖家可以按照产品分组，添加分类产品的 Top 排行榜。

（3）秘籍三：用好自定义内容区。自定义内容区不局限于添加产品，还可以添加产品分组，以便引导消费。自定义内容区若被使用得当，则将发挥一个优秀导购员的作用。

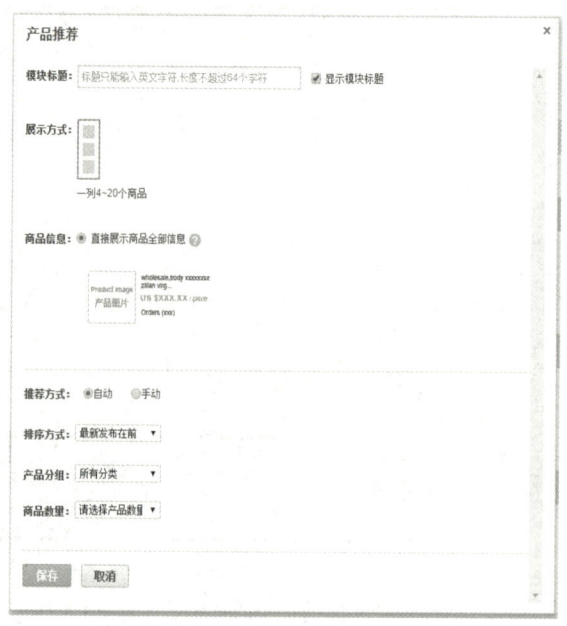

图 3-34 用产品推荐模块调出消失的 Top Selling

（4）秘籍四：用好图片链接功能。无论是店招图片，还是图片轮播模块中的图片，卖家均可为图片添加 URL 超链接。卖家可以将图片链接到店铺内的任意页面，用来推广某个产品、某个分组、某个搜索结果等，从而将可利用的资源发挥到极致，达到多方引流的目的。这在一定程度上有助于提升页面访问深度和延长买家的停留时间，从而为店铺留住买家、增加成交机会。

✓ 3.2.2　店铺装修第三方模块的操作

速卖通第三方模块的出现，为平台在视觉营销方面带来了生气，其灵活性和开放性远远超过基础模块。下面来看由第三方提供的装修模板的灵活性、开放性究竟体现在哪里，以及丰富的效果如何实现。

进入卖家后台，选择"店铺"→"店铺装修"选项，进入基本装修市场，如图 3-35 和图 3-36 所示。

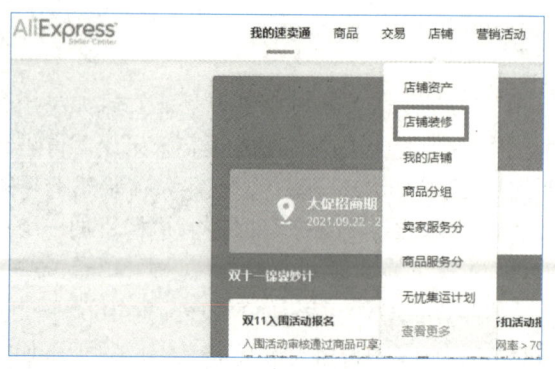

图 3-35　"店铺装修"选项

图 3-36　基本装修市场

在高级装修市场（AE 模板装修市场）中，第三方模块是收费的。卖家可以选择一个自己满意的模块，在购买之前可以进行试用，在确认所选模块符合自身需求后，再选择购买 1 个月、1 季度、半年或者 1 年的使用期限。下面详细分析第三方模块中各模块的装修细节。

1. 无线店招模块

一般而言，只要选取了试用模块，无线店招和轮播图等模块均会出现，若未出现，则可以手动添加（见图 3-37）。同时，无线店招可以被调整为导航栏的样式（见图 3-38）。第三方模块的导航栏可由卖家自己设计，卖家可以自定义颜色或者上传图片。导航栏的高度为 33 像素，卖家可以结合店铺的性质和产品所属类别等多方面的因素综合考虑，从而打造店铺独特的效果。

此外，对于较大的图片，速卖通的图片空间暂时无法支持，卖家可以借助 1688 的图片空间来实现，即先将图片上传到 1688 的图片空间，在取得图片地址后再将其应用到速卖通上。

图 3-37　手动添加模块

图 3-38　将无线店招调整为导航栏的样式

2. 轮播图模块

轮播图把图片动态地展示给买家，以便买家了解店铺的产品。这也是一种宣传手段，可以让买家在最短的时间内看到更多的产品图片，从而增加买家在店铺内停留的时间，所以设置轮播图也是非常有用的。轮播图模块的参数设置界面如图3-39所示。

图 3-39　轮播图模块的参数设置界面

3．热区图文模块

热区图文是一个大小已被规定好的模块，卖家只需根据要求，制作出对应大小的图片即可。图片的宽度为 750 像素，高度不超过 960 像素；图片的格式可以为 JPG、PNG，大小不得超过 2MB，如图 3-40 所示。

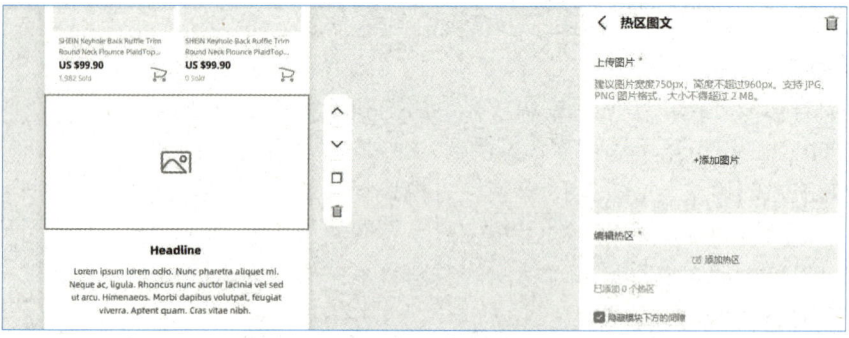

图 3-40　热区图文模块的参数设置界面

4．文本模块

文本模块用于对产品、活动进行再次编辑，如图 3-41 所示。

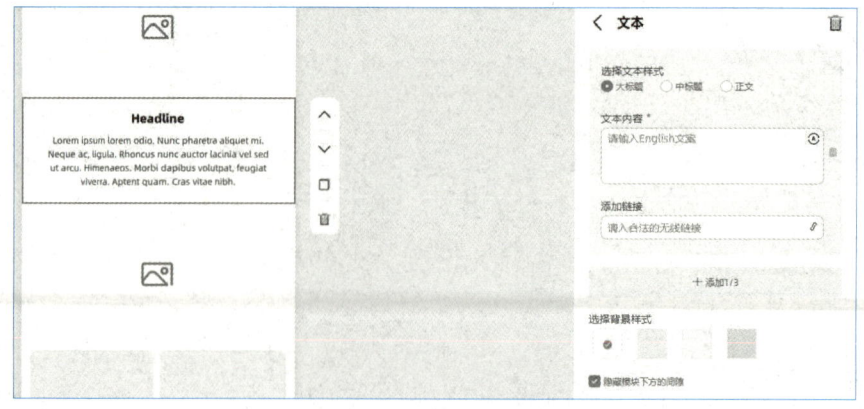

图 3-41　文本模块的参数设置界面

5. 自定义模块

自定义模块可以放入卖家自主设计的切片内容。第三方模块中的自定义模块与基础模块中的自定义内容区不同，后者只支持 960 像素的宽度，前者支持 1200 像素的宽度。同时，从第三方模块的自定义模块的后台编辑界面中可以看出，没有工具可以辅助设计与制作，卖家只能借助 Dreamweaver 软件来完成编码任务——将编辑好的代码粘贴至"内容"文本框中保存即可，如图 3-42 所示。

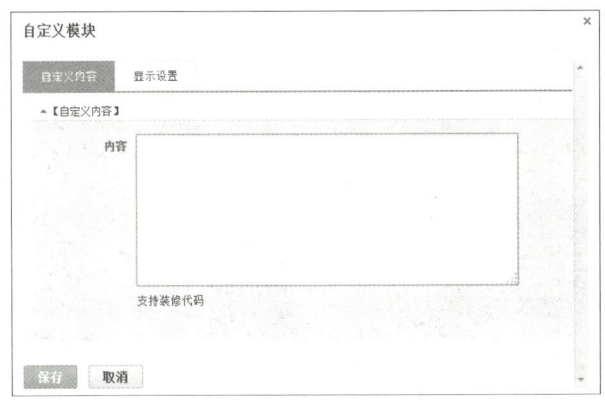

图 3-42　第三方模块中自定义模块的参数设置界面

6. 产品信息模块

产品信息模块属于产品详情页中的模块，用来制作关联营销或公告通知、活动预告等。在产品管理的产品信息模块中，单击新建模块，将会出现两种选择：关联产品模块和自定义模块，如图 3-43 所示。

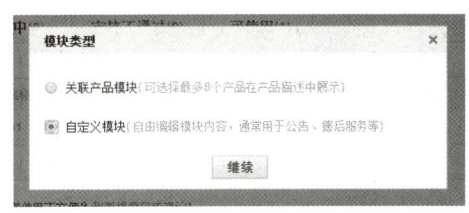

（1）关联产品模块。在该模块中，卖家最多可以选择 8 个产品，同时，可以快速选择产品并将其编辑成关联产品。其优势在于操作简便、效率高；若产品主图的风格统一，则美观度较高，具有较大的可行性。关联产品模块如图 3-44 所示。

图 3-43　产品信息模块的两种选择

图 3-44　关联产品模块

（2）自定义模块。在该模块中，卖家可以利用切片等功能自己设计版式，创意程度高，容易吸引买家的眼球。卖家可以在自定义模块中添加产品推荐、活动公告和售后服务等内容。卖家可以自己进行设计，但时间成本较高。自定义模块如图 3-45 所示。

图 3-45　自定义模块

针对自定义模块中没有代码展开按钮的情况，卖家可以将做好的切片代码上传至产品发布页面，先用相关代码将其转换成图片，再将整体图片进行复制，即可出现代码展开按钮。

店铺装修

店铺装修是每个卖家都绕不开的话题，店铺首页作为"颜值担当"，担负了塑造买家对店铺的"第一印象"的重要职责。但是，不少卖家在装修店铺之前甚至之后，其思路都是混乱的，而定位的"混乱"直接导致最终表达的"混乱"。下面，速卖通的用户体验设计师剑侃将为卖家讲解店铺装修的通用原理。

的确，店铺结构对店铺而言非常重要，能让买家清晰、快速、准确地了解店铺。但我们还是需要明确一点——店铺结构并没有一个所谓的"标准唯一解"，而是源于你的买家（人）和你的产品（货）。

不同类型的店铺可能面向不同的买家群体，不同的买家群体也有着不同的属性和特征，这就决定了店铺内产品的方向和调性。我们要不忘初心，时刻牢记自己店铺的定位，并基于这个定位形成合适的店铺结构。

速卖通对店铺装修进行了升级，引入了崭新的交互方式和后台界面，支持多语言、多端（PC 端和无线端）的店铺信息展示，旨在提升卖家的装修效率。更重要的是，新版店铺装修不再仅针对店铺首页这一个页面，而允许卖家通过自定义页面形成一个店铺小生态。因此，上文所说的店铺结构已经不再仅仅指一个具体的页面从上到下是怎么布局的，而是指如何将多个页面形成一个合理的体系。

回到店铺首页,我们将店铺首页不同的模块按照人、货、场(店铺)做归纳分类,可以总结出一个"模块全集"。例如,围绕人,可以有编辑精选、达人精选、买家秀、评价等模块;围绕货,可以有少量产品(如主推产品等)和大量产品(产品瀑布流)模块;围绕场,可以有氛围、活动、营销等模块。店铺首页没有必要将所有模块均纳入,这样反而会使得首页冗长而降低转化率。卖家需要根据自己的店铺情况挑选并组合出不同的玩法,形成一条完整、合理的故事线。

这里介绍一个小技巧:在进行速卖通店铺装修时,尽量不要立马开始作图或者选品,可以像写大纲一样,先把店铺结构写出来,再重点关注以下两个问题。

(1)总共用到了哪些模块?

(2)这些模块从上到下串成一个怎样的故事?

在有了这个大纲之后,我们才有把握下沉到细节里,如打磨产品主图、优化海报图片、斟酌产品排序等。

(资料来源:雨果网,有改编)

实训 制作产品主图

实训目的

学会制作高点击率的产品主图;通过对产品主图进行设计、优化,达到抓住买家的眼球、引导点击的目的。

实训内容与步骤

(1)在 Photoshop 软件中新建一个大小为 800 像素×800 像素、分辨率为 72 像素/英寸、名为"产品主图"的文件。打开"彩笔"文件,将其拖动到"产品主图"文件中,调整其位置和大小,如图 3-46 所示。

(2)观察素材的形状,可以发现素材左上侧的留白较多,可在此处添加主要的文本与修饰图形。在产品下方新建两个图层,选择"钢笔工具",绘制如图 3-47 所示的装饰图形,在工具的属性栏中设置填充色分别为"#fbbe01"和"44403f"。

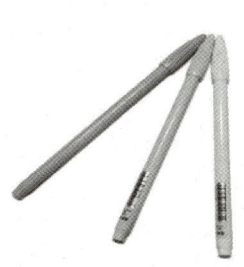

图 3-46 导入素材

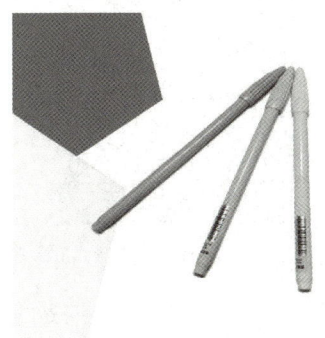

图 3-47 绘制装饰形状

（3）选择"横排文字工具"，单击"切换字符和段落面板"按钮，打开"字符和段落"面板。输入文本"High quality"，设置其字体格式为"Adobe 黑体 Std、50 点、#fbbe01"；输入文本"Coloured art pen"，设置其字体格式为"Adobe 黑体 Std、36 点、白色"，如图 3-48 所示。

（4）选择"自定形状工具"，在工具的属性栏的"形状"下拉列表中选择正方形形状；在属性栏中设置描边色为"#4ca2e3"、描边粗细为"10.26"；在"High quality"文本右侧绘制方框，设置填充色为"#fbbe01"，在方框中绘制对勾形状，如图 3-49 所示。

图 3-48　输入文本并设置文本的格式

图 3-49　添加复选标记

（5）选择方框与对勾所在的图层，单击"图层"面板底部的链接按钮，链接图层。按"Ctrl+J"组合键复制一份方框与对勾的图形，并将其移动到"Coloured art pen"文本的右侧，效果如图 3-50 所示。

（6）选择"横排文字工具"，在播放器左下方输入价格信息，将抢购价放大，与其他文本形成对比。其中，"29.88"的字体格式为"Adobe 黑体 Std、60 点、浑厚、加粗、#44403f"，"$"的字体格式为"黑体"，"Flash Sale"的字体格式为"黑体、26 点"，"Original Price: $46.99"的字体格式为"黑体、18 点、删除线"，如图 3-51 所示。

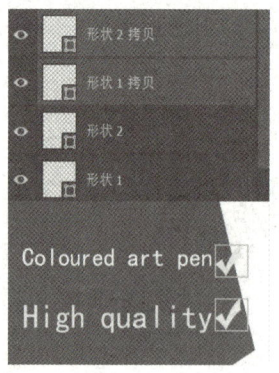

图 3-50　复制复选标记后的效果

图 3-51　设置价格信息

（7）新建一个图层，使用"钢笔工具"绘制一个三角形，在工具的属性栏中设置填充方式为"线性渐变填充"，单击渐变条下方的色标，设置渐变填充色分别为"#8a0807、#fa0000"，拖动色标调整渐变位置，如图 3-52 所示。

（8）选择"横排文字工具"，在红色标签上输入文本"Free Shipping"，设置字体格式为"Adobe 黑体 Std、20 点、平滑、白色"，按"Ctrl+T"组合键，将鼠标指针移动到四角的旋转图标上，拖动鼠标指针旋转文本。使用同样的方法输入文本"SALE"，完成本实训的操作。最终效果如图 3-53 所示。

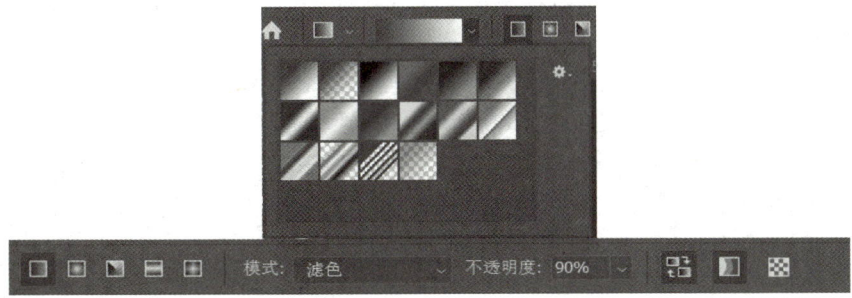

图 3-52 添加渐变标签

图 3-53 最终效果

卖家在设计、制作产品主图时，要善于分析和发现该产品适合哪种类型的主图，若白底主图能使画面干净、大气且能突出产品的特点，不会造成留白过多，则可以考虑使用白底主图。然而对于实训中的彩笔这一产品，当使用白底主图时，会发现产品过于单薄且留白过多，很难从众多产品中脱颖而出，因此可以适当考虑为该产品主图添加少量元素，以增加设计感，从而引起买家的注意。

此外，在该实训中，若"形状"下拉列表中没有想要的形状，则可单击下拉列表右上角的"设置"按钮，并选择"复位形状"选项，打开默认的形状列表。同时，包邮是促销的手段之一，一般大卖家都会设置消费满多少元就可以享受包邮服务的标识。

 思考与练习

（1）若要将彩笔的产品主图改成边框主图，则应如何设计才能吸引买家的眼球？
（2）若卖家要用彩笔这个产品报名参加促销活动，则产品主图该如何设计才能引导更多买家点击并促进转化？

项目小结

店铺装修直接影响着买家对店铺的第一印象，甚至在一定程度上决定着店铺的生意。合理的店铺布局与设计能使买家产生舒适、专业的感受。新手卖家只有深入了解店铺各个页面的布局元素、原则和内容策划要点，以及速卖通后台店铺装修的基础操作、第三方模块的操作，才能从整体上对店铺的结构设计产生一定的概念，继而根据店铺的产品类别和性质等因素，设计出符合买家的浏览逻辑且能引起买家情感共鸣的页面。这样的页面可以吸引买家的眼球、激发买家的购物欲望，从而提升店铺的访问深度和延长买家的停留时间、降低跳失率，进而促成更多交易。

同步测试

1. 单项选择题

（1）下列元素，不属于速卖通店铺首页的布局元素的是（　　）。

　　A．导航栏　　　　　　　　　　B．轮播海报
　　C．产品细节展示　　　　　　　D．客服

（2）速卖通产品主图的3种类型不包括（　　）。

　　A．白底主图　　　　　　　　　B．创意主图
　　C．背景主图　　　　　　　　　D．边框主图

（3）不会出现在店招模块中的是（　　）。

　　A．店铺公告　　　　　　　　　B．Logo
　　C．二维码　　　　　　　　　　D．店内搜索

（4）店铺装修基础模块提供了（　　）种配色作为店铺首页的主色调。

　　A．6　　　　　　　　　　　　B．3
　　C．5　　　　　　　　　　　　D．4

（5）产品主图的尺寸应以（　　）为宜。

　　A．350像素×350像素　　　　　B．800像素×800像素
　　C．750像素×750像素　　　　　D．300像素×300像素

2. 多项选择题

（1）首页页尾部分包括的内容有（　　）。

　　A．店铺广告语　　　　　　　　B．国际站点
　　C．快递说明　　　　　　　　　D．联系方式

（2）在选择速卖通店铺首页的主色调时，选色方式包括（　　）。

　　A．基于店铺主营产品选色　　　B．基于目标客户选色
　　C．基于卖家的偏好选色　　　　D．基于概念选色

（3）产品详情页一般包括的内容有（　　）。

　　A．产品的参数　　　　　　　　B．轮播海报
　　C．关联营销　　　　　　　　　D．主推分类

（4）店铺页面布局的原则包括（　　）。
  A．主次分明、中心突出　　　　B．简洁与一致性
  C．布局饱满，应有尽有　　　　D．区域划分明确
（5）产品详情页的内容策划要点包括（　　）。
  A．抓住产品定位
  B．激发买家的兴趣和购买欲望，挖掘潜在需求
  C．替买家做决定
  D．赢得买家的信任

3．分析题

（1）速卖通的产品主图和淘宝、天猫的产品主图在设计上存在什么区别？为什么存在这些区别？

（2）对于店铺中不同运营状态下的产品，如新品、热卖单品、促销商品、常规产品，分析在设计其产品详情页时的重点是否一致，以及不一致的原因。

项目 4
店铺日常管理与优化

店铺的日常运营、管理；数据化运营。

培养实事求是的工作作风；敢于探索、精益求精的工匠精神。

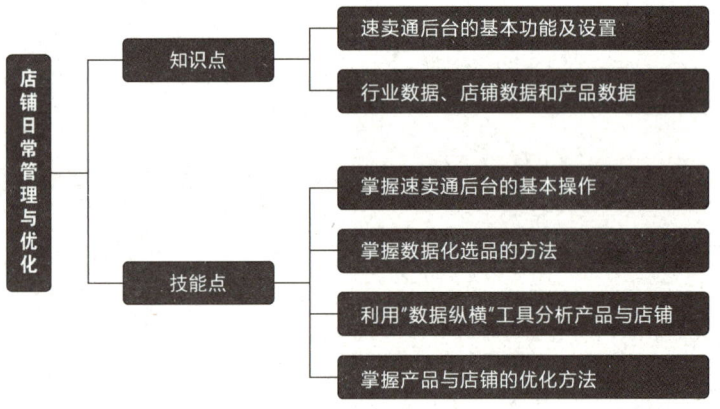

2006 年，eBay 成立了大数据分析平台。为了准确地分析买家的购物行为，eBay 定义了成百上千种类型的数据，并以此对买家的行为进行跟踪分析。截至 2019 年年中，eBay 在全球拥有超 1.8 亿个买家。基于大数据分析，eBay 可以为买家"画像"，学习不同情景下买家不同的行为模式，并向其推送有针对性的产品。通过研究发现，买家在上午 10 点、中午 12 点、晚上 7 点，浏览的产品是不同的；不同的场所，如餐厅或家里，同样会对浏览和搜索产生影响。此外，买家的年龄、当时的天气等，也会对购物产生影响。eBay 可以从买家以往的浏览记录中"猜"出他想要的产品，也可以从设定的成百上千种情景模型中计算出买家可能的需求，或者对照另一位有着相似特点的同性买家，看他当时买过什么产品，从而推断出这位买家潜在的需求。基于买家购物的数据，eBay 同样会给卖家提供各式各样的"情报"。例如，eBay 会告诉制造商买家正在网上搜索什么产品或者各种出口行业的数据，让制造商立刻对此做出反应。除此之外，凭借平台上产生的各种信息，eBay 还可以扮演"品管"（品质管理）的角色。在某个产品有 10 ~ 20 笔成交的交易之后，eBay 可以根据退货率、买家评论等把产品可能的问题检测出来，并向卖家预警，让其想办法改进产品品质，或选择将产品下架，或修改产品的描述。在理想状态下，这种品管系统会形成一个大数据的循环，并帮助卖家减少退货、销售更多的产品。假如卖家在收到这样的通知后依旧我行我素，eBay 就会认为这样的卖家并不重视品管，到了一定的阶段，就会对其实施交易"配额"。

引例分析

在外贸环境变化迅速的当下，大数据、云计算等词汇都在冲击着跨境电商的固有体制。在网络世界，数据就是金钱。在本例中，eBay 已深知数据对平台和卖家的重要性。因此，eBay 对各种在线数据的分析无所不至，就像在每个买家面前安装了摄像头一般。通过数据分析，eBay 可以把握买家的行为模式，使搜索引擎更加"直觉化"。eBay 正试着理解买家的搜索请求和真实意图，并给出相关性更大的内容，从而增加在线交易量。另外，eBay 还为卖家提供"情报"，向卖家提供建议和预警，以便提升卖家的产品质量和服务水平，从而提升卖家的销量和买家的满意度。一切以数据说话，已成为互联网的一大发展趋势。速卖通将平台数据开放给卖家，供其研究和分析，卖家应该好好珍惜和利用好这一资源。本项目除了介绍速卖通后台的基本功能及设置，还重点介绍如何进行数据化运营。

任务 4.1 速卖通后台的基本功能及设置

4.1.1 卖家后台

操作后台浏览

1. PC 端登录

PC 端的登录入口有两个：速卖通卖家首页和速卖通买家首页。

进入 PC 登录界面，输入登录名、登录密码，单击"登录"按钮。成功登录后进入卖家后台首页，如图 4-1 所示。

（1）导航栏：卖家后台所有频道、功能的入口。

（2）快速入口：常用的功能入口。

（3）卖家表现中心：显示卖家的信用等级和相应的店铺等级。速卖通采用比较直观的勋、钻、冠（勋章、钻石、皇冠）来表示买卖双方的信用等级，这是建立在买卖双方评价体系之上的、长期累积的信用体系。卖家的认证信息包括支付宝实名认证、邮箱认证和手机认证。

图 4-1　卖家后台首页

（4）运营店铺情况。

① 今日服务分：今日服务分（满分为 100 分）=成交不卖率得分（单项满分为 10 分）+未收到货物纠纷提起率得分（单项满分为 15 分）+货不对版纠纷提起率得分（单项满分为 15 分）+DSR 商品描述得分（单项满分为 30 分）+DSR 卖家服务得分（单项满分为 15 分）+DSR 物流服务得分（单项满分为 15 分），如图 4-2 所示。

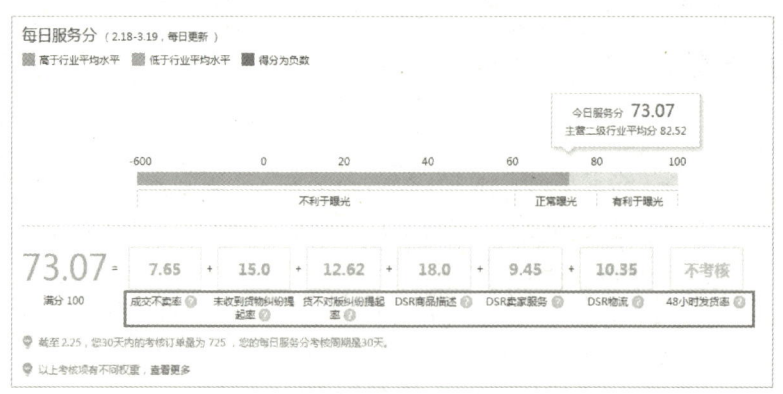

图 4-2　今日服务分与搜索权益

② 搜索权益：今日服务分决定今日店铺的搜索权益，低于 60 分不利于曝光，60～80 分正常曝光，80 分以上优先曝光，如图 4-2 所示。

③ 服务等级：上月的每日服务分均值决定下月店铺的服务等级，如图 4-3 所示。在不同的服务等级下，店铺享有不同的权益，如图 4-4 所示。

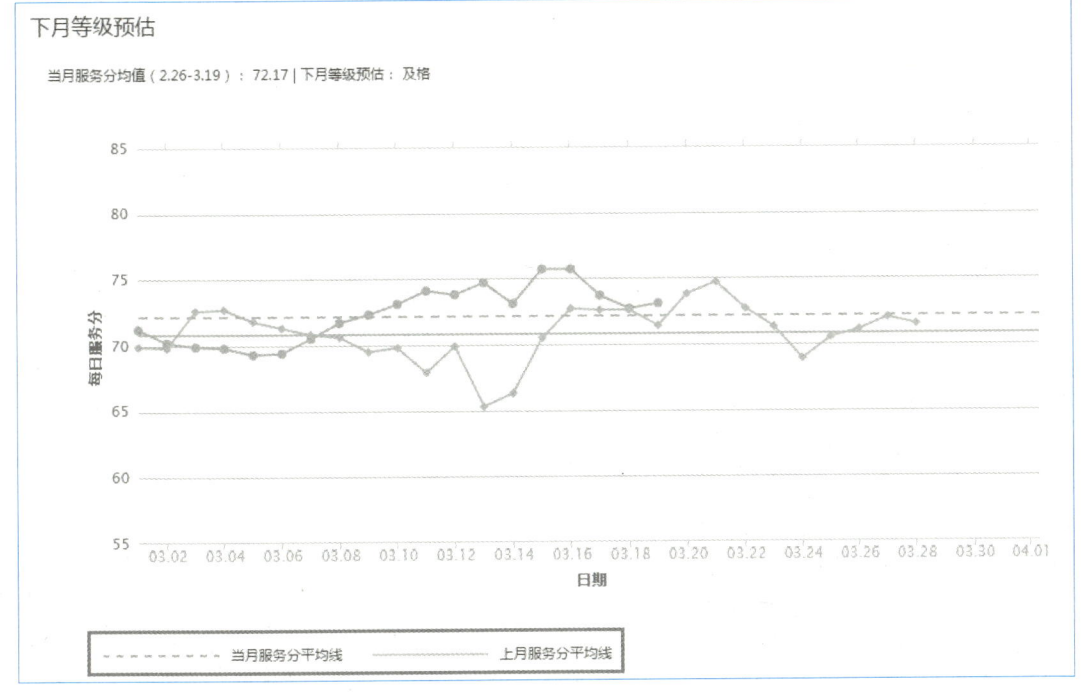

图 4-3　每日服务分均值

卖家服务等级详解

	不及格	及格	良好	优秀
定义描述	上月每日服务分均值小于60分	上月每日服务分均值大于或等于60分且小于80分	上月每日服务分均值大于或等于80分且小于90分	上月每日服务分均值大于或等于90分
橱窗推荐数	无	无	1个	3个
特殊标识	无	无	无	有
平台活动权利	不允许参加	正常参加	正常参加	优先参加
营销邮件数量	0	1000	2000	5000
直通车权利	无特权	无特权	开户金额返利15%，充值金额返利5%（需至直通车后台报名）	开户金额返利20%，充值金额返利10%（需至直通车后台报名）

不考核卖家享有的营销邮件数量为1000，其他权益与及格卖家享受同等的平台资源。
营销邮件数量资源仅限当月使用，若未能及时使用则不会累计至下月，请了解。
每日服务分数越高，对搜索排序越有利（排序受多个维度影响，服务分为其中一个影响因素）。同时关于影响搜索排序的其他因素点此查看

图 4-4　卖家服务等级和对应的权益

④ 违规扣分：记录店铺违规扣分的行为。若违规扣分达到 48 分，则店铺将被关闭。

⑤ 店铺类目：根据《速卖通 2017 年度各类目技术服务费年费及考核一览表》中的类目经营过程考核指标进行考核，主要考核类目 90 天 DSR 商品描述平均分和类目 90 天货不对版纠纷率。在考核日，若以上两个考核指标任何一个不达标，则平台会关闭对应类目的经营权限并下架对应产品，如图 4-5 所示。

类目名称	类目状态	考核标准（以下2个指标在考核日只要有任何一个不达标，则关闭类目经营权限）	当前值	2021-04-15	2021-07-02	2021-10-02	2022-01-02
服装/服饰配件->女装->连衣裙	待考核	类目90天DSR商品描述平均分 < 4.20	5	-	-	-	-
		类目90天货不对版纠纷率 >= 5%	0%	-	-	-	-
服装/服饰配件->服饰配件（男/女/儿童配件，婴儿配饰发到婴儿服装）->眼镜及配件	待考核	类目90天DSR商品描述平均分 < 4.50	4.6	-	-	-	-
		类目90天货不对版纠纷率 >= 2.5%	1.26%	-	-	-	-
服装/服饰配件->男装->上衣，T恤	待考核	类目90天DSR商品描述平均分 < 4.30	4.44	-	-	-	-
		类目90天货不对版纠纷率 >= 4%	1.04%	-	-	-	-

图 4-5　卖家类目考核和达标情况

（5）店铺动态中心：包括交易提醒、违规提醒、可用资源和产品信息。

（6）店铺数据最近 30 天趋势概览：显示最近 30 天的交易总额、每日支付成功金额、访客数、曝光情况、曝光点击比和购买率。

（7）若为新店，则此模块为"新手入门必读"，向卖家介绍基础运营知识；若为老店，则此模块为"成长攻略"。

（8）最新公告：显示平台规则调整，卖家应及时关注。

2．移动端登录

（1）卖家可扫描图 4-6 中的二维码下载速卖通卖家 App。

图 4-6　下载速卖通卖家 App

（2）速卖通卖家 App 的功能和界面如图 4-7 所示。

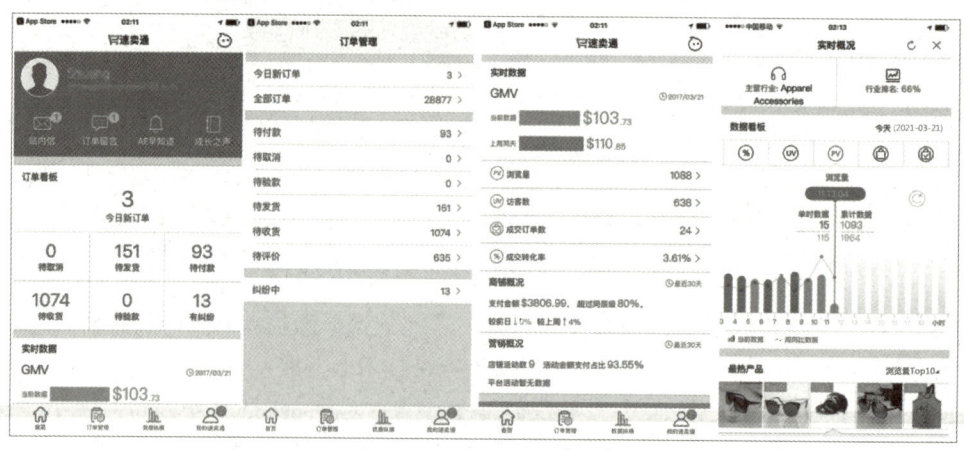

（a）

图 4-7　速卖通卖家 App 的功能和界面

项目 4　店铺日常管理与优化

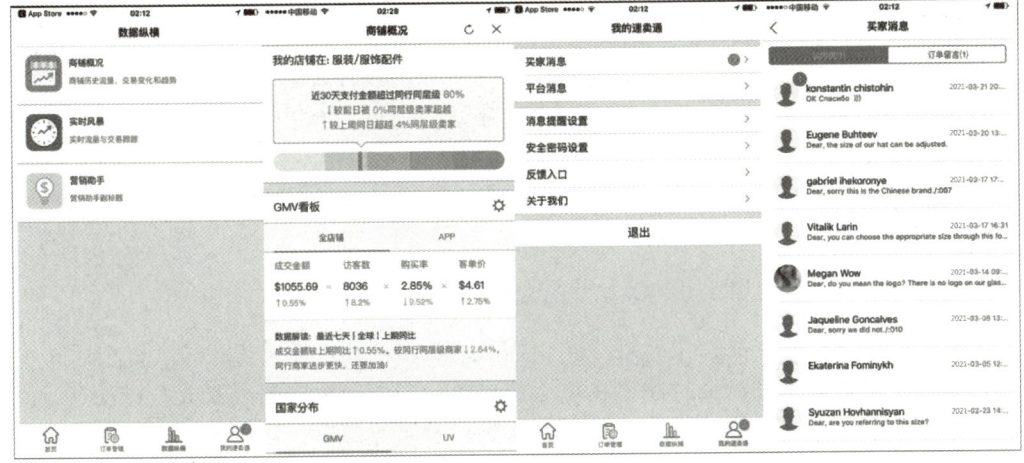

(b)

图 4-7　速卖通卖家 App 的功能和界面（续）

4.1.2　产品管理

速卖通的"产品管理"模块如图 4-8 所示。

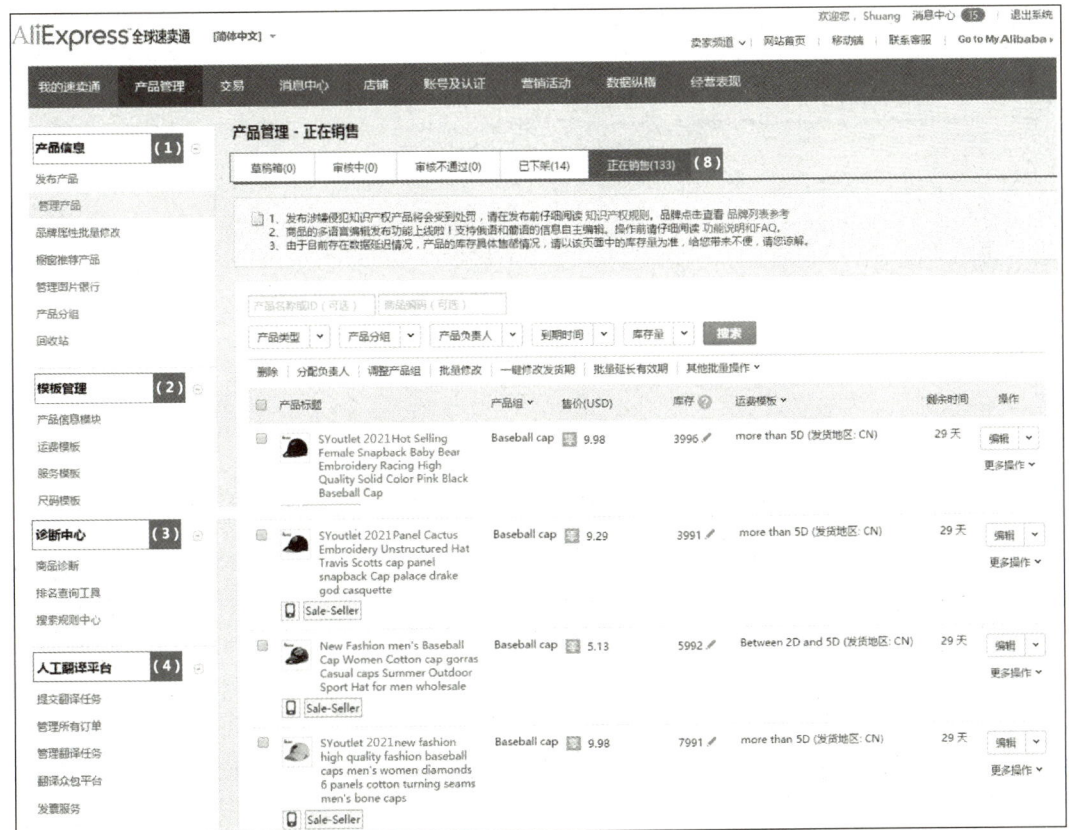

图 4-8　"产品管理"模块

077

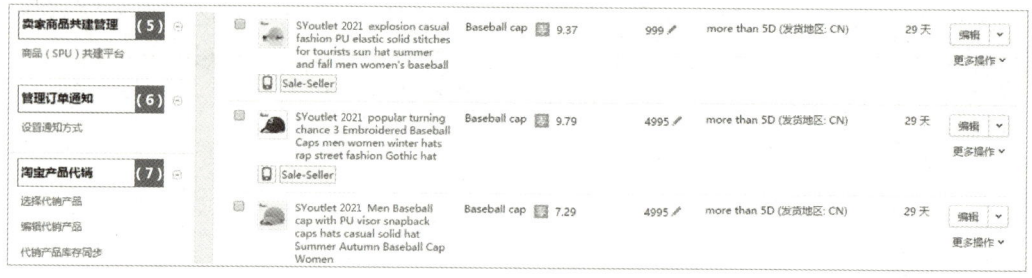

图 4-8 "产品管理"模块（续）

（1）产品信息：与产品相关的运营操作都在此处，主要包括发布产品、管理产品等。

（2）模板管理：包括产品信息模块、运费模板、服务模板、尺码模板。在发布产品之前，卖家必须设置好运费模板；服务模板默认为新手服务模板；设置产品信息模块和尺码模板可为后期运营带来很多方便。

（3）诊断中心：包括商品诊断、排名查询工具和搜索规则中心。

① 商品诊断可以让卖家了解店铺商品的发布情况，提示卖家是否出现重复铺货、标题类目不符、属性错选、标题堆砌、运费不符、关键属性缺失、必填属性缺失、主图质量不佳、发布类目失效、标题拼写错误、标题中式英文、标题缺少核心商品词、未根据平台规则进行物流设置等问题，如图 4-9 所示。

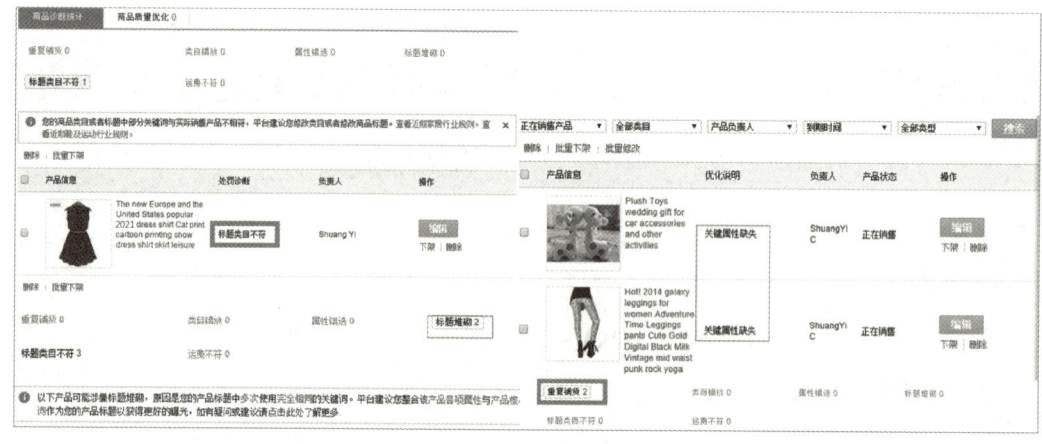

图 4-9 商品诊断统计

② 排名查询工具可用于查询卖家在本店铺或账号下销售产品的排名情况，如果本店铺产品的排名在该关键词搜索结果的前 20 页，就可以搜索到结果（注：排名查询工具基于理论排名，与买家的搜索行为存在场景上的差异，因此以线上实际搜索结果为准）。

③ 卖家在搜索规则中心可以查询速卖通搜索排序规则、搜索作弊评判与处罚，还可以举报他人的搜索排序作弊行为。搜索规则中心是十分重要的模块，卖家熟练运用搜索排序规则可以大大增加产品的曝光量，同时可以举报他人的作弊行为，以便维护良好的市场环境。

（4）人工翻译平台：卖家可以在此处提交翻译任务，由第三方翻译公司提供英语、俄语、西班牙语和葡萄牙语的标题和产品详情的有偿翻译服务。

（5）卖家商品共建管理：符合条件的卖家在其品牌认领申请通过后，将会获得在该类目下认领品牌全部 SPU（Standard Product Unit，标准化商品单元）商品的数据管理权限，可新增/编辑 SPU 商品，数据由行业人员审核通过后方可生效；对于参与平台共建的卖家，平台将会在 SPU 商品详情页开放卖家的激励入口，提升卖家在该品牌下的曝光率和权威性。

（6）管理订单通知：卖家可设置通过短信、TradeManager 和电子邮件 3 种方式，随时随地得到下单和付款通知，以便第一时间跟进交易。

（7）淘宝产品代销：简称"淘代销"，是速卖通为卖家提供的一款可帮助卖家将淘宝产品信息快速批量导入速卖通的发布工具。

（8）产品所处的几个状态。

① 草稿箱：对于编辑中的产品，平台每 15 分钟就将其信息自动保存到草稿箱；在发布产品界面单击"保存"按钮，也可将产品信息保存至草稿箱。草稿箱最多可保存 20 个产品的信息，超过这个上限，草稿箱就不能保存新编辑的产品信息，卖家需手动删除产品信息。

② 审核中：产品在被发布之后会进入平台审核状态。

③ 审核不通过：对于审核不通过的产品，平台会在"审核不通过"中向卖家进行提示。

④ 已下架：在线销售的产品到期会自动下架，卖家也可以手动将产品下架，让产品变为"已下架"状态。

⑤ 正在销售：审核通过的产品就可以被在线销售了。

4.1.3 交易管理

速卖通的"交易"模块如图 4-10 所示。

图 4-10 "交易"模块

（1）交易核心区域：显示订单的详细情况，包括今日新订单和处于不同状态的订单（包括等待卖家发货的订单、买家申请取消的订单、有纠纷的订单、有未读留言的订单、等待卖家验款的订单、等待卖家留评的订单、等待放款的订单、等待买家付款的订单、等待买家确认收货的订单）。该区域是卖家每天都要关注和处理的区域。

（2）管理订单：显示所有订单、退款及纠纷，卖家也可以在这里批量导出订单信息（Excel 文件），以便进行统计。

（3）物流服务：卖家可以在这里查询国际小包订单（见图 4-11）、国际快递订单（见图 4-12）和 E 邮宝订单（见图 4-13）；还可以进行批量线上发货、物流方案查询、运费统计、地址管理、投诉管理（线上发货物流赔付）、开通海外仓等操作；另外，此处还设有菜鸟商家工作台（主要针对使用菜鸟海外仓的卖家，这些卖家可通过该入口免登录进入菜鸟系统进行海外仓的相关操作）。

图 4-11　国际小包订单

图 4-12　国际快递订单

图 4-13　E 邮宝订单

（4）资金账户管理：卖家可以在这里查询资金记录，进行账户的管理和提现的相关操作。此部分内容在项目 8 中有具体讲解，此处不再赘述。

（5）退税服务：此部分内容在项目 8 中有具体讲解，此处不再赘述。

（6）交易评价：卖家可以在这里进行订单评价的管理。

4.1.4 店铺表现与商铺管理

1. 店铺表现

店铺表现包括卖家服务分和商品服务分。卖家服务分（见图 4-14）和当月服务等级是衡量店铺表现的综合指标，关系到店铺的权益和资源。商品服务分（见图 4-15）是平台对每个商品在考核期内的成交不卖率、未收到货物纠纷提起率、货不对版纠纷提起率、DSR 商品描述、DSR 卖家服务、DSR 物流服务进行考核所给出的分数。

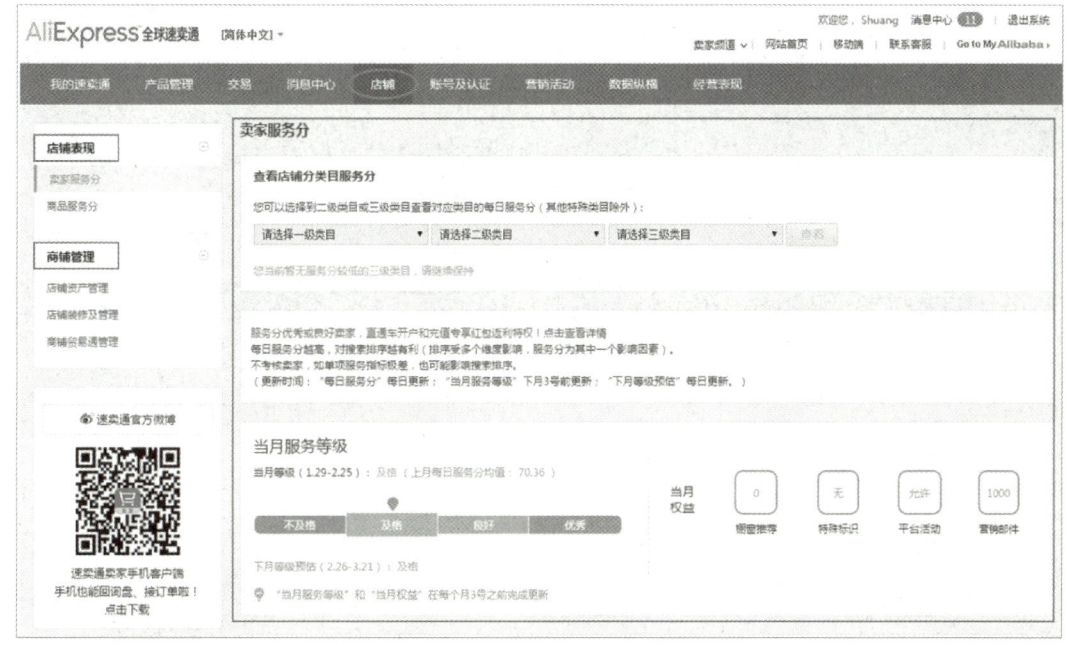

图 4-14　卖家服务分

2. 商铺管理

商铺管理包括店铺资产管理、店铺装修及管理、商铺贸易通管理。

店铺资产管理包括店铺类型、店铺名称和二级域名设置。店铺类型有官方店、专卖店和专营店 3 类。店铺装修及管理在项目 3 中已做讲解，此处不再赘述。

在商铺贸易通管理界面，卖家可以对主账号、子账号的贸易通进行创建，选择启用状态，设置分组，分组可以为"售前""售后""物流"。

> **温馨提示**
>
> 卖家等级在 3 星以上的卖家，才可以在店铺中设置多个旺旺在线。

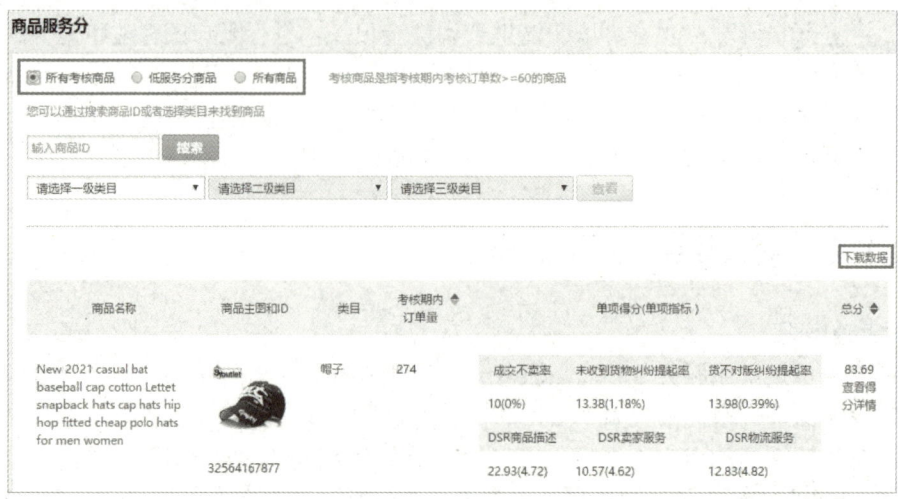

图 4-15　商品服务分

4.1.5　经营表现

经营表现反馈店铺被处罚的情况，包括违规的类别（商品信息质量违规、知识产权禁限售违规、交易违规及其他）、时间和扣分分值，如图 4-16 和图 4-17 所示。

图 4-16　店铺处罚

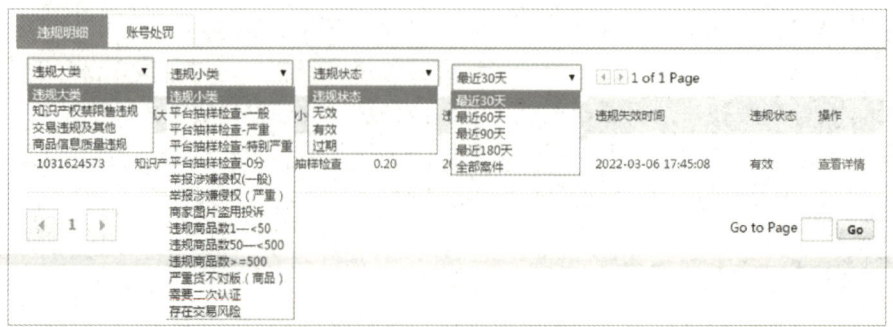

图 4-17　店铺违规明细

任务 4.2 数据化运营

近年来，跨境电商在国内有了很大的发展，已经取得一定的成效，但目前仍面临选品、目标客户识别、引流推广及店铺优化等问题。本节基于国内跨境电商的发展现状，并结合大数据技术的应用，给出跨境店铺选品的操作指导。

4.2.1 数据化选品

选品可以解决卖什么的问题，因此就决定了卖家的目标客户、销售渠道、竞争对手、盈利能力和投入产出。选对产品，对于产品本身的销售乃至店铺的成长都至关重要。

从宏观角度讲，速卖通选品分为站内选品和站外选品两大类：站内选品是指通过速卖通站内所有可利用的条件和工具去选择市场、类目和产品；站外选品是指通过速卖通以外的可利用的条件和工具去选择市场、类目和产品。生意参谋（见图4-18）是速卖通基于平台海量数据打造的一款数据产品，卖家可以用生意参谋提供的数据指导自己的店铺运营和推广。

图 4-18 生意参谋

1. 站内选品

1）行业选品

下面介绍用生意参谋中的"行业情报"进行行业选品的方法。"行业情报"包括"行业概况"和"蓝海行业"两大模块。卖家可以根据"行业情报"提供的数据进行分析，以便迅速了解行业现状，从而判断经营方向。

(1) 行业概况。
① 行业数据。行业数据包括流量、成交转化和市场规模的相关数据，如图 4-19 所示。

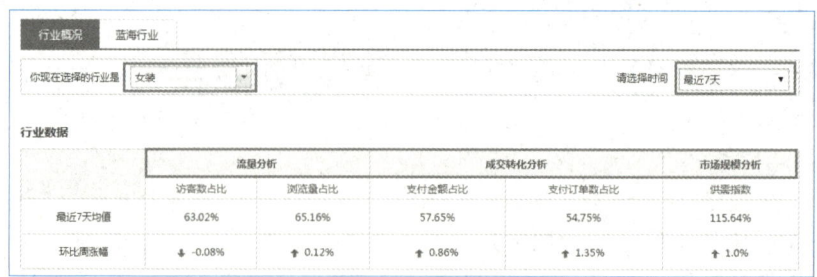

图 4-19　行业数据

（a）访客数/浏览量/支付金额/支付订单数占比：在统计时间段内，行业访客数/浏览量/支付金额/支付订单数占上级行业的比例。一级行业占比为该行业占全网的比例。

（b）供需指数：在统计时间段内，行业下的产品指数/流量指数。供需指数越小，竞争越小。

② 行业趋势。在选择行业时，卖家首先可以选择目前平台开放的所有行业，然后选择查看的时间段（包括最近 7 天、30 天、90 天），这样就能查询到这一时间段内的流量、成交转化和市场规模数据，从而了解市场行情变化情况（注：卖家可以选择 3 个行业进行对比，建议进行同级行业对比，不要进行跨级比较）。

（a）趋势图：显示查看访客数占比、支付金额占比、浏览量占比、支付订单数占比和供需指数这些数据在某时间段内的趋势和发展动态。下面以一级行业服装/服饰配件下的二级行业女装为例。如图 4-20 所示，在 2019 年的前 3 个月内，总体访客数占比有略微上升趋势，支付订单数占比在 3 月显著上升，供需指数呈下降趋势，说明女装类目的竞争压力变小了。

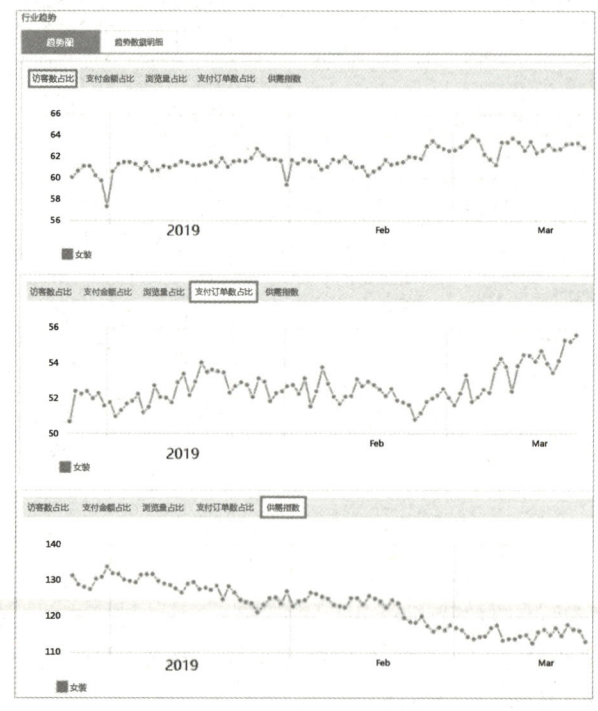

图 4-20　女装行业趋势图

（b）趋势数据明细：卖家可以在此处查看某天的具体数据，还可以导出 Excel 文件，以便进行数据整理和分析，如图 4-21 所示。

	流量分析		成交转化分析		市场规模分析
	访客数占比	浏览量占比	支付金额占比	支付订单占比	供需指数
2021-10-11	73.11%	76.46%	60.12%	58.23%	126.12%
2021-10-12	70.23%	73.25%	59.23%	56.67%	123.43%
2021-10-13	65.12%	70.12%	59.12%	56.35%	123.35%

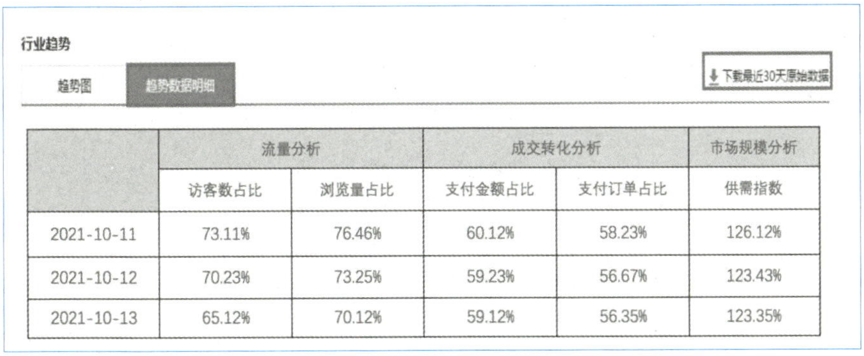

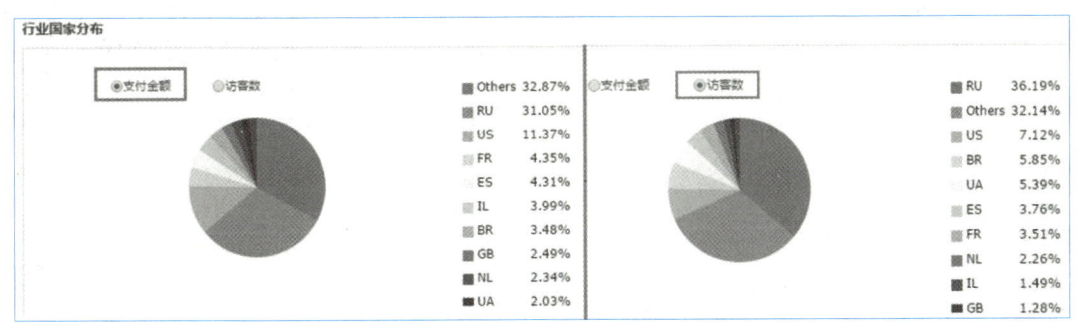

图 4-21　趋势数据明细

③ 行业国家分布。行业国家分布有两个维度：支付金额和访客数。仍以女装行业为例，如图 4-22 所示，从支付金额来看，俄罗斯（RU）的占比为 31.05%，美国（US）的占比为 11.37%；从访客数来看，俄罗斯（RU）的占比为 36.19%，美国（US）的占比为 7.12%。仅从这几个数据来看，造成这一情况的原因可能是美国的买家相比俄罗斯，成交转化率更高，或者客单价更高。我们可以在“选品专家”中选择不同国家的数据进行进一步验证。

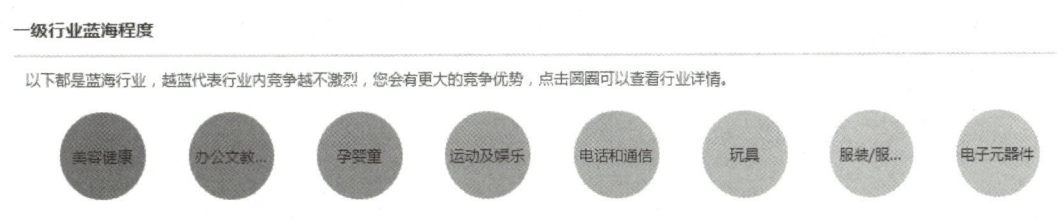

图 4-22　行业国家分布

（2）蓝海行业。

所谓蓝海行业，是指目前竞争不激烈，但又充满买家需求的行业。如图 4-23 所示，平台推荐了 8 个一级蓝海行业，颜色越深代表竞争越不激烈，卖家会有更大的竞争优势。

图 4-23　蓝海行业推荐

除了一级行业，卖家还可以查看一级行业下的细分叶子行业，有的行业虽竞争相对不激烈，但面临着物流运输的局限性。例如，图 4-24 中的多功能底油盖油、底油都属于液体，只有少部分物流方式支持配送。因此，卖家在选品时不能只看供需指数，还要具体问题具体分析。

蓝海行业细分		
美容健康　▼　您可以通过筛选，查找特定行业下的蓝海行业		
叶子行业名称	供需指数	操作
头发护理/造型 > 造型工具 > 扁梳/圆梳（婴儿用的请发布到婴儿梳子下）	2.56%	查看行业详情
美甲用品及修甲工具 > 美甲艺术 > 多功能底油盖油	11.16%	查看行业详情
彩妆 > 眼部彩妆 > 闪粉	23.66%	查看行业详情
美甲用品及修甲工具 > 美甲艺术 > 底油	4%	查看行业详情

图 4-24　蓝海行业细分

2）确定产品词

卖家在确定行业后，可以通过"选品专家"进行产品词分析。"选品专家"有3个模块："热销""热搜""潮流资讯"。"热销"是从卖家的角度出发的，统计的是卖家发布产品的数据；"热搜"是从买家的角度出发的，统计的是买家搜索产品的数据。

（1）热销。

① 选择某一级行业，本书以服装/服饰配件行业为例，确定研究的范围（全球或某个国家）、时间（最近1天/7天/30天），可直观看出此行业下哪些产品的销量大（圆圈面积越大，销量越大）、竞争小。若想进一步具体分析，则可单击"下载最近30天原始数据"按钮，得到热销词表，如图4-25所示。

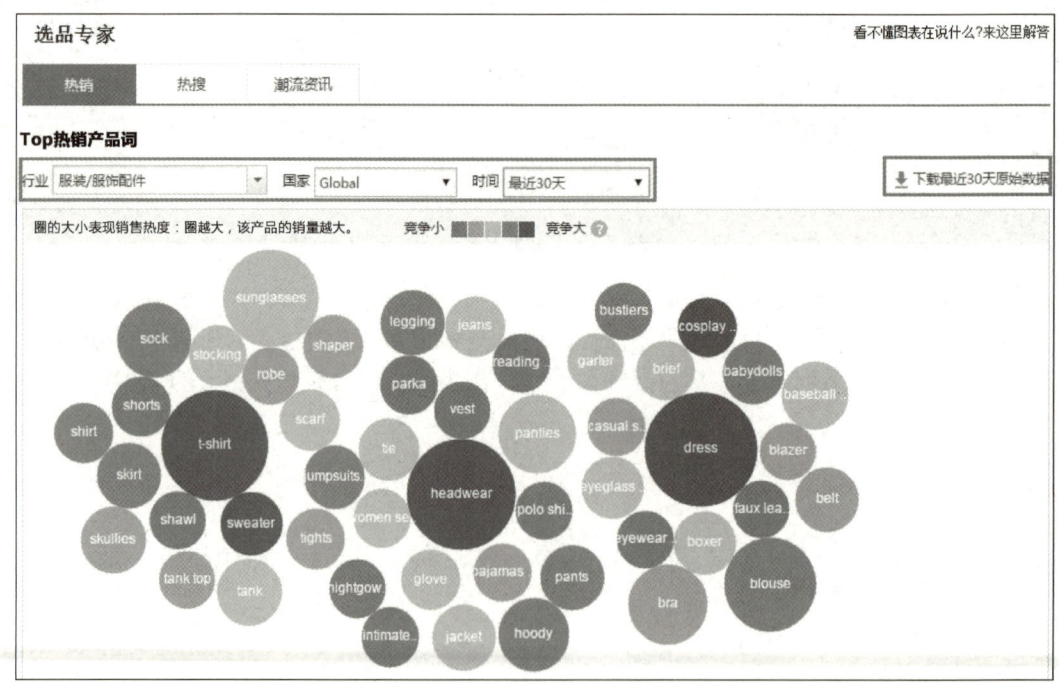

图 4-25　Top 热销产品词

热销词表中的数据指标有以下几个。

（a）成交指数：在所选的行业和时间范围内，累计成交订单经过数据处理后得到的对应指数。它不等于成交量，但数值越大，表示成交量越大。

（b）浏览-支付转化率排名：在所选的行业和时间范围内，浏览最终转化为成功支付订单的比率。浏览-支付转化率排名越靠前，表示该产品的转化率越高。

（c）竞争指数：在所选的行业和时间范围内，该产品词对应的竞争程度。竞争指数越大，表示竞争越激烈。

（2）热搜。

选择某一级行业，同样以服装/服饰配件行业为例，确定研究的范围、时间，可直观看出此行业下哪些产品的销量大。同样可单击"下载最近 30 天原始数据"按钮，得到热搜词表，如图 4-26 所示。

图 4-26　Top 热搜产品词

在热搜词表中有两个新的指标：搜索指数和搜索人气。

① 搜索指数：在所选的行业和时间范围内，对搜索该关键词的次数经过数据处理后得到的对应指数。它不等于搜索次数，但数值越大，表示搜索量越大。

② 搜索人气：在所选的行业和时间范围内，对搜索该关键词的人数经过数据处理后得到的对应指数。它不等于搜索人数，但数值越大，表示搜索人数越多。

（3）潮流资讯。

速卖通设置潮流资讯（见图 4-27）的目的是提升平台的实用性，结合目前的流行热点，通过招商形式推动有一定供应能力和市场敏锐度的卖家开发具有相关流行元素、特征、描述、关键词、图片的系列产品，帮助卖家快速成长。卖家可以选择店铺准入的类目来查看相关的招商主题。

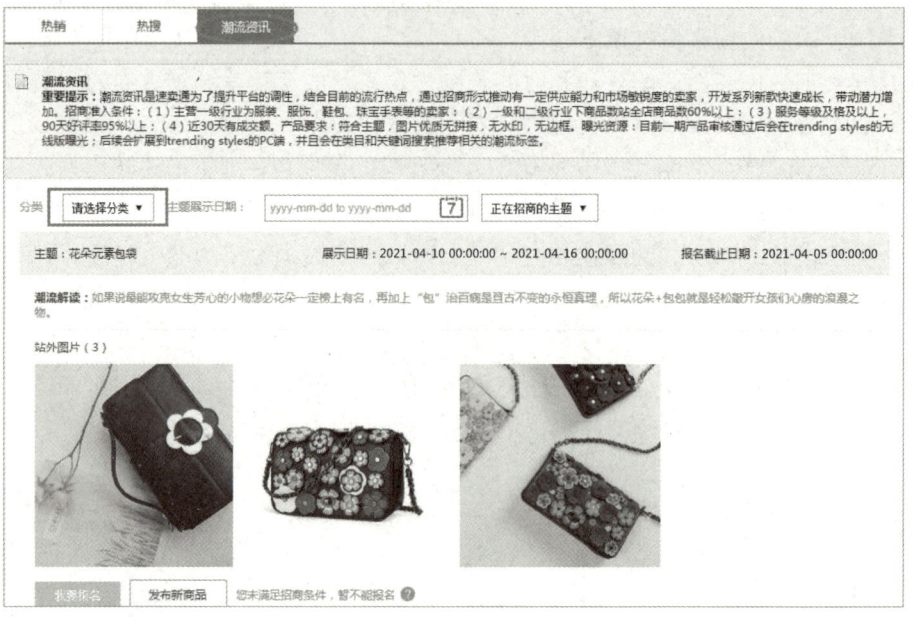

图 4-27　潮流资讯

3）确定产品属性

在确定产品词之后,卖家还要确定产品具备哪些更为畅销的属性和特征。因此,卖家要分析产品的热销和热搜属性。下面以连衣裙(dress)为例,单击产品词"dress",如图 4-28 所示。

图 4-28　单击产品词"dress"

(1)热销属性。

在 Top 热销属性中,每个小圆圈都代表一个属性。例如,sleeve length(袖长)、style(风格样式)、season(季节)、material(材质)、waistline(腰线)等。单击小圆圈中的"+",就会展开更多圆圈,每个圆圈中显示的都是属性值。例如,sleeve length 的属性值有 full(全袖)、three-quarters(四分之三袖)、half(半袖)、short(短袖)和 sleeveless(无袖);style 的属性值有 casual(休闲风格)、cute(可爱风格)、sexy(性感风格)、bohemian(波西米亚风格)等。此外,圆圈的面积表示销量,圆圈越大,表示带有此属性的产品的销量越大,如图 4-29 所示。

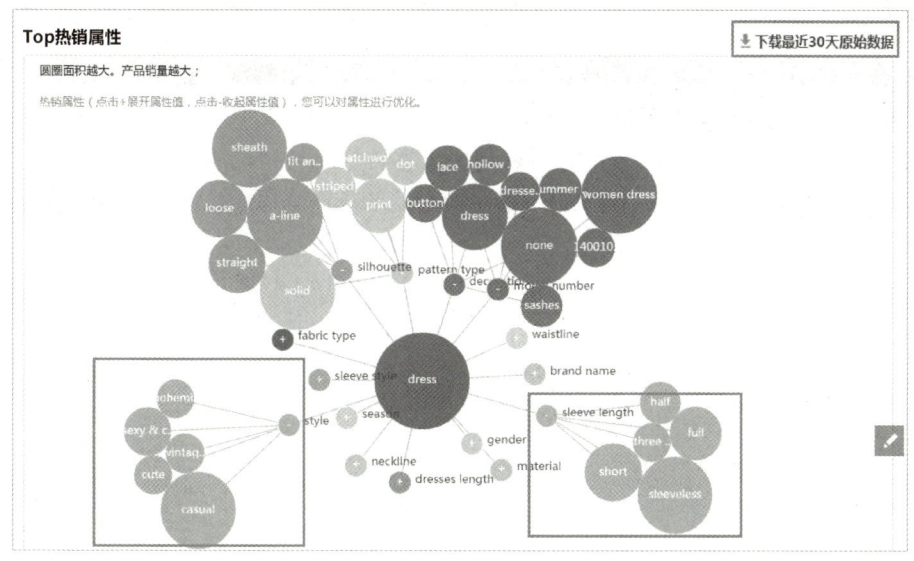

图 4-29 "dress"的热销属性名和属性值

卖家可以单击"下载最近30天原始数据"按钮,得到热销属性表。

(2) 热搜属性。

卖家用上述方法可以查询热搜属性(见图4-30),也可以单击"下载最近30天原始数据"按钮,得到热搜属性表。与热销属性相比,热搜属性来源于买家搜索的关键词,因此没有那么丰富,但会涉及尺码、颜色这些属性。

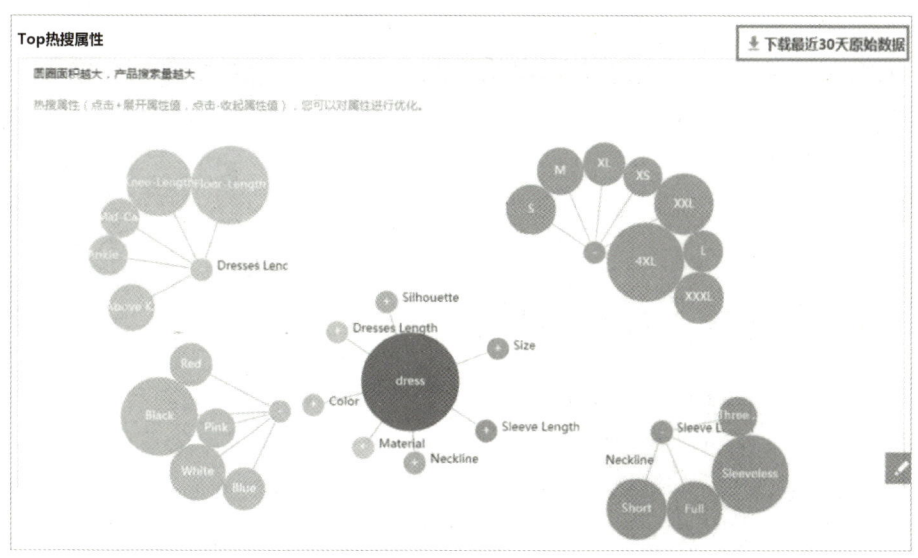

图 4-30 "dress"的热搜属性名和属性值

最后,综合热搜和热销属性,卖家就可以勾勒出具体的产品,从而指导选品。

2. 站外选品

1) 谷歌趋势分析

(1) 工具简介。

谷歌趋势(Google Trends)是谷歌旗下的一款基于搜索数据的分析工具。

（2）功能介绍。

谷歌趋势通过分析谷歌搜索引擎中每天数十亿条的搜索数据，告诉用户某个关键词或者话题各个时期在谷歌搜索引擎中展示的频率及其相关统计数据。卖家可以通过这些搜索数据了解市场、受众及未来的营销方向等相关信息。

图 4-31 展示了关键词"swimwear"在澳大利亚的年搜索曲线，图 4-32 则展示了关键词"swimwear"在澳大利亚 5 年的搜索曲线。

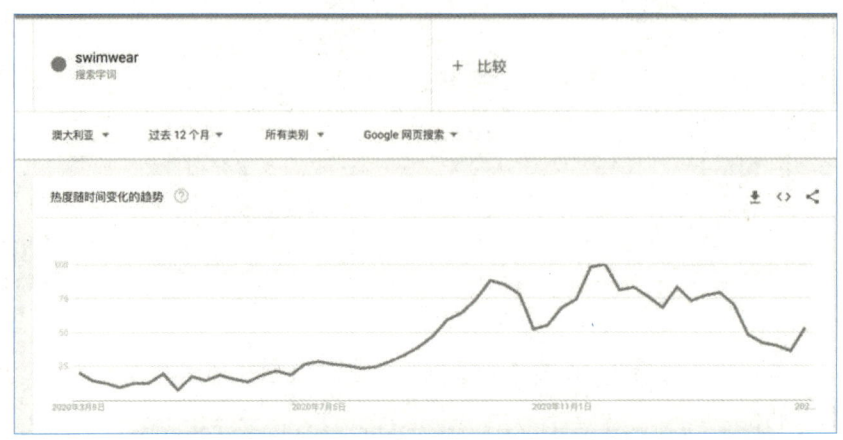

图 4-31　关键词"swimwear"在澳大利亚的年搜索曲线

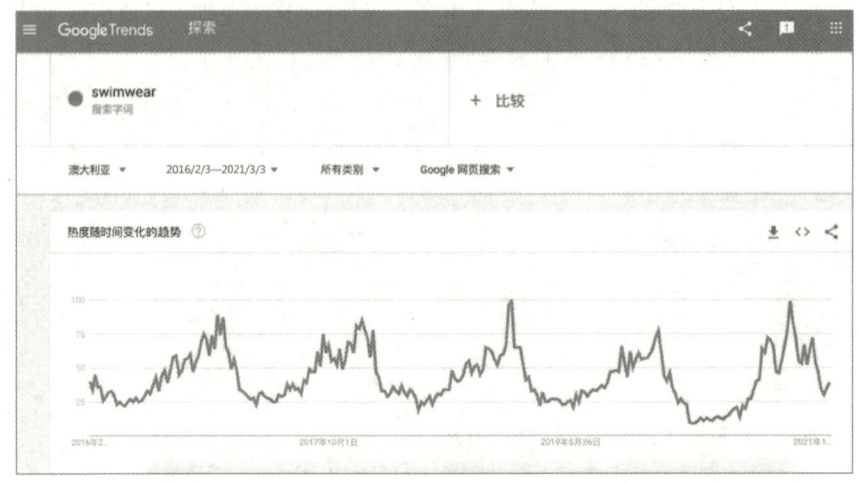

图 4-32　关键词"swimwear"在澳大利亚 5 年的搜索曲线

结合图 4-31 和图 4-32，卖家可以分析出关键词"swimwear"在澳大利亚每年热度较高的搜索时间是 9—12 月，这能对选品起到指导作用。

2）卖家精灵

（1）工具简介。

卖家精灵是亚马逊一站式卖家工具、大数据选品专家；提供亚马逊关键词监控、产品监控、差评监控，以及关键词真实搜索量/销量、Listing 真实销量查询。

（2）功能介绍。

① 关键词精灵。

（a）关键词挖掘：推荐最有价值的亚马逊相关关键词，为 Listing 优化、PPC（按点击付费）广告关键词提供精准的关键词。

（b）关键词选品：基于买家搜索行为来发现利基市场，一个关键词对应一个细分市场，卖家可以基于类目+搜索量+搜索增长率来浏览关键词（类目）飙升榜。

（c）关键词反查：可以反查竞品的真实流量词，即通过哪些关键词搜索、点击、购买了该产品。通过竞品的真实流量词，优化 Listing 关键词，从而提升产品的自然搜索流量。

② 选品精灵。

（a）查竞品：基于子类目、关键词、品牌、卖家查询竞品的历史销量，卖家可以查到竞品最近两年的销量走势。

（b）选市场：从亚马逊每个站点超过 2 万个细分类目中，基于市场容量、市场趋势、竞争度、行业波动性等维度，帮助卖家选出潜力市场。

（c）选产品：基于销售增长率、评论增长数等创新性选品条件，帮助卖家选出潜力爆款产品。

3）KeywordSpy

（1）工具简介。

KeywordSpy 是一款在线搜索关键词竞价信息的工具。该工具能有效地跟踪和检测竞争对手在搜索引擎上的关键词竞价文案。

（2）功能介绍。

使用 KeywordSpy，卖家可以搜索竞争对手及其关键词信息，能掌握全面的每日系统更新和警告报告，可以通过特殊关键词、搜索引擎和国家进行深度域名跟踪。KeywordSpy 的实时统计报告可以为卖家展示竞争对手每小时、每天、每周、每月的搜索引擎广告活动表现。

（3）使用方法。

打开 KeywordSpy，在输入框中输入想要查询的关键词。例如，输入"clothing"，选择"Keywords"选项，选择查询的目标国家，单击"Search"按钮，如图 4-33 所示。

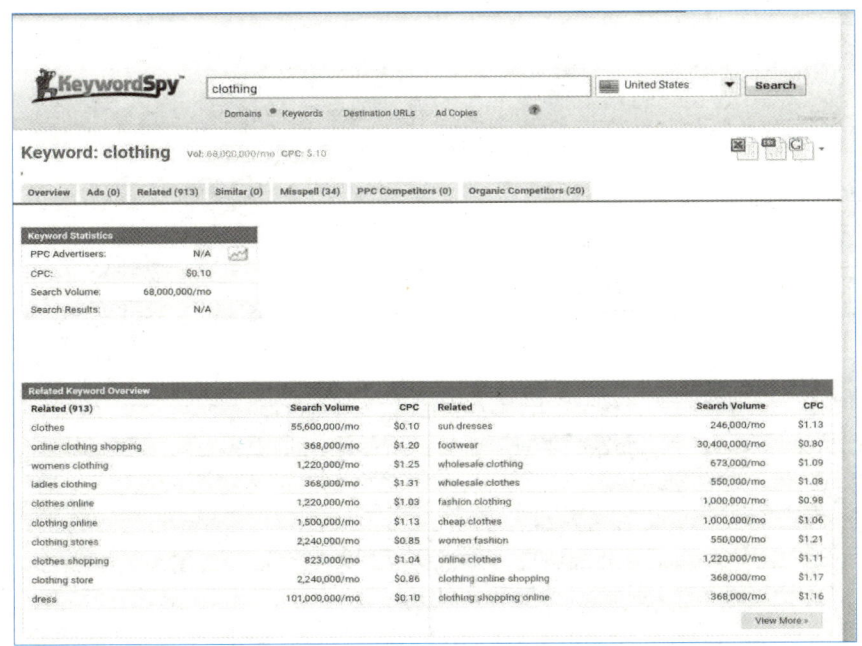

图 4-33　KeywordSpy 的使用方法

结果显示,美国买家对"clothing"的搜索量比较大。卖家可以通过对搜索关键词的热度进行分析,判断更受欢迎的产品,从而做好选品工作。

✅ 4.2.2 商品与店铺表现数据分析

新手卖家分析店铺数据的基本思路

1. 商品表现数据分析

在"数据纵横"中有"商品分析"功能,卖家可以根据各项数据找出商品的优缺点,进而指导下一步的商品优化工作。"商品分析"又包括"商品效果排行"和"商品来源分析"两大模块。此外,"实时风暴"中的"实时商品"反映了商品的实时数据,如图4-34所示。

图4-34 "商品分析"和"实时风暴"

1)商品效果排行

在"商品效果排行"模块中,卖家可以选择从时间段、行业、区域范围等维度来查看商品(见图4-35),还可以下载本店铺的所有在售商品数据(见图4-36)。其中部分指标的定义如下。

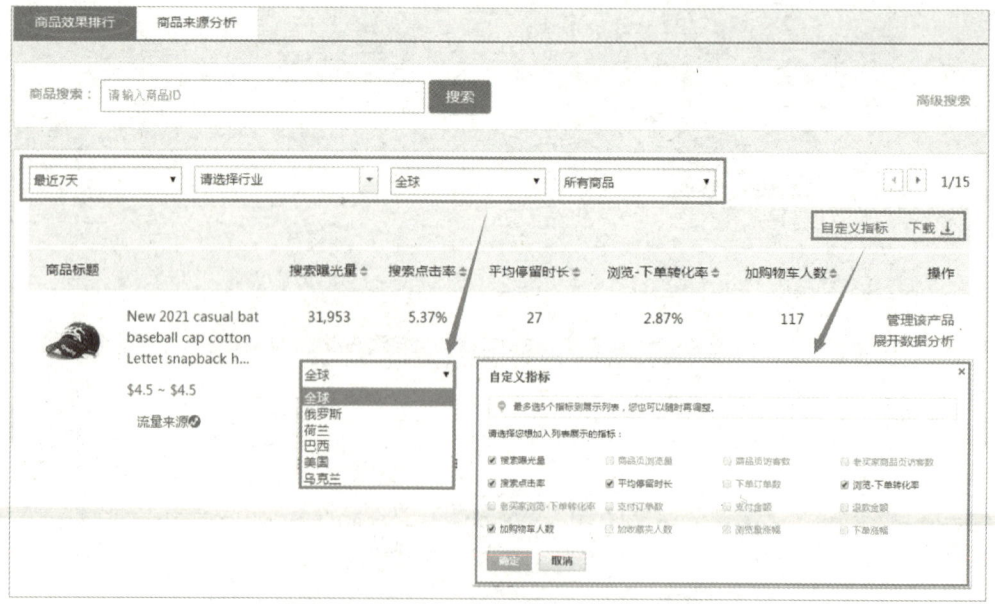

图4-35 商品效果排行

项目 4 店铺日常管理与优化

商品ID	商品标题	老买家支付买家数	老买家下单买家数	老买家支付金额	老买家支付订单数	老买家下单订单数	老买家浏览-下单转化率	老买家商品页访客数	搜索曝光量	商品页浏览量	商品页访客数	浏览-下单转化率
32,691,490,	New Arrivals Kpo	1	1	9.35	1	1	5.00%	20	9,705	999	626	1.44%
32,735,564,	2016 New Fashio	4	4	9.10	4	4	4.44%	90	2,299	1,386	814	5.04%
32,692,570,	2016 fashion new	1	1	5.99	1	1	25.00%	4	182	45	20	20.00%
32,795,022,	2017 Brand New!	1	1	5.81	1	1	7.14%	14	2,848	1,204	568	4.58%
739,604,659	h brand 2016 new		2	27.66		2	4.26%	47	19,874	1,298	822	4.74%
32,692,576,	Anti Social Socia	3	3	24.95	3	3	60.00%	5	2,422	122	89	4.49%

搜索点击率	平均停留时长	加购物车次数	加购物车人数	加收藏款数	加收藏夹人数	下单买家数	下单订单数	支付买家数	支付订单数	支付金额	风控订单数	风控金额	退款金额	退款订单数
6.55%	23	74	42	42	40	9	9	8	8	59.75	1	9.25	18.50	2
12.61%	39	137	88	62	58	41	45	35	35	97.71	0	0.00	2.70	0
2.03%	21	4	4	2	0	4	6	4	4	23.86	0	0.00	0.00	0
7.34%	65	71	41	32	32	24	26	23	23	170.46	0	0.00	0.00	0
3.84%	27	171	92	50	50	39	41	33	35	161.52	0	0.00	8.16	0
3.67%	20	9	8	3	2	2	2	1	1	24.95	0	0.00	0.00	0
5.37%	27	217	117	59	57	51	53	46	48	222.37	0	0.00	4.01	1

图 4-36 在售商品数据

（1）搜索曝光量：商品在搜索或者类目浏览下的曝光次数。

（2）商品页浏览量：该商品被买家浏览的次数。一个买家在统计时间段内访问多次记为多次。所有终端的浏览量等于 PC 端浏览量和无线端浏览量之和。

（3）商品页访客数：浏览过该商品的买家数。

（4）浏览-下单转化率：在统计时间段内下单的买家数/访客数×100%，即来访客户转化为下单客户的比例（注：浏览-支付转化率也是卖家经常考察的指标，它等于支付成功买家数/访客数×100%）。

（5）搜索点击率：商品在搜索或者类目曝光后被点击的比例，等于浏览量/曝光量×100%。

（6）风控订单数和风控金额：由于买家的原因，如信用卡盗刷或地址资料错误等，速卖通审核不通过的订单数量和金额。

2）商品来源分析

在"商品来源分析"模块中，卖家可以查看浏览量大的商品最近 1 天/7 天/30 天的流量来源及去向情况，并下载最近 30 天的原始数据，如图 4-37 所示。卖家可分析各个商品的流量来源和去向数据，进行商品和营销渠道优化，以便增加流量并减少直接退出本店铺的买家数。

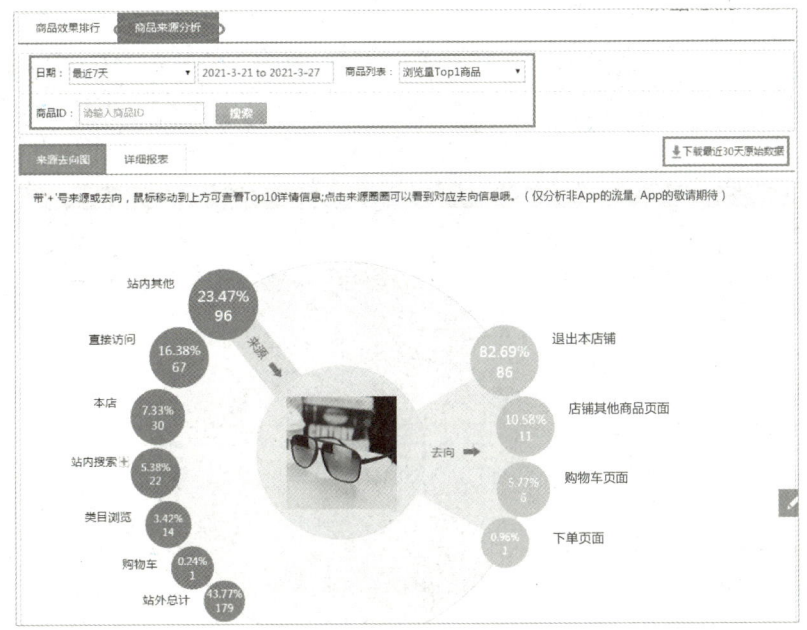

图 4-37 商品来源分析

（1）流量来源。流量来源包含的内容如表4-1所示。

表4-1 流量来源包含的内容

来源小类	渠道	详细说明	特别说明
站内	站内搜索	通过搜索框搜索后单击本店铺的商品	仅限英语主站来源
	类目浏览	浏览类目页面后单击本店铺的商品	仅限英语主站来源
	活动	报名参加的平台活动、非报名的活动、Fashion频道	—
	直通车	P2P流量①	付费流量
	购物车	—	—
	收藏夹	收藏的商品链接	—
	直接访问	直接输入链接	不含直接访问店铺首页
	站内其他	包含店铺首页、分组页、买家后台订单历史页	非英语主站的大多数流量来源
站外	站外合计	由速卖通网站的链接引来的流量	—

（2）流量去向包括以下几个。

① 下单页面：买家在访问该商品页面后，单击了"立刻购买"按钮。

② 购物车页面：买家在访问该商品页面后，进入购物车页面。

③ 店铺其他商品页面：买家在访问该商品页面后，进入本店铺的其他商品页面。

④ 本店铺的其他页面：买家在访问该商品页面后，单击了该页面中的链接，进入本店铺的其他页面，如店铺首页。

⑤ 退出本店铺：买家在访问该商品页面后，未单击该页面中的任何链接（如刷新或关闭该页面）或单击该商品页面中的店外链接而直接离开本店铺。

除此之外，卖家还可以查询流量的详细报表、某一具体日期的流量来源趋势和此商品的Top访客地区，如图4-38和图4-39所示。

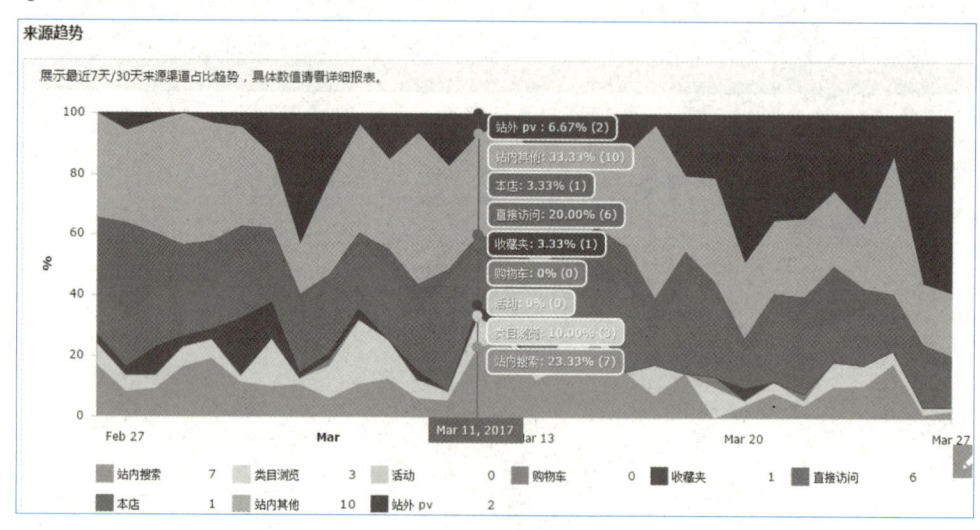

图4-38 商品流量来源的详细报表和来源趋势

---

① P2P是peer-to-peer的缩写，P2P可以被理解为"伙伴对伙伴"的意思，或称为对等联网。P2P流量是相对于传统互联网业务流量而言，P2P流量表现出以下特点：高速传输、数据量大、在线时间长、上下行流量对称、业务点分布广泛、有固定的流量。大多数P2P流量都有比较固定的特征，如固定的端口号或者固定的关键字。

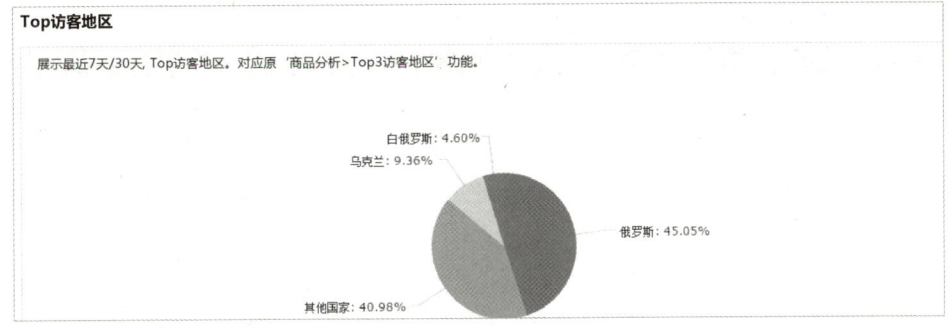

图 4-39　商品的 Top 访客地区

3）实时商品

"实时商品"模块会展示当天被加入购物车/收藏夹、被下单/支付，或浏览量大于或等于 3 次的商品。卖家还可以选择不同的指标（支付金额、浏览量、访客数、下单订单数、支付订单数、加购物车人数、加收藏夹人数）、国家、平台进行商品筛选，如图 4-40 所示。

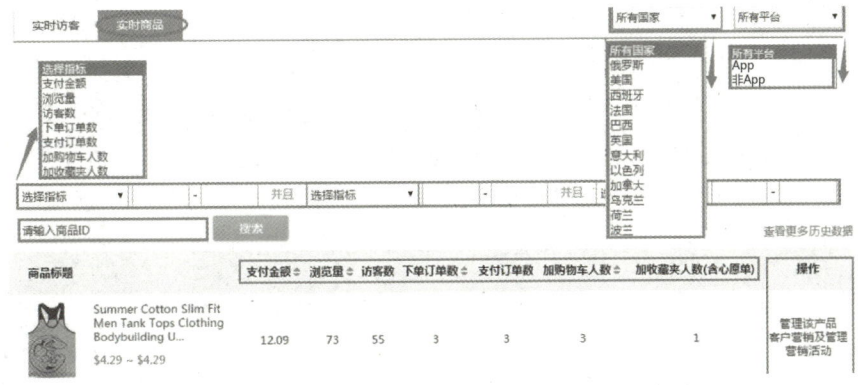

图 4-40　实时商品

综上所述，分析一个商品，应重点关注搜索曝光量、搜索点击率和浏览-支付转化率这三大指标。

2. 店铺表现数据分析

1）成交概况

（1）商铺排名：显示近 30 天店铺支付金额处于同行的第几层级，较前日和上周同日有何种变化，如图 4-41 所示。

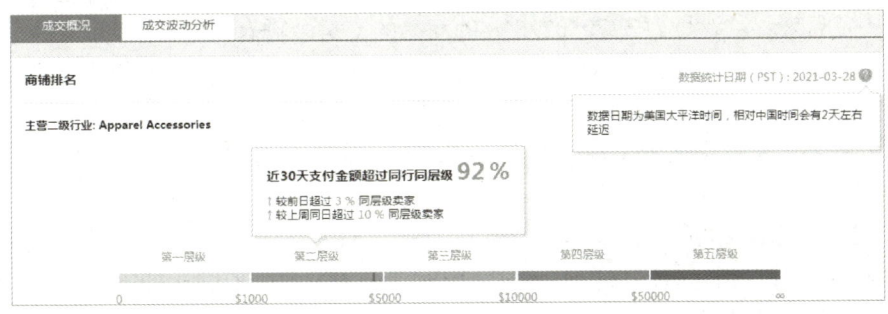

图 4-41　商铺排名

（2）各平台成交概况：根据公式"支付金额=访客数×浏览-支付转化率×客单价"，以全店铺数据（包括 App 和非 App 客户端）为例进行数据解读，如图 4-42 所示。

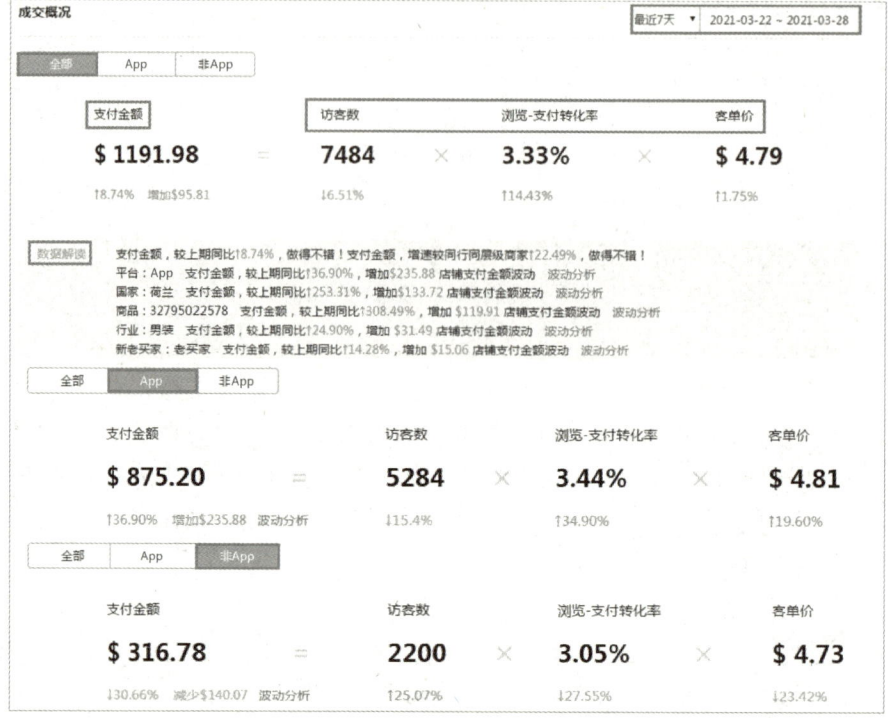

图 4-42 各平台成交概况

① 全店铺支付金额增长 8.74%，增速较同行同层级店铺高 22.49%，说明店铺成交增长主要是由店铺自身提升带来的。若店铺成交增长，但较同行店铺的增速慢，则说明此增长是行业整体增长造成的。

② 从支付金额的公式分析，访客数减少 6.51%，浏览-支付转化率上升 14.43%，客单价上升 1.75%，说明浏览-支付转化率是店铺增长的主要原因，但访客数减少了，因此要分析浏览-支付转化率上升和访客数减少的原因。

客单价

③ 从平台来看，全店铺支付金额增长是因为 App 客户端的支付金额的增长大于非 App 客户端的支付金额的下降。

④ 从国家来看，荷兰买家的支付金额有大幅增长。

⑤ 从商品来看，编号为 32795022578 的商品的支付金额有大幅增长。

⑥ 从行业来看，本店铺准入的一级类目为服装/服饰配件，其中男装的支付金额的增长幅度较大。

⑦ 从新老买家来看，老买家（在本店铺之前有成功交易的买家）的支付金额增长了 14.28%。

（3）成交分布：卖家可以从国家、平台、行业、商品、价格带、新老买家和 90 天购买次数 7 个维度来查询指定时间段内的支付金额或支付买家数，如图 4-43 所示。

（4）成交核心指标分析：卖家可以选定时间段、国家来查询店铺成交的核心指标和趋势图。可供查询的指标有搜索曝光量、店铺浏览量、店铺访客数、浏览-下单转化率等，如图 4-44 所示。

项目 4　店铺日常管理与优化

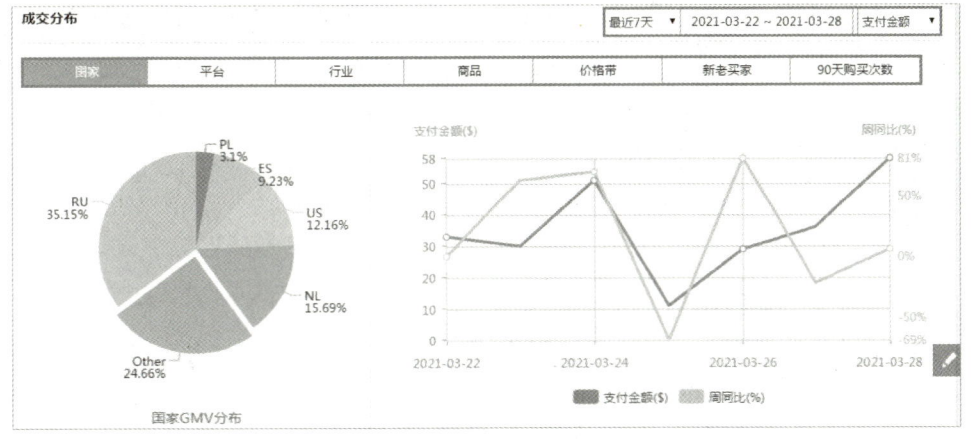

图 4-43　成交分布

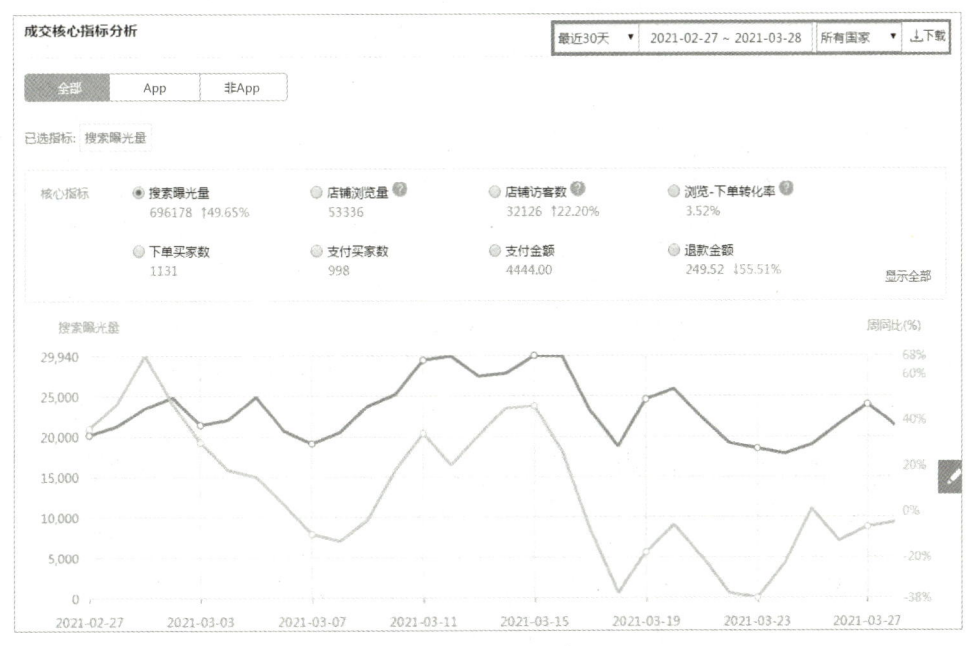

图 4-44　成交核心指标分析

2）成交波动分析

造成成交波动的原因可能有多个，如行业整体波动、平台变化、某个国家或商品变化等，因此卖家要及时了解相关信息，并做好运营调整。

成交波动分析从多个维度、多个视角来分析成交波动的原因。例如，某个商品影响了支付金额，使其增长 50%，我们可以先将分析的第一层级设为"商品"，再进一步分析国家、平台、行业、新老买家等各个维度。

此外，卖家在分析时还要考虑不同的时间段。当考察最近 30 天的数据时，对波动影响最大的是编号为 32564167877 的商品，而最近 7 天对波动影响最大的是编号为 32795022578 的商品。针对编号为 32564167877 的商品，支付金额占比最大的是俄罗斯的新买家；针对编号为 32795022578 的商品，支付金额占比最大的是荷兰的新买家，如图 4-45 所示。

097

图 4-45　成交波动分析

要重点分析哪个数据，就把它列为第一层级的分析数据。每增加一个分析维度，分析就越细化。卖家应明确自己的分析目标，用好成交波动分析这个工具。

3）实时排名、实时概况、实时访客与实时营销

（1）实时排名：店铺的实时交易额的同行排名，为主营二级行业排名，每 5 分钟更新一次，如图 4-46 所示。

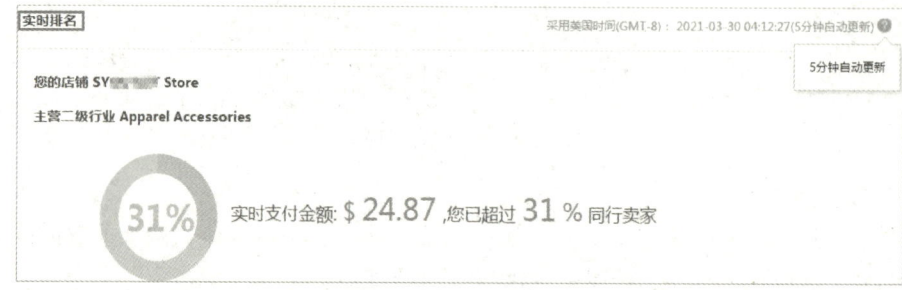

图 4-46　实时排名

（2）实时概况：卖家可以在此处实时查看当天（美国太平洋时间）的店铺流量和销量数据（包括店铺浏览量、店铺访客数、下单订单数等）并与指定日期的数据进行对比，及时了解店铺发生的变化，判断商品信息优化、营销活动等调整带来的直接效果；还可以在流量集中的时间段调整客服的工作时间及直通车的投放时间，如图 4-47 所示。

（3）实时访客与实时营销：卖家可以根据实时访客数据，对访客进行实时营销（在"实时风暴"→"实时营销"模块中对买家进行实时催付、实时发放定向优惠券等，做到及时且精确的营销与服务），如图 4-48 和图 4-49 所示。

项目 4　店铺日常管理与优化

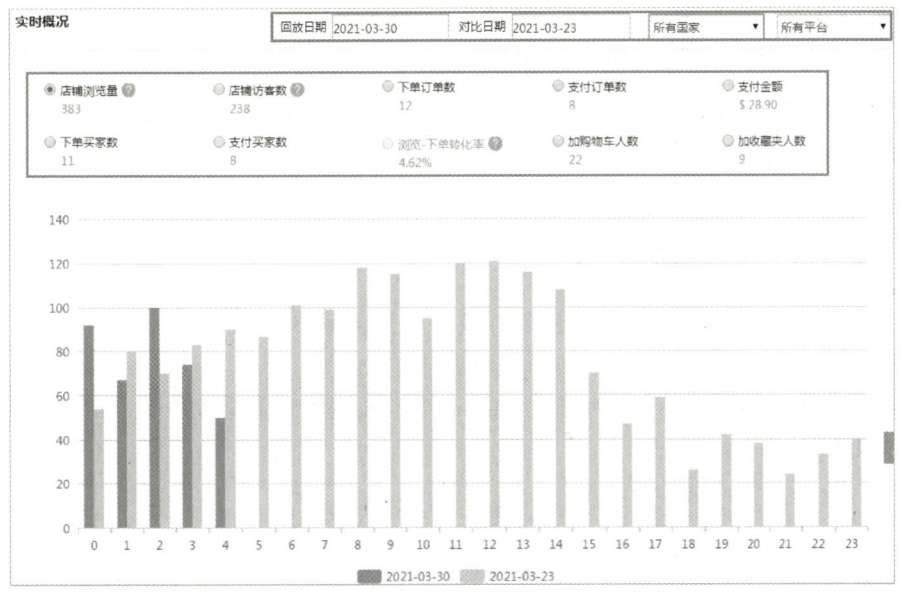

图 4-47　实时概况

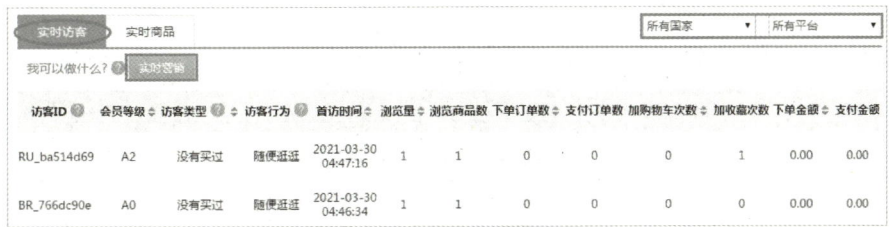

图 4-48　实时访客

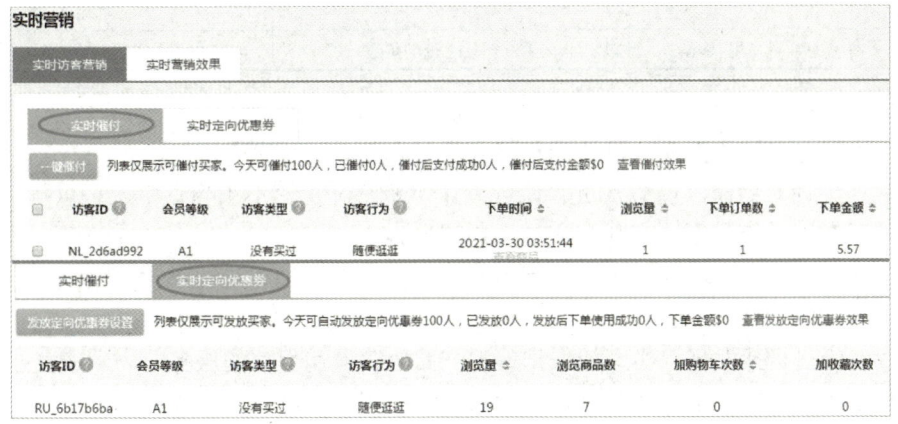

图 4-49　实时营销

4.2.3　产品与店铺优化

产品和店铺是相辅相成的，产品表现优秀可以提升店铺的整体业绩，而提升店铺的整体业绩可以使店铺获得更大的权益，从而进一步推动产品提升。根据前文对产品和数据进行的分析，卖家可以从以下几个方面进行努力，使产品与店铺得到优化。

选品前的角色定位

099

1. 增加曝光量

曝光量是指产品被展示在访客面前的次数。店铺整体表现和产品排名都会影响曝光量。

1）提高店铺的活跃度

活跃度高的店铺可以获得更多曝光机会，因此卖家应做好以下几项工作来提高店铺的活跃度。

（1）经常留意旺铺装修市场的上新模块，并及时更新。

（2）保持店铺每日上架新产品或按频率上架新产品。

（3）保证 TradeManager 的在线时长并及时回复访客的问题。

2）避免店铺违规扣分

若店铺违规，则除了店铺会被扣分，产品的自然曝光也会受到影响。速卖通违规处罚节点如表 4-2 所示。

表 4-2　速卖通违规处罚节点

积分类型	扣分节点	处罚
知识产权禁限售违规	2 分	严重警告
	6 分	限制产品操作 3 天
	12 分	冻结账号 7 天
	24 分	冻结账号 14 天
	36 分	冻结账号 30 天
	48 分	关闭
交易违规及其他	12 分	冻结账号 7 天
	24 分	冻结账号 14 天
	36 分	冻结账号 30 天
	48 分	关闭
产品信息质量违规	12 分及 12 分的倍数	冻结账号 7 天

因此，店铺要避免违规被平台扣分，就应做到以下几点。

（1）不发布禁限售产品（具体品类可参考平台禁限售规则）。

（2）杜绝销量炒作、虚假发货、违背承诺、恶意骚扰、不正当竞争、严重扰乱市场秩序、严重恶意超低价、不法获利等交易类违规行为。

（3）在发布产品时不虚假宣传、夸大其词，以避免实物与描述不符，引发买家投诉。

3）提升卖家服务等级

速卖通经过调研发现，买家越来越重视产品的质量和卖家的服务能力。速卖通于 2015 年 1 月推出了全新的卖家服务等级，以考核卖家在服务方面的各项能力。

要提升卖家服务等级，就要根据每日服务分的各项指标来努力。

（1）避免成交不卖。

① 确保产品信息的准确性。若发现产品包装信息、产品价格、交货时间、物流设置等内容填写错误，则应及时修改，避免因为填写错误而无法按时发货。

② 在卖家获得订单和临近发货超时前，平台会通过短信、电子邮件、贸易通等方式提示卖家。因此，卖家要关注注册时所填写的各种联系方式，保证在交货期内发货，并在平台后台订单管理页面填写有效的货运跟踪号。

③ 当无法按时发货时，卖家应及时且积极地与买家协商，联系买家延长发货期或引导买家申请取消订单。若买卖双方协商达成一致取消订单，同时买家选择取消订单的原因是"买家不想要了"或"其他原因"，则该订单不会被判定为成交不卖。

（2）降低未收到货物纠纷提起率（见图4-50）。根据与卖家物流相关的保护政策，采用线上发货和无忧物流方式的订单，若产生DSR物流服务得分过低和由于物流原因引起的纠纷提起率、仲裁提起率、卖家责任裁决率高等问题，则平台会对该笔订单的相应指标进行免责。

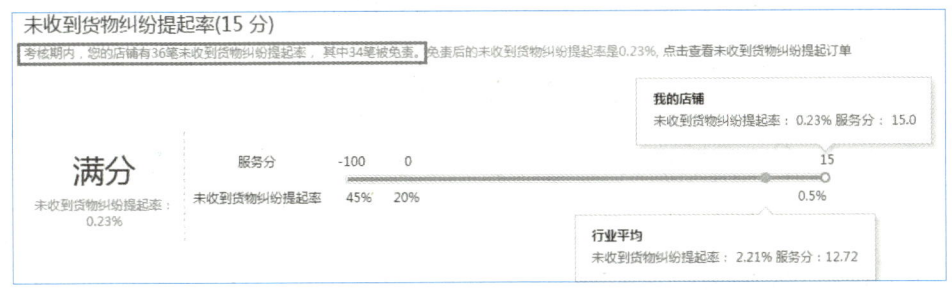

图4-50　未收到货物纠纷提起率

小知识

什么是未收到货物纠纷？未收到货物纠纷提起率如何计算？

未收到货物纠纷数=买家因未收到货物而提起退款的订单数-买家主动撤销退款的订单数。

未收到货物纠纷提起率=（考核期内买家因未收到货物而提起退款的订单数-考核期内买家主动撤销退款的订单数）/（考核期内买家确认收货的订单数+考核期内买家确认收货超时的订单数+考核期内买家提起退款的订单数）。

"数据纵横"你会用么——成交分析的思路及案例

（3）降低货不对版纠纷提起率。产生货不对版纠纷的原因有质量问题、描述不符、销售假货、货物短装、货物破损、标错价格等，因此卖家在从产品发布到发运的各个环节都要留心。

（4）提高DSR得分，包括产品描述、卖家服务和物流等分项得分。

4）提升产品排名

速卖通的搜索排序是以帮助买家找到最符合其需求的产品为目标的，是对产品相关性、产品信息质量、卖家的服务能力、搜索作弊等因素的综合考量。

（1）产品相关性。判断产品相关性是搜索引擎技术中一套非常复杂的算法，简单来说就是判断卖家的产品与买家实际需求的相关程度，其中平台通过买家在搜索框中输入的关键词与类目浏览行为来判断其真实的需求，相关性越大的产品，排名越靠前。平台在判断产品相关性时，主要参考产品的标题、类目、属性及详细描述。因此，卖家应结合产品的自身情况，尽量选择热搜或流量大的类目、关键词和属性来填写产品标题。

（2）产品信息质量。产品信息质量包括类目、产品标题、属性等信息的描述质量。卖家应做到以下几点。

① 选对类目。卖家在发布产品时应选择正确的类目，这样买家才能找到卖家的产品。例如，连衣裙应被放在dress这个类目下，而有的卖家将其放在skirt（半身裙）类目下，这

样就不准确了。对于放错类目的产品,平台将在搜索排名中将其靠后放置,并将该产品记录到店铺搜索作弊违规产品总数中,当累计达到一定数量时,平台将给予整个店铺不同程度的搜索排名靠后处理;情节严重的,平台将对店铺进行屏蔽;情节特别严重的,平台将冻结账号或直接关闭店铺。

如果某个产品可被归属于多个类目,如某裙子可以被归属于女装→连衣裙、新奇特及特殊用途服装→舞台表演服、婚宴礼服→伴娘礼服等类目,那么卖家应尽量选择流量大的类目。卖家可在"数据纵横"→"行业情报"→"行业概况"→"行业趋势"中进行类目对比。

② 优化产品标题。一个优质的产品标题需要具备以下要素:核心词、属性词、流量词、精准词(小语种词)。

核心词即产品的类别关键词,回答的是"产品是什么"的问题。以女士连衣裙为例,衣服、女士服装、裙子、连衣裙等都回答了"产品是什么"的问题,即为产品标题的核心词。这些词有的是产品的类别归属(如衣服),有的是产品的名称。

属性词是用来描述产品的修饰词,回答"产品是什么样的"这个问题,如产品的材质、款式、形状、尺寸、颜色、型号、质量、工艺、风格或流行元素、用途或功能、特性、目标群体、使用方式、使用时间和使用效果等。卖家可以利用"选品专家"分析产品的热销和热搜属性,将那些符合产品本身特性并且流量大的属性词加入产品标题中。

流量词是可以吸引很多流量的关键词,如女士连衣裙就是流量词。流量词是一些搜索量较大的流行词、泛词,较为抽象,是可以套用和替换的。相反,精准词是具体、准确描述产品的关键词,搜索量小,但可精准定位有该产品需求的人群。卖家可以在"数据纵横"→"搜索词分析"中进行产品标题优化。

"搜索词分析"中有很多指标,如图 4-51 所示。

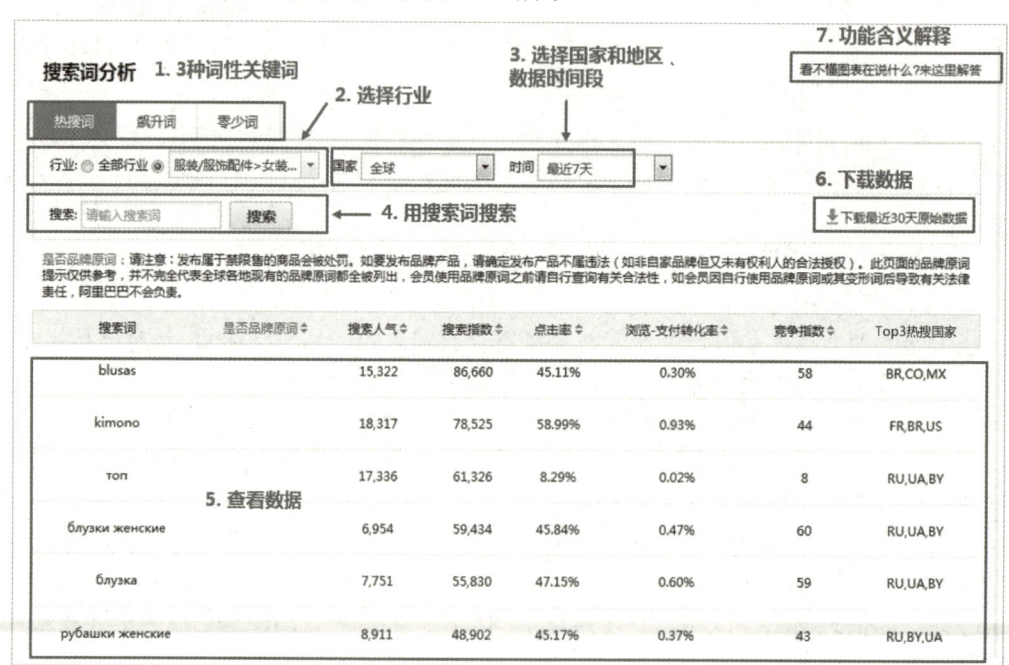

图 4-51 搜索词分析

（a）热搜词指标。

是否品牌原词：如果是禁限售产品，且没有获得品牌授权，那么销售此类产品的卖家将会受到处罚。

竞争指数：供需比经过指数化处理的结果。

Top3 热搜国家：在所选时间段内，对该关键词的搜索量最大的前 3 个国家。

（b）飙升词指标。

搜索指数飙升幅度：在所选时间段内，关键词的累计搜索指数同比上一个时间段内累计搜索指数的增长幅度。

曝光产品数增长幅度：在所选时间段内，关键词的每天平均曝光产品数同比上一个时间段内每天平均曝光产品数的增长幅度。

曝光卖家数增幅：在所选时间段内，关键词的每天平均曝光卖家数同比上一个时间段内每天平均曝光卖家数的增长幅度。

（c）零少词指标。

零少词指标包括是否品牌原词、曝光产品数增长幅度、搜索人气和搜索指数。

选择行业、国家、时间段（最近 7 天或 30 天），可以按照不同指数对搜索词进行排列，也可以下载最近 30 天的原始数据。下面以女装→卫衣帽衫为例，下载热搜数据，删除品牌原词（选中“是否品牌原词”列，单击“筛选”按钮，勾选“Y”复选框，在筛选出品牌原词后将其删除，如图 4-52 所示）。

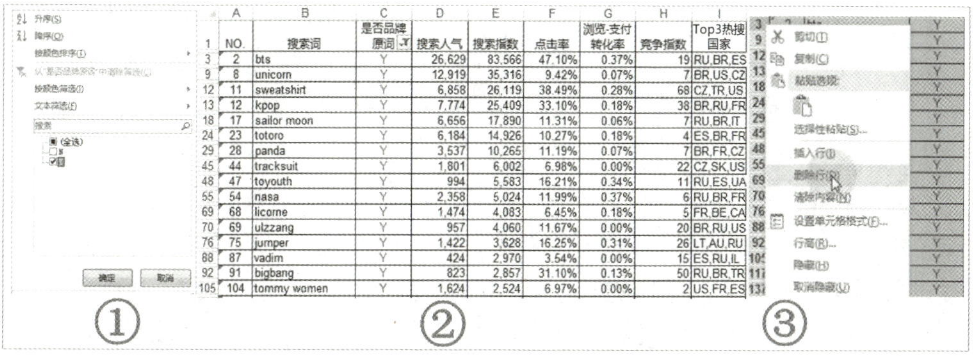

NO.	搜索词	是否品牌原词	搜索人气	搜索指数	点击率	浏览-支付转化率	竞争指数	Top3热搜国家
2	bts	Y	26,629	83,566	47.10%	0.37%	19	RU,BR,ES
8	unicorn	Y	12,919	35,316	9.42%	0.07%	7	BR,US,CZ
11	sweatshirt	Y	6,858	26,119	38.49%	0.28%	68	CZ,TR,US
12	kpop	Y	7,774	25,409	33.10%	0.18%	38	BR,RU,FR
17	sailor moon	Y	6,656	17,890	11.31%	0.06%	7	RU,BR,IT
23	totoro	Y	6,184	14,926	10.27%	0.18%	4	ES,BR,FR
28	panda	Y	3,537	10,265	11.19%	0.07%	7	BR,FR,CZ
44	tracksuit	Y	1,801	6,002	6.98%	0.00%	22	CZ,SK,US
47	toyouth	Y	994	5,583	16.21%	0.34%	11	RU,ES,UA
54	nasa	Y	2,358	5,024	11.99%	0.37%	6	RU,BR,FR
68	licorne	Y	1,474	4,083	6.45%	0.18%	5	FR,BE,CA
69	ulzzang	Y	957	4,060	11.67%	0.00%	20	BR,RU,US
75	jumper	Y	1,422	3,628	16.25%	0.31%	26	LT,AU,RU
87	vadim	Y	424	2,970	3.54%	0.00%	15	ES,RU,IL
91	bigbang	Y	823	2,857	31.10%	0.13%	50	RU,BR,TR
104	tommy women	Y	1,624	2,524	6.97%	0.00%	2	US,FR,ES

图 4-52　删除品牌原词的操作

选中“搜索词”列，进行降序排列。排在前面的都是非英语关键词，将这些词按语种分类，如图 4-53 所示。

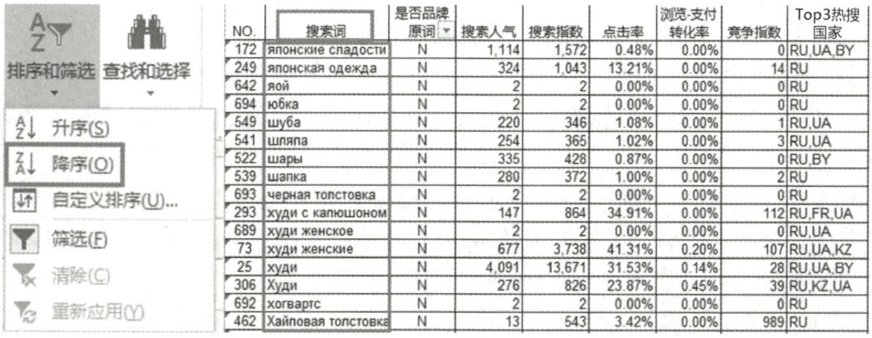

NO.	搜索词	是否品牌原词	搜索人气	搜索指数	点击率	浏览-支付转化率	竞争指数	Top3热搜国家
172	японские сладости	N	1,114	1,572	0.48%	0.00%	0	RU,UA,BY
249	японская одежда	N	324	1,043	13.21%	0.00%	14	RU
642	яой	N	2	2	0.00%	0.00%	0	RU
694	юбка	N	2	2	0.00%	0.00%	0	RU
549	шуба	N	220	346	1.08%	0.00%	1	RU,UA
541	шляпа	N	254	365	1.02%	0.00%	3	RU,UA
522	шары	N	335	428	0.87%	0.00%	0	RU,BY
539	шапка	N	280	372	1.00%	0.00%	2	RU
693	черная толстовка	N	2	2	0.00%	0.00%	0	RU
293	худи с капюшоном	N	147	864	34.91%	0.00%	112	RU,FR,UA
689	худи женское	N	2	2	0.00%	0.00%	0	RU,UA
73	худи женские	N	677	3,738	41.31%	0.20%	107	RU,UA,KZ
25	худи	N	4,091	13,671	31.53%	0.14%	28	RU,UA,BY
306	Худи	N	276	826	23.87%	0.45%	39	RU,KZ,UA
692	хогвартс	N	2	2	0.00%	0.00%	0	RU
462	Хайповая толстовка	N	13	543	3.42%	0.00%	989	RU

图 4-53　将搜索词按语种分类

将剩下的词输入谷歌翻译工具中,删除与产品相关性不大的关键词。注意:虽然在前面已删除了品牌原词,但有些品牌原词没有被平台筛选出来,如在图 4-54 中,pink 是 VS 旗下的品牌,vlone 是美国的某潮流品牌,vixx 是韩国某男团组合,所以遇到不确定的词,我们可以直接在百度上搜索,如果在搜索结果中出现该词的相关产品信息,就可以确定这是一个品牌原词。另外,我们还会发现一些形似英语的小语种词,如"vestido moletom"就是一个葡萄牙语词。那么,在实际操作中如何才能发现小语种词呢?当某个单词的英文翻译结果古怪时,我们可以尝试用翻译工具自行检测其语言来验证,如图 4-55 所示。

图 4-54 搜索词的谷歌翻译

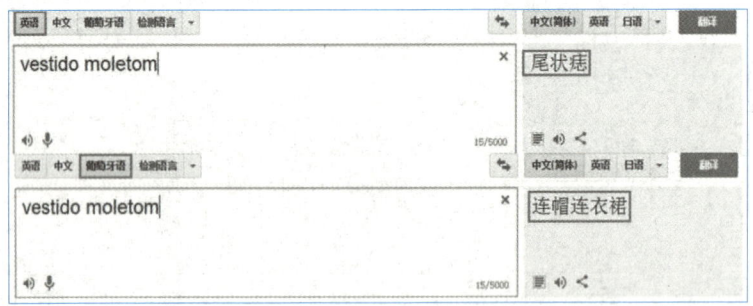

图 4-55 小语种词的翻译结果

接下来,我们配合速卖通主搜结果合理取舍关键词。在本例中,输入关键词"womens tracksuit",共得到 43 716 个结果,在相关类目中排在第一位的是"Women's Sets"(女士套装),第二位才是"Women's Hoodies"(女士连帽衫),而"Hoodies & Sweatshirts"(连帽运动衫)类目中共有 20 911 个结果,如图 4-56 所示。这说明整体上这个词与连帽运动衫有相关性,但不是十分精准,可以作为标题关键词的备选。

根据各类指标和类目的匹配性,处理热搜词、飙升词和零少词数据,得到搜索词库,并将它们组合到产品标题中,完成产品标题优化。

③ 优化属性。优化属性可以从以下 3 个方面入手:第一,选择和产品本身一致且相关的属性;第二,做到属性填写率为 100%;第三,当产品适合多个属性时,选择流量大的属性。

(3) 卖家的服务能力。除产品本身之外,卖家的服务能力也是影响买家购物体验的直接因素。因此,平台非常看重卖家的服务能力,会将能提供优质服务的卖家的排名往前提。平台重点考查卖家在以下几个方面的服务表现。

① 服务响应能力:包括卖家在 TradeManager 及站内信上的响应能力。卖家应保持合理的 TradeManager 在线时间,及时答复买家的问题。

项目 4　店铺日常管理与优化

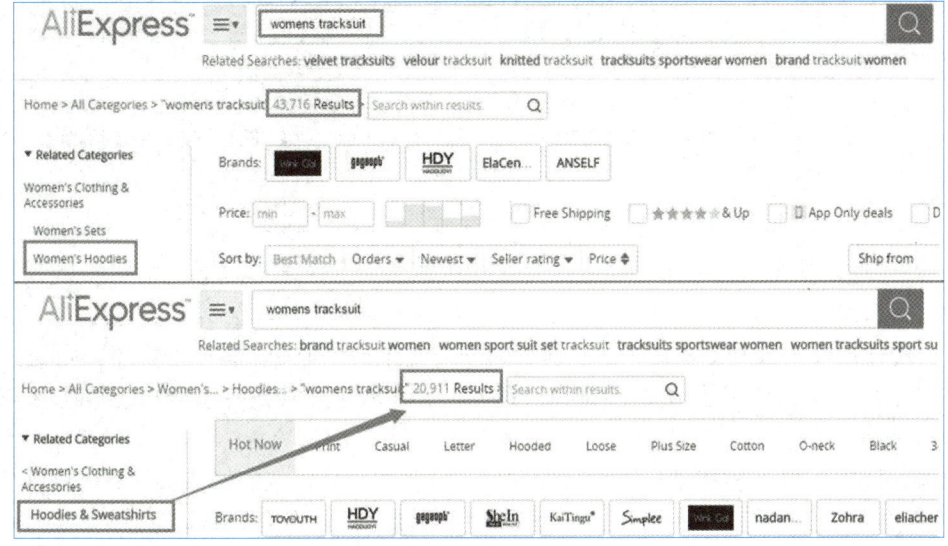

图 4-56　查看速卖通主搜结果

② 订单执行情况：卖家在发布产品时承诺了备货期，无货空挂、拍而不卖的行为将对买家的购物体验造成严重的影响，也会严重影响卖家所有产品的排名。此外，如果卖家为了规避拍而不卖而进行虚假发货，就会受到严厉的处罚。

③ 订单纠纷、退款情况：卖家在发布产品时，应对产品进行如实、准确的描述，保证产品的质量，避免买家在收到产品以后产生纠纷、退款的情况。

④ 卖家的好评率：卖家的好评率直接代表交易结束后买家对产品、卖家的服务能力的评价，是买家满意与否最直接的体现。平台会优先推荐好评率高的产品和卖家，给予其更多曝光机会和推广资源；对于好评率低的卖家，平台则给予其排名靠后处理甚至不参与排名的处罚。

（4）搜索作弊。搜索作弊属于违规行为，对于搜索作弊的产品，平台将给予搜索排名靠后、全店降权甚至关闭店铺的处罚。卖家需要弄清哪些行为属于搜索作弊行为，并予以避免。搜索作弊行为的类型及其处罚措施如表 4-3 所示。

表 4-3　搜索作弊行为的类型及其处罚措施

搜索作弊行为的类型	处　罚　措　施
类目错放	（1）对于违规产品给予搜索排名靠后的处罚。 （2）根据卖家搜索作弊行为累计次数的严重程度对整个店铺给予搜索排名靠后或屏蔽的处罚；情节特别严重的，将给予冻结账号或关闭店铺的处罚。 注：对于更换产品的搜索作弊行为，平台将增加清除该违规产品所有销量记录的处罚
属性错选	
标题堆砌	
"黑五类"产品错放	
重复铺货	
广告产品	
描述不符	
计量单位作弊	
产品超低价	
产品超高价	
运费不符	

105

续表

搜索作弊行为的类型	处 罚 措 施
SKU作弊	（1）对于违规产品给予搜索排名靠后的处罚。
更换产品	（2）根据卖家搜索作弊行为累计次数的严重程度对整个店铺给予搜索排名靠后或屏蔽的处罚；情节特别严重的，将给予冻结账号或关闭店铺的处罚。
标题类目不符	注：对于更换产品的搜索作弊行为，平台将增加清除该违规产品所有销量记录的处罚

（5）其他。除了要关注影响搜索排序的相关因素，卖家还可以通过优化产品上架和更新时间、设置橱窗推荐和营销活动（项目5将详细介绍营销活动）等来提升流量。

① 优化产品上架和更新时间。在速卖通的搜索结果页面中，有一个排序规则是按照产品上架时间排序，最新上架的产品排在最前面。如果临近本店铺流量峰值上架产品，新品展示排名靠前的概率就会增大。

卖家可以从"实时风暴"→"实时概况"中了解店铺浏览量的峰值数据，也可以从"成交分析"→"成交分布"中了解买家主要来自哪个国家，最终确定产品的上架和更新时间。

 小技巧

> 速卖通面向全球买家，而各国所在的时区不完全相同，导致买家的购物时间不完全相同。卖家先要判断店铺的买家主要来自哪个国家，确定他们的主要购物时间，再据此设置产品上架和更新时间。以俄罗斯为例，买家主要集中在莫斯科、圣彼得堡地区，莫斯科时间比北京时间晚 5 小时，而买家的购物时间主要集中在当地时间的 10:00—11:00、15:00—17:00 和 21:00—23:00，转换为北京时间则为 15:00—16:00、20:00—22:00 和 2:00—4:00。

② 设置橱窗推荐。在自然排序的结果下，平台通过给设置橱窗推荐的产品增加排序权限来提高产品排名。速卖通橱窗推荐可数倍提高产品的曝光率，从而达到营销目的。卖家的服务等级越高，店铺获得的橱窗位就越多，因此卖家要努力提升自己的服务等级。

2．提升点击率

点击率按照曝光方式可分为搜索点击率、直通车点击率、平台活动点击率和站外广告点击率等，这里只介绍搜索点击率。搜索点击率是产品在通过自然搜索或类目搜索曝光后被点击的比率，图4-57是关键词"dress"的自然搜索结果。在图4-57中，我们可以看到：产品的相关属性，如尺寸（Size）、品牌（Brands）、价格（Price）、包邮（Free Shipping）、发运国（Ship from）；产品按照最佳匹配（Best Match，为默认值）、订单数（Orders）、新品（Newest）、卖家等级（Seller Rating）和价格（Price）规则排序的入口；单个产品的搜索展示结果包括产品主图、产品价格、物流、产品标题、产品星级评价和订单数。这里主要介绍产品主图、产品价格、产品标题的优化和如何提升销量。

1) 优化产品主图

优化产品主图主要从图片背景和图片主体两个方面进行。

（1）图片背景。图片背景包括自然背景和处理背景。自然背景是在自然环境下拍摄出来的。处理背景是经过软件处理的背景，即在图片的后期制作中，将背景变为纯色、渐变色或其他形式。最常见的处理背景是白底。卖家要注意应使背景色与产品的风格统一。

项目 4　店铺日常管理与优化

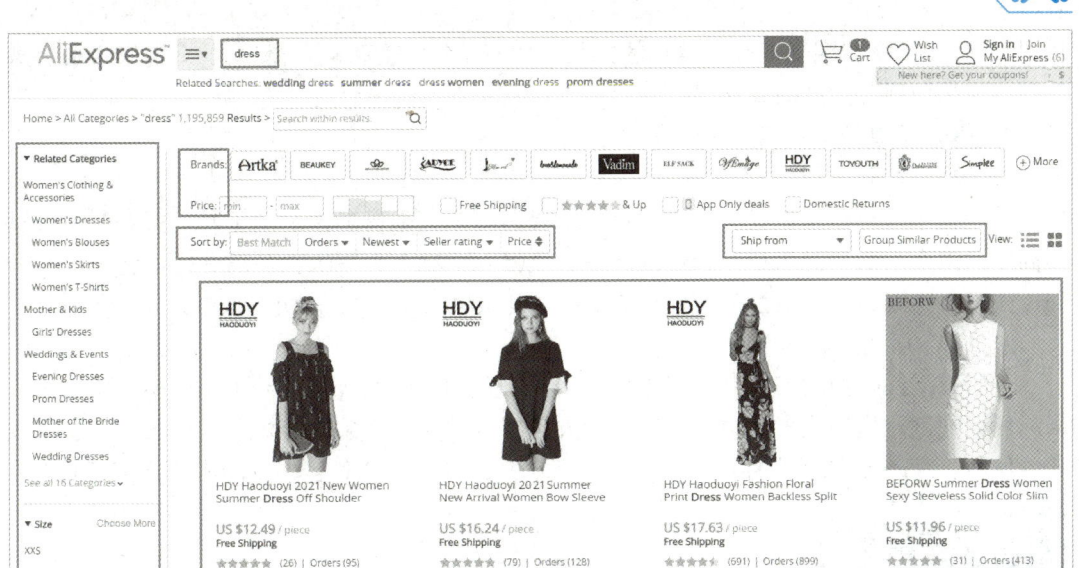

图 4-57　关键词 "dress" 的自然搜索结果

（2）图片主体。图片主体即需要呈现的产品本身，呈现方式可以选择模特图、展示图、方法图、局部图和细节图，或将不同的图有机合成起来，但不要简单拼接。重点是要突出产品卖点，在短时间内抓住买家的眼球并吸引买家点击。

2）优化产品价格

卖家可以先从 "产品分析" 模块中了解某个产品的流量主要来源于哪个关键词，然后用该关键词进行搜索，找到同类产品的定价，确定同类产品的热卖价格区间。在前期，卖家可以不计成本，以同行最低价格抢占市场。卖家也可以利用推导法进行产品定价，考虑产品的采购成本、利润率、折扣空间、重量、体积、物流方式、物流费用、营销费用和丢退率等。

3）优化产品标题

一般来说，产品标题会从以下 3 个方面影响点击率。

（1）产品标题本身的吸引力，即买家在看到产品标题之后，有没有产生点击进去深度浏览的兴趣。产品标题在买家搜索结果页面只展示前 35 个字符，因此卖家可以把不易用图片表达出来的卖点、优势放在产品标题的最前面。

（2）产品标题中的关键词。产品标题对搜索排序结果的影响非常大，因此卖家要注意产品标题关键词的设置。

（3）产品标题与产品主图的匹配度，即产品标题中的关键词与产品主图的匹配度。卖家可以使用直通车调整创意标题来控制在买家搜索关键词时展示的产品主图；通过测试点击率，检验并优化产品标题。

4）提升销量

所有优化产品和店铺的努力都是为了提升销量，而能快速提升销量的方法是报名平台活动。

3. 提升转化率

买家在浏览产品详情页的过程中会决定是否下单和付款。因此，想提升转化率就要优化详情描述，详细描述的信息一定要真实、准确，图文并茂地向买家介绍产品的功能、质量、特点和优势。此外，产品详情页的排版设计应统一、美观、整洁、大方，能够吸引买家的眼球，从而提升产品的成交率。

4. 提升客单价

1）关联营销

关联营销是一个可以在产品详情页中插入店铺内其他产品信息的工具。关联营销可以提高店铺内产品的曝光水平，合理的产品关联推荐能给买家提供更多的选择，促进买家消费，减少买家流失。关联营销有3种方式：互补关联、替代关联和潜在关联。

2）满减/店铺优惠券

全店铺满减是由卖家在自身客单价基础上设置的订单满一定金额系统自动减免一些费用的促销规则。店铺优惠券由卖家自主设置优惠金额和使用条件，买家在领取后可在有效期内使用。满减/店铺优惠券可刺激买家多买，是提升购买率和客单价的店铺营销工具。

同步阅读

速卖通如何选品之新手篇

新手卖家需要分析自身的优势，定位自己熟悉的行业及产品：分析自己之前所处的行业，确定对哪个行业比较了解；分析地域，确定在自己所在地域做什么行业的产品会比较轻便；分析人脉资源。

如果对于正向分析完全没有思路，那么可以进行反向分析，利用排除法，排除不想做的行业。例如，不想做纠纷率太高、损坏率过高、被投诉侵权概率较高的产品，就可以排除鞋、服装、照明、玩具等行业。

在定位好行业和产品后，就要做具体的选品工作了。一个大的选品原则是，从宽到细，也就是从泛选到精选，逐步锁定类目产品。

先泛选品，优先保证价格处于热销价格的中低水平，前期可以铺设产品线，重点产品重点上，非重点产品可以适当上。

再精选品，根据产品1~2个月的数据沉淀，经过数据分析，重点上表现好的产品。经过1~2个月的上新，店铺的产品结构会越来越清晰，这时就可以锁定某个或者某几个子类目的产品。

新手卖家在选品过程中需要注意以下几点。

1. 切忌心急气躁

不要急于打造爆款产品，要先打好基础。新手卖家需要先掌握速卖通的政策和后台操作方法，然后才能进入打造爆款产品部分。许多新手卖家在注册账号后便急于铺货甚至想着打造爆款产品，这是一种很急躁的表现。有些玩法是基于后台功能和平台政策制定的，因此在不知道具体操作的情况下发布产品是没有意义的，可能导致许多努力是徒劳的。

2. 远离侵权

在选品中，凡是涉及侵权要素的，一定要敬而远之。各大平台对于侵权行为都查得很严，惩处也重。若我们所选的产品涉及侵权，则很容易遭到侵权投诉。只要有人投诉侵权，平台方就会马上处理，轻则下架产品、扣分，重则关闭店铺。

3. 了解目标市场的习俗与禁忌

选品从来都不能只看单一方面的信息，新手卖家只有先对目标市场从习俗、禁忌等多个方面进行了解，才能确保选品正确，从而避免让自己踩到雷区。

例如，日本人视莲花为"轻贱"之花，并与亡灵产生联系，因此一般只在葬礼上使用；德国人非常忌讳菊花、蔷薇图案，因此针对德国人，不宜销售带有菊花、蔷薇图案的产品。

同步实训

实训 4.1　站内数据选品

实训目的

了解选品的重要性；掌握利用"数据纵横"工具进行数据选品的方法，为下一步的产品发布工作做好准备。

实训内容与步骤

（1）进入卖家后台，选择"数据纵横"→"行业情报"选项，进入"行业情报"界面。

（2）在界面左上角可切换展示文字。在"行业概况"模块中，以中文和英文对照浏览行业及产品类目，对平台可销售的产品类目有所了解，如图 4-58 所示。

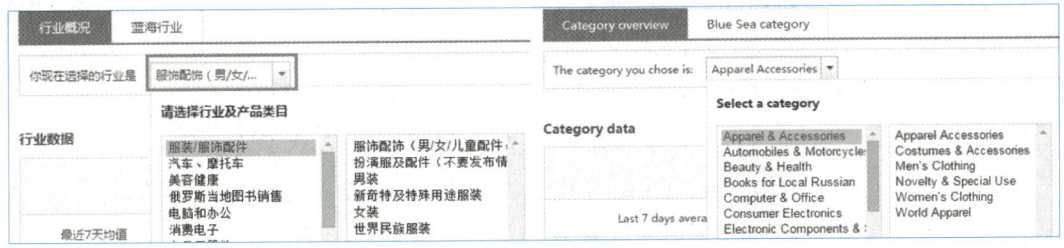

图 4-58　行业及产品类目

（3）选择 3 个不同的行业进行对比，分别从访客数占比、支付金额占比、浏览量占比、支付订单数占比和供需指数几个方面进行对比分析，找到合适的市场切入点，如图 4-59 所示。

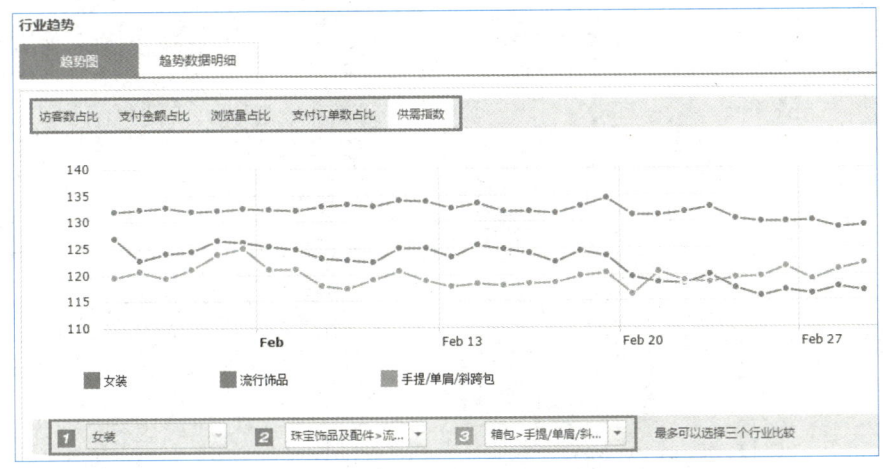

图 4-59　行业对比及数据分析

(4) 参考"行业情报"→"蓝海行业"中的数据。

(5) 通过行业对比和蓝海行业分析，确定两三个行业，并通过"选品专家"进行产品词分析。

① 分析热搜产品词。选择某一级行业，我们以服装/服饰配件为例，单击"下载最近30天原始数据"按钮，得到热销词表，如图4-60所示。

行业	国家	产品关键词	成交指数	浏览-支付转化率排名	竞争指数
服装/服饰配件	Global	babydolls	12777	35	0.87
服装/服饰配件	Global	baseball cap	33248	12	0.5
服装/服饰配件	Global	belt	20384	22	0.49
服装/服饰配件	Global	blazer	4330	46	0.48
服装/服饰配件	Global	blouse	96149	8	0.84
服装/服饰配件	Global	boxer	16859	11	0.59
服装/服饰配件	Global	bra	56208	5	0.45
服装/服饰配件	Global	brief	7911	28	0.55
服装/服饰配件	Global	bustiers	4447	43	0.79
服装/服饰配件	Global	casual shorts	6359	23	0.49

图4-60 热销词表

② 将热销词表中的数据由文本格式转换为数字格式，如图4-61所示。先对每列数据分别进行降序排序，标出排名靠前的产品词，如图4-62所示；再综合考虑，将每次排名都靠前的产品词找出来。这里介绍一个简便的方法：由于我们的目标是找到一个成交指数大、浏览-支付转化率排名靠前、竞争指数小的产品，因此可以设置一个选品指数：

选品指数=成交指数/浏览-支付转化率排名/竞争指数

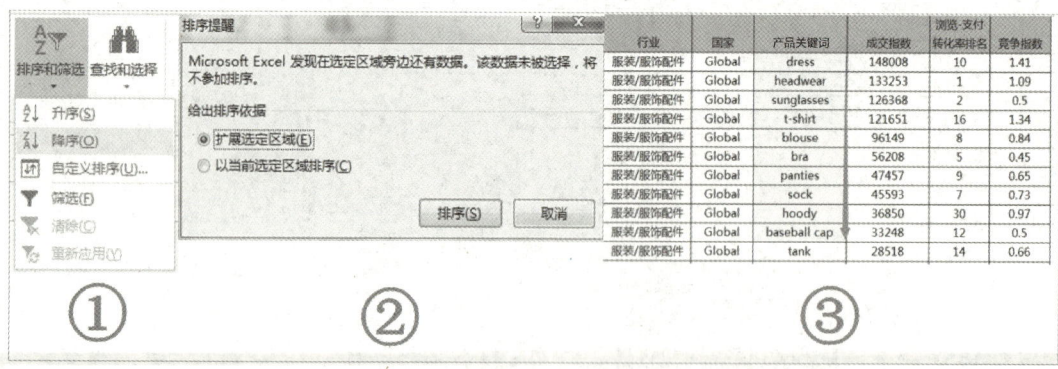

图4-61 进行格式转换

图4-62 对数据进行排序

再次进行降序排序，找出排名靠前的产品词，如图4-63所示。

项目 4　店铺日常管理与优化

行业	国家	产品关键词	成交指数	浏览-支付转化率排名	竞争指数	选品指数
服装/服饰配件	Global	sunglasses	126368	2	0.5	126368.00
服装/服饰配件	Global	headwear	133253	1	1.09	122250.46
服装/服饰配件	Global	bra	56208	5	0.45	24981.33
服装/服饰配件	Global	blouse	96149	8	0.84	14307.89
服装/服饰配件	Global	dress	148008	10	1.41	10497.02
服装/服饰配件	Global	sock	45593	7	0.73	8922.31
服装/服饰配件	Global	intimate accessory	9527	3	0.36	8821.30
服装/服饰配件	Global	panties	47457	9	0.65	8112.31
服装/服饰配件	Global	t-shirt	121651	16	1.34	5674.02
服装/服饰配件	Global	baseball cap	33248	12	0.5	5541.33
服装/服饰配件	Global	tights	12620	6	0.39	5393.16

图 4-63　通过选品指数找出排名靠前的产品词

③ 用同样的方法处理热搜数据。通过综合分析热销和热搜数据确定 Top 产品词，如图 4-64 所示。

热销					热搜					
产品关键词	成交指数	支付转化率	竞争指数	选品指数	产品关键词	搜索指数	搜索人气	浏览-支付转化率	竞争指数	选品指数
sunglasses	126368	2	0.5	126368.00	sunglasses	79591	30989	2	19.02	2092.30
headwear	133253	1	1.09	122250.46	sock	35928	15425	1	53.78	668.06
bra	56208	5	0.45	24981.33	dress	229886	100374	27	85.08	100.07
blouse	96149	8	0.84	14307.89	bra	30718	13928	11	45.61	61.23
dress	148008	10	1.41	10497.02	glasses	48090	21659	13	60.47	61.17
sock	45593	7	0.73	8922.31	shirt	182149	86902	19	262.08	36.58
intimate accessory	9527	3	0.36	8821.30	skirt	52376	24124	21	75.2	33.17
panties	47457	9	0.65	8112.31	glove	18174	9439	14	49.38	26.29
t-shirt	121651	16	1.34	5674.02	scarf	22276	9523	10	79.38	28.06
baseball cap	33248	12	0.5	5541.33	jacket	117445	59632	37	135.88	23.36

图 4-64　确定 Top 产品词

（6）通过"选品专家"分析产品的热销和热搜属性。

单击"下载最近 30 天原始数据"按钮。①将"成交指数"列的数据转换为数字格式；②选中表格；③单击"插入"→"数据透视图"按钮，在弹出的下拉列表中选择"数据透视图"选项；④选择数据区域；⑤设置"属性名""属性值""成交指数"为报表字段；⑥查看每个属性名下对应成交指数最大的属性值，如图 4-65 所示。

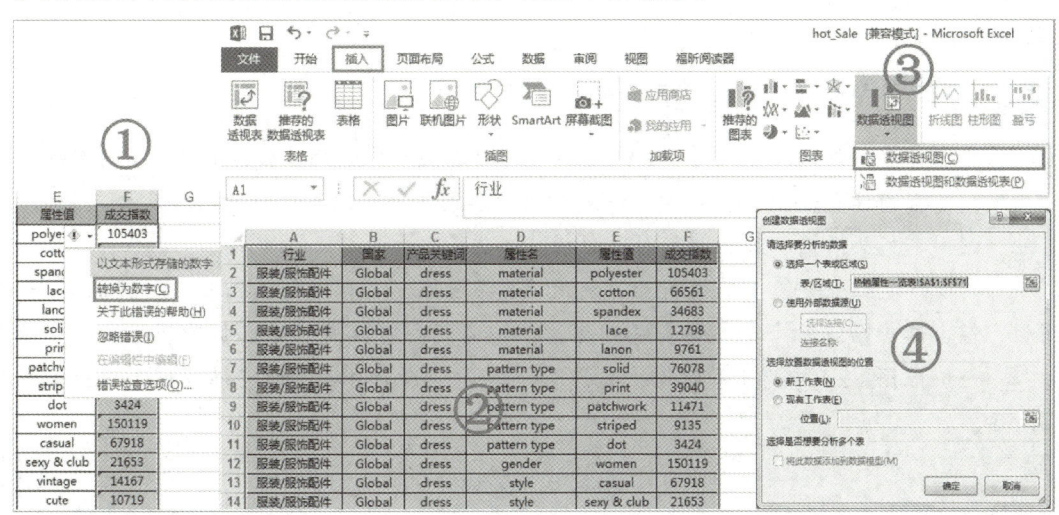

图 4-65　分析产品的热销和热搜属性

111

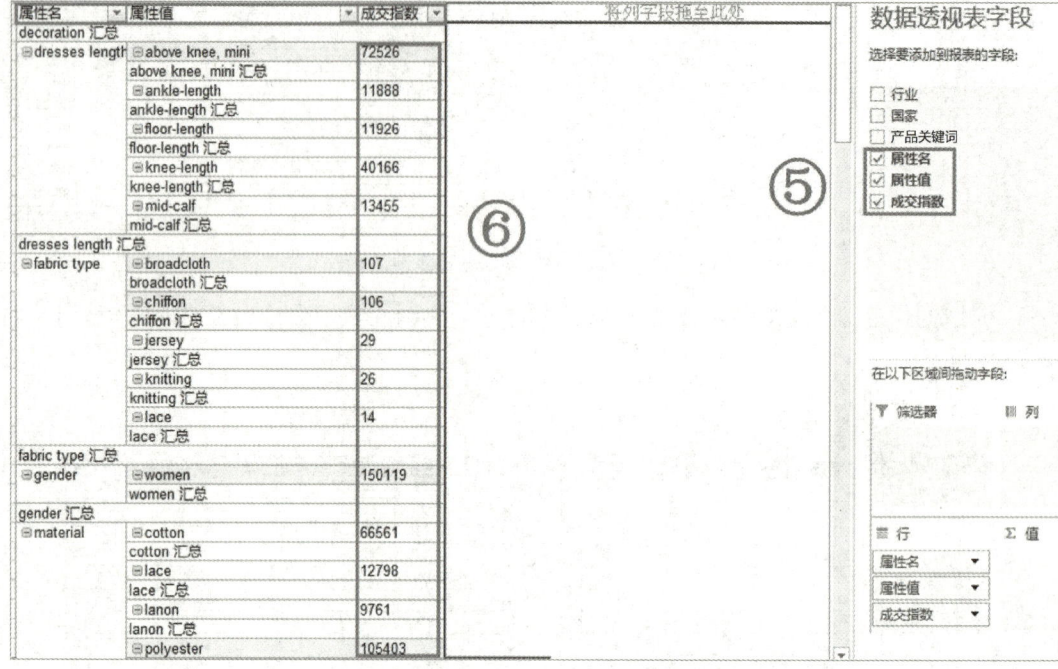

图 4-65 分析产品的热销和热搜属性（续）

  实训提示

    站内选品是在利用平台内部的数据进行选品，数据会随着季节、产品生命周期、买家需求和卖家供给的变化而发生变化，因此选品是一个持续的过程。卖家想运营好一个店铺，就必须持续开发新品，并淘汰无效产品。

思考与练习

    进行一次产品选品，以文字配截图的形式记录操作和分析过程，并回答下列问题。

    （1）当前速卖通平台有多少个一级行业？熟悉其英文名称，选择 3~5 个二级行业，利用"行业情报"工具进行对比分析。

    （2）确定一个一级或二级行业，利用"选品专家"工具进行热销和热搜产品词分析，综合选出 2 或 3 个产品词，并利用这些产品词去查找其热销和热搜属性。

    （3）根据（2）中得出的结论，选取 10 个符合条件的产品制作产品表格，如表 4-4 所示。

表 4-4 产品表格

图片	SKU	类目	产品标题	采购价	重量	运费	物流方式	总成本	采购链接

实训 4.2　产品分析与优化

实训目的

通过"数据纵横"工具分析和判断产品存在的问题，掌握对产品进行有针对性的优化的方法和技巧。

实训内容与步骤

（1）选择"数据纵横"→"商品分析"选项，在"商品效果排行"界面中下载店铺所有在线产品的相关数据，如图 4-66 所示。

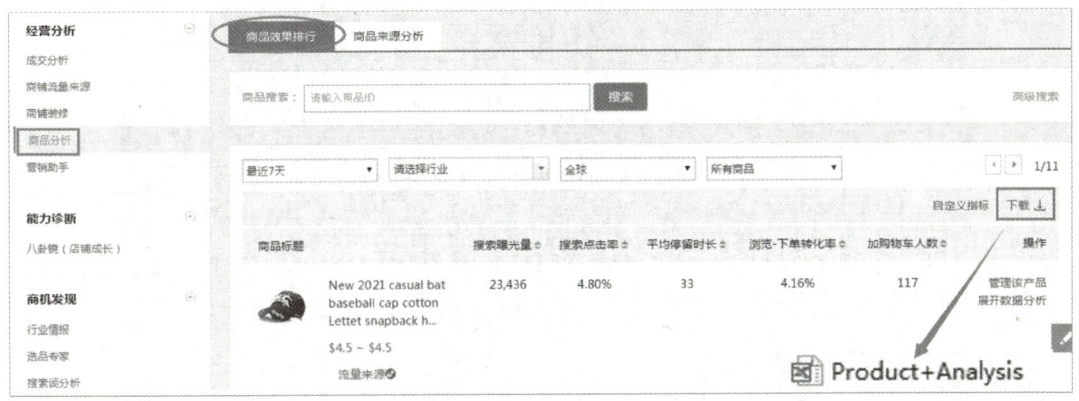

图 4-66　下载店铺所有在线产品的相关数据

（2）根据公式：支付金额=访客数（流量）×浏览-支付转化率×客单价；访客数（流量）=曝光量×点击率，得

支付金额=曝光量×点击率×浏览-支付转化率×客单价

卖家要想判断产品存在的问题，就可以从曝光量、点击率和浏览-支付转化率 3 个方面进行分析。

产品分析

① 打开产品数据表格（文件名为"Product+Analysis"），表格中有很多数据，其中，搜索曝光量和搜索点击率的数据可以从表格中直接得到，浏览-支付转化率=支付买家数/访客数×100%，支付买家数和访客数的数据也可以从表格中直接得到。新建一列数据"浏览-支付转化率"，如图 4-67 所示。

搜索曝光量	浏览量	访客数	浏览-下单转化率	搜索点击率	平均停留时长	加购物车次数	加购物车人数	加收藏次数	加收藏夹人数	下单买家数	下单订单数	支付买家数	浏览-支付转化率
31,953	2,763	1,778	2.87%	5.37%	27	217	117	59	57	51	53	46	=V2/L2
19,874	1,298	822	4.74%	3.84%	27	171	92	50	50	39	41	33	4.01%

图 4-67　新建"浏览-支付转化率"数据

② 筛选"搜索曝光量""搜索点击率""浏览-支付转化率"3 列数据，并复制到一个新的表格中。根据二八法则，我们要将有限的精力放在有潜力的产品上，删除"浏览-支付转

化率”为异常值和 0 的数据，如图 4-68 所示。

	A	B	C	D	E
1	产品ID	产品标题	搜索曝光量	搜索点击率	浏览-支付转化率
2	32,564,167,877	olo hats for men women	31,953	5.37%	2.59%
3	32,739,604,659	fashion brand 2016 new	19,874	3.84%	4.01%
4	32,691,490,589	New Arrivals Kpop Snap	9,705	6.55%	1.28%
86	32,750,734,423	PATEZIM Luxury Catey	122	4.90%	0.00%
87	32,695,205,383	2016 Harajuku style lett	117	0.00%	#DIV/0!
110	32,749,744,657	2016 New Vintage Roun	45	0.00%	#DIV/0!
111	32,686,924,577	New fashion men's Bas	45	0.00%	14.29%
112	32,692,368,722	SHINE Snapback Caps	44	6.25%	0.00%
113	32,750,734,082	PATEZIM'S Fashion Su	43	0.00%	#DIV/0!
114	32,693,384,892	2016 Rays Designer Wo	43	2.70%	0.00%
115	32,798,393,543	High quality brand Snap	42	0.00%	0.00%
116	32,749,760,985	PATEZIM Polarized Bra	39	0.00%	#DIV/0!

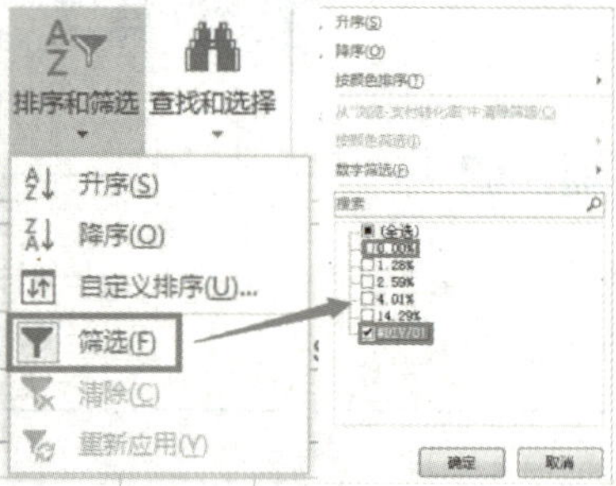

图 4-68　筛选和删除数据

③ 计算这 3 列数据的平均值，如图 4-69 所示。

产品ID	产品标题	搜索曝光量	搜索点击率	浏览-支付转化率
32,564,673,892	2016 New Men Colorful	2,069	8.42%	3.96%
32,718,704,189	Anti Social Social Club	1,954	4.46%	3.45%
32,693,017,416	2016 Fashion Metal Mu	1,397	5.25%	4.41%
32,735,600,116	2016 Summer New Coa	1,124	3.55%	5.26%
32,723,383,234	Golf Wang Cherry Bom	937	1.91%	4.00%
32,688,703,433	2016 new female brand	565	5.94%	3.77%
32,693,083,360	2016 new male / Femal	548	1.92%	5.56%
32,734,685,884	2016 New Bamboo Sun	537	3.75%	17.86%
32,698,992,382	2016 Fashion Sports Ba	520	1.61%	10.00%
32,735,710,468	2016 New Fashion Retr	517	6.35%	8.00%
32,692,528,897	6Style Swag Cayler Sor	495	12.63%	1.75%
32,799,075,729	New fashion superstar J	493	9.30%	2.44%
32,797,813,888	Summer$Autumn 2017	404	8.24%	7.69%
32,752,695,662	PATEZIM Cat Eye Riml	399	3.37%	6.67%
32,797,186,234	2017 new brand batman	388	1.95%	14.29%
32,717,757,712	2016 Hot new brand Go	320	3.64%	7.69%
32,734,653,497	2016 New Summer Styl	300	10.16%	3.75%
32,693,436,091	Aviator Sunglasses Mer	281	3.23%	4.55%
32,708,085,466	New Sun Golf Casquett	240	2.06%	20.00%
32,798,794,272	Heartbreak Embroidery	197	2.94%	14.29%
32,692,570,903	2016 fashion new Casqu	182	2.03%	20.00%
32,735,568,578	2016 Summer Style Ne	178	3.87%	10.00%
32,798,526,003	Good parrot embroidery	132	4.67%	12.50%
32,686,924,577	New fashion men's Bas			
	平均值	=AVERAGE(C2:C37)		
		AVERAGE(number1, [number		

产品ID	产品标题	搜索曝光量	搜索点击率	浏览-支付转化率
32,564,673,892	2016 New Men Colorful	2,069	8.42%	3.96%
32,718,704,189	Anti Social Social Club	1,954	4.46%	3.45%
32,693,017,416	2016 Fashion Metal Mu	1,397	5.25%	4.41%
32,735,600,116	2016 Summer New Coa	1,124	3.55%	5.26%
32,723,383,234	Golf Wang Cherry Bom	937	1.91%	4.00%
32,688,703,433	2016 new female brand	565	5.94%	3.77%
32,693,083,360	2016 new male / Femal	548	1.92%	5.66%
32,734,685,884	2016 New Bamboo Sun	537	3.75%	17.86%
32,698,992,382	2016 Fashion Sports Ba	520	1.61%	10.00%
32,735,710,468	2016 New Fashion Retr	517	6.35%	8.00%
32,692,528,897	6Style Swag Cayler Sor	495	12.63%	1.75%
32,799,075,729	New fashion superstar J	493	9.30%	2.44%
32,797,813,888	Summer$Autumn 2017	404	8.24%	7.69%
32,752,695,662	PATEZIM Cat Eye Riml	399	3.37%	6.67%
32,797,186,234	2017 new brand batman	388	1.95%	14.29%
32,717,757,712	2016 Hot new brand Gol	320	3.64%	7.69%
32,734,653,497	2016 New Summer Styl	300	10.16%	3.75%
32,693,436,091	Aviator Sunglasses Mer	281	3.23%	4.55%
32,708,085,466	New Sun Golf Casquett	240	2.06%	20.00%
32,798,794,272	Heartbreak Embroidery	197	2.94%	14.29%
32,692,570,903	2016 fashion new Casqu	182	2.03%	20.00%
32,735,568,578	2016 Summer Style Ne	178	3.87%	10.00%
32,798,526,003	Good parrot embroidery	132	4.67%	12.50%
32,686,924,577	New fashion men's Bas	45	0.00%	14.29%
	平均值	2,931	4.95%	6.93%

图 4-69　计算 3 列数据的平均值

（3）新增 3 列，设置条件格式=if（该产品数据>所有产品均值数据，“高”，“低”），以图 4-70 为例，单元格 D30 中的数据为某产品的搜索点击率，单元格 D38 中的数据为所有产品的平均搜索点击率，若 D30>D38，则显示“高”，相反则显示“低”。

产品ID	产品标题	搜索曝光量	搜索点击率	浏览-支付转化率	搜索曝光量	搜索点击率	浏览-支付转化率
32,735,710,468	2016 New Fashion Retr	517	6.35%	8.00%	低	高	高
32,692,528,897	6Style Swag Cayler Sor	495	12.63%	1.75%	低	高	低
32,799,075,729	New fashion superstar J	493	9.30%	2.44%	低	高	低
32,797,813,888	Summer$Autumn 2017	404	8.24%	7.69%	低	高	高
32,752,695,662	PATEZIM Cat Eye Riml	399	3.37%	6.67%	低	低	低
32,797,186,234	2017 new brand batman	388	1.95%	14.29%	低	低	高
32,717,757,712	2016 Hot new brand Gol	320	3.64%	7.69%	低	低	高
32,734,653,497	2016 New Summer Styl	300	10.16%	3.75%	=IF(D30>D38,"高","低")		
32,693,436,091	Aviator Sunglasses Mer	281	3.23%	4.55%	IF(logical_test, [value_if_true		
32,708,085,466	New Sun Golf Casquett	240	2.06%	20.00%	低	低	高
32,798,794,272	Heartbreak Embroidery	197	2.94%	14.29%	低	低	高
32,692,570,903	2016 fashion new Casqu	182	2.03%	20.00%	低	低	高
32,735,568,578	2016 Summer Style Ne	178	3.87%	10.00%	低	低	高
32,798,526,003	Good parrot embroidery	132	4.67%	12.50%	低	低	高
32,686,924,577	New fashion men's Bas	45	0.00%	14.29%	低	低	高
	平均值	2,931	4.95%	6.93%			

图 4-70　条件格式

（4）查看产品在搜索曝光量、搜索点击率和浏览-支付转化率方面存在的问题，根据4.2.3 节中介绍的产品优化方法进行产品优化。

在利用"数据纵横"下载的 Excel 表格中，数据最初都以文本格式被存储，卖家需要进行格式转化。在分析和处理数据之前，卖家要搞清各个数据指标的含义，以免出错。Excel自带的公式可用于进行数据统计和分析，卖家平时应注意学习和掌握 Excel常用的基本公式。

针对实训 4.2 中给出的数据表格，回答下列问题。
（1）筛选表格中值得优化的产品，找出产品的问题。
（2）根据 4.2.3 节中介绍的产品优化方法，进行产品标题优化、产品主图优化和产品详情优化。

速卖通后台的功能非常强大，卖家可以在"产品管理"模块中发布与管理产品；在"交易"模块中查看和处理处于不同状态的订单（包括等待卖家发货的订单、买家申请取消的订单、有纠纷的订单、有未读留言的订单、等待卖家验款的订单、等待卖家留评的订单、等待放款的订单、等待买家付款的订单、等待买家确认收货的订单），进行线上发货、物流管理、资金账户管理、退税、交易评价；在"店铺表现"与"商铺管理"模块中查看店铺与产品表现，进行店铺装修与管理；在"数据纵横"模块中进行数据分析，为选品、产品与店铺优化提供依据；在"经营表现"模块中查看与处理店铺的违规处罚情况。

本项目的重点内容是数据化选品、产品与店铺数据分析、产品与店铺优化。卖家可以在"数据纵横"模块中得到行业数据、店铺数据和产品数据并加以分析利用。卖家首先要弄清各种数据的含义与关系；然后要分析出数据背后所反映的问题，通过问题定位指导优化操作；最后要通过数据验证操作的结果。

同步测试答案

1. 单项选择题
（1）不需要卖家跟进处理的是（　　）。
    A．等待卖家发货的订单
    B．有纠纷的订单
    C．等待买家确认收货订单
    D．买家申请取消的订单

(2) 请给以下行为排序（　　）。
① 买家确认收货且平台查询物流妥投。
② 卖家发货。
③ 款项到速卖通的第三方担保账户。
④ 平台为卖家放款。
⑤ 买家拍下产品并付款。
  A．⑤③④②①   B．③④⑤①②
  C．⑤③②①④   D．①②③④⑤
(3) 可以看到店铺 24 小时数据情况的功能是"（　　）"。
  A．行业情报 B．商铺概况 C．商品分析 D．实时风暴
(4) "数据纵横"中的"（　　）"不属于商机发现。
  A．实时风暴 B．搜索词分析 C．选品专家 D．行业情报
(5) "行业情报"中的数据不可以选择的时间段是（　　）。
  A．7 天   B．30 天   C．90 天   D．45 天

2．多项选择题

(1) "行业情报"通过（　　）分析行业。
  A．供需指数   B．访客数占比
  C．浏览量占比   D．成交额占比
(2) 在"选品专家"中，卖家可以从（　　）维度进行筛选。
  A．时间   B．行业   C．国家   D．关键词
(3) 选品和定价应该关注的数据有（　　）。
  A．通过买家地域数据指标分析买家来自哪些国家，不同国家的买家需求如何
  B．"数据纵横"中的"行业情报"可以帮助卖家选择产品线及这个产品线的行业趋势，具体需关注上架产品数、竞争力、成交率等
  C．通过商铺分析查询自己店铺的流量数据，关注热卖产品
  D．通过"数据纵横"→"选品专家"关注买家使用了什么搜索词、搜索次数、成交价及目标市场的零售价来进行选品和定价
(4) 在搜索词分析中可以看到（　　）的分析。
  A．飙升词   B．蓝海词   C．热搜词   D．零少词
(5) 对于单个产品，可以从（　　）维度进行数据分析。
  A．访客行为分析   B．成交分析
  C．转化分析   D．流量来源

3．分析题

(1) 影响产品排名（搜索排序）的因素有哪些？
(2) 产品标题由几个部分组成？如何优化产品标题？

项目 5

跨境店铺营销推广

项目重点和难点

店铺促销活动的设置；店铺促销活动方案的设计；直通车推广；联盟营销推广；社交媒体推广。

素养目标

提升意识形态能力，做好社交媒体推广；培养助力中国品牌出海的大局意识。

项目导图

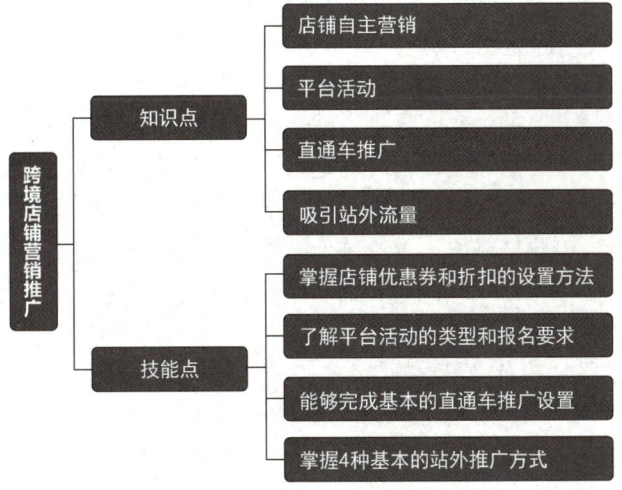

引例

网红营销成为速卖通主要的推广渠道之一。网红营销不仅可以提高曝光度，还能建立口碑，甚至可以在操作得当的情况下打造爆款产品。目前，在速卖通卖家中，已有先行者开始使用海外网红资源。

例如，耳机品牌 Bluedio 在进军海外市场时，就意识到了网红营销的重要性。Bluedio

总结网红营销的优势在于，通过网红风格与产品调性的匹配，可以触达有同样爱好的粉丝，会使投放更精准。同时，只有做好网红引流的"着陆"准备，才能取得好的效果。

ILIFE 于 2018 年 2 月启动海外网红营销，招募 Youtube 网红对扫地机器人的使用进行开箱视频演示，让网红对产品的功能进行详细介绍。网红同时会结合家中打扫的场景，讲解扫地机器人对提高生活便利度和家居环境整洁度的贡献。

随着"一带一路"倡议的提出，越来越多的卖家走向海外。海外的 Top15 社交平台拥有约 50 亿个用户，用户盘子巨大。谷歌、Meta 的竞价投放的单价水涨船高，网红投放在欧美地区的产业链较为成熟，成为速卖通和卖家正在挖掘的重要流量阵地。

> **引例分析**
>
> 2018 年，速卖通的海外买家累计突破 1.5 亿个，速卖通的用户已遍及全球 220 多个国家和地区。一个跨境电商平台要多元化才能吸引更多用户。对于中小型品牌，速卖通会用技术化、社交化等方法帮助其吸引更多的精准用户。本项目主要介绍跨境店铺站内、站外推广的方法和渠道。

任务 5.1　店铺自主营销

5.1.1　选择店铺促销活动的时机

一个店铺在运营中离不开促销活动。促销活动，顾名思义，就是为了促进某种产品的销售而进行的降价或赠送礼品的活动。这种方法能在短期内达到促进销售、提升业绩、增加收益、提高竞争力的效果。店铺开展促销活动是为了促使那些对店铺产品有购买意向的买家提交订单，从而提升销量。当然，店铺不可能一年 365 天每天都开展活动，这样就不是促销了，所以活动也不是越久、越频繁越好。无论是什么样的活动，都要有一个度，一旦超过了这个度，买家就会认为卖家不诚信，降低对店铺的印象分，这对卖家来说是不利的。

1. 开展促销活动的核心价值

开展促销活动的核心价值有哪些呢？

（1）推广产品，吸引买家，增加人气。无论什么行业，在推出新产品或清理库存时，都会做一些活动来增加人气。例如，小米公司在还没有正式销售小米手机之前，通过提前宣传及其特有的出售方式，激发了很多人的兴趣和购买欲望。在一些清仓活动中，卖家会以比平时低得多的价格出售产品，可能有些买家并不需要这个产品，但产品的"人气"或者优惠力度让买家产生了购买的冲动，所以卖家愿意开展多种多样的促销活动，以销售出更多产品。

（2）争夺市场，提高竞争力。如今，各个行业的竞争都很激烈，卖家要想在一个行业中立于不败之地，并且越走越远，就需要运用多种促销手段来提高自己店铺的竞争力。有规划、有吸引力的活动可以提高一个品牌在买家心目中的形象，只有占领了更多买家的心智,卖家的产品才会有更大的销量。

2. 把握促销的方式和时间

促销活动有很多优势,也有"雷区",有的店铺开展一次促销活动就把自己苦心经营了很久的产品做"死"了,这是很遗憾的。开展促销活动应该把握准确的方式和时间。

(1)新颖的促销方式。很多卖家会跟风开展促销活动,看到有人参加了Super Deal活动、赠送小礼品效果不错,自己也那样做。一两个卖家那样做尚可,当整个行业的所有卖家都那样做的时候,那种促销方式就失去了优势,所以开展促销活动切忌跟风。

(2)选择合适的促销时间。开展促销活动不要没有选择性、盲目地去做,要针对不同时间和人群做不同的促销策划。例如,卖文具的店铺会在学生开学或者考试时推出优惠活动;一些卖小型家电、女士护肤类产品的店铺会在妇女节、情人节推出优惠活动;一些店铺利用反季清仓来销售产品。因此,卖家在开展促销活动时要把握好时间。

3. 合理设置促销的次数、时长和间隔

开展促销活动要考虑人群、时间等因素。虽然开展促销活动的好处很多,但并不是开展促销活动的次数越多越好。频繁地开展促销活动会让买家认为卖家的产品根本没有多少折扣,如卖家今天推出限时限量折扣活动,但买家一看价格和以前的活动价格相差无几,而且该产品基本上每天都会有活动,买家不知道明天的活动价格会不会比今天的更低,这样反而会使买家犹豫不决,从而减小销量。

促销活动之所以会带来较高的转化率和较大的销量,也和活动的力度及促销时间密切相关。例如,买家想购买一件皮衣,之前价格一直非常高,而在开展促销活动时打5折,这肯定会促使之前心仪该产品的买家产生购买欲望。这样的促销活动,一天的效果远比一个月的效果好。

4. 抓住海外节日商机

节假日营销是非常时期的营销活动,是有别于常规性营销的特殊活动,往往呈现出集中性、突发性、反常规性和规模性的特点。它要求店铺营销策略制定者果断、创新、迅速、准确,借"节"而发,顺"节"而上,出奇制胜,一炮打响。因此,卖家在制订一个完整、有效的节日营销活动计划之前,必须做到知己知彼。国外主要节日习俗和热销产品情况如表5-1所示。

表5-1 国外主要节日习俗和热销产品情况

节日名称	国家	时间	习俗	热销产品
圣诞节（Christmas）	以西方国家为主	12月25日	西方的传统节日,以红、绿、白三色为圣诞色,相当于中国的新年。在圣诞节,家家户户都要用圣诞元素装扮房间和花园,孩子们会在这一天收到圣诞礼物	圣诞树及装饰品、派对用品、卡片、彩灯、蜡烛等
情人节（Valentine's Day）	全球	2月14日	情侣或夫妻双方互送礼物	珠宝、糖果、各式礼品、健康和美容产品
白色情人节（White Day）	日本、韩国	3月14日	在这些国家,白色情人节与2月14日的情人节不同。一般来说,在2月14日是女方送男方礼物,而在3月14日则是男方送女方礼物,所以2月14日和3月14日热销的礼物也会略有不同	奢侈品、巧克力和糖果等

续表

节日名称	国家	时间	习 俗	热销产品
母亲节 （Mother's Day）	全球	5月的第二个星期日	母亲节的日期在不同地区会略有不同。总体而言，母亲节也是一个世界性的节日	珠宝、糖果、各式礼品
排灯节 （Diwali）	印度	每年印度旧历的最后一天	印度教、锡克教和耆那教的重要节日，也是世界上广泛庆祝的节日之一。印度、尼泊尔、美国、英国和加拿大的电商市场都会受到排灯节的影响	蜡烛、烛台、珠宝、电子产品、糖果
黑色星期五 （Black Friday）	美国	11月的第四个星期五	最早流行于美国，后来在全世界蔓延开来。目前，黑色星期五主要还是商店打折的狂欢，网购消费规模还不算大，但正以每年20%~30%的速度迅速增长	电子产品、生活消费品和时尚类产品
光明节 （Chanukah）	美国、加拿大、西欧等国家	基斯流月（犹太历）25日，延续8天	这是一个犹太教的节日。在这一天，犹太人会点燃九枝灯台并向儿童赠送礼物	儿童礼品、灯台、蜡烛

通过参考速卖通往年的中、大型营销活动日历，卖家可以知晓何时应该开展何种营销活动：一方面可以积极申报平台活动；另一方面，若未能参加平台活动，则可以在适当时机积极开展自主营销活动。

 想一想

> 一个新店铺的数据表现往往不尽如人意，基本没有申报平台活动的机会，所以卖家平时可以不用关注此类活动。这种说法正确吗？

5.1.2 设计店铺的促销活动方案

1. 定位促销活动的类型

速卖通营销可谓多种多样，无论是新客户的开发还是老客户的营销，都需要巧用商务谈判技巧。当然，对待客户应像对待朋友一样，从对方的角度出发，达到双赢的效果。每次的活动策划都应是经过精心准备的，而不能是拍脑袋想出来的。如何精准把握客户、细分客户市场，是卖家在引导客户消费之前要做好的准备工作。在设计店铺的促销活动方案之前，卖家先要对促销活动做好定位，这里将店铺的促销活动分成以下两种类型。

1）新客户开发类活动

卖家都希望订单可以稳定增长，但在现实中，大多数卖家都是在等待客户购买，却没有努力地寻找客户。因此，卖家需要进行换位思考：假如自己是客户，自己一般会怎么做？

在开发新客户之前，卖家要做到知己知彼，了解自己的定位，而不是盲目地投放产品。以服装为例，精准的市场细分定位会为店铺的发展减少很多麻烦。那么，在做好准备之后，卖家该如何寻找客户呢？卖家需要站在客户的角度，亲自体验购物过程，思考客户搜索的关键词，以及产品的款式、图片、折扣等问题，以便更好地了解购买该类产品的客户的行为习惯。

另外，卖家还需要每天关注速卖通首页，了解最新资讯，及时把握市场变化和客户需求。

2）老客户营销类活动

众所周知，一个新客户的开发成本要大于一个老客户的维护成本。因此，对老客户进行营销是非常重要的。卖家可以从营销活动的历史客户统计与营销数据中看到老客户的消费记录，从而了解老客户的消费习惯，进而更好地维系与老客户的关系。

对老客户进行营销的主要目的是进行二次销售、推广新品及清理库存。因此，卖家可以在客户生日或者平台活动时，抓住时机，进行营销。

下面给出一些对老客户进行营销的建议。

（1）邮件营销非常重要，笔者建议给老客户发送营销邮件的频率为 7 天左右，不要让老客户忘记你，要多与老客户互动，保持良好的沟通。

（2）给老客户意外的惊喜，如向老客户的孩子送小礼品，从而让客户更为忠诚。

（3）参加平台活动，让老客户感觉到你的产品受到平台青睐，同时可以有针对性地开展活动。

（4）建立客户档案，分析客户的购物习惯。

2. 设计促销活动策划执行单

促销活动策划执行单范例如图 5-1 所示。

XX 促销活动策划执行单					
活动开始时间	美国时间			中国时间	
活动结束时间	美国时间			中国时间	
活动主题					
活动目的					
SWOT 分析					
内部优势					
内部劣势（单品或全店）					
外部机遇（大盘走势）					
外部挑战（对手举措）					
参加活动的产品名	现售价	SKU	活动数量	库存	出仓成本
活动类型		是否开	具体内容		准备工作
自主营销	单品折扣				
	满减活动				
	搭配活动				
	店铺优惠券				

图 5-1 促销活动策划执行单范例

活动海报文案		
库存的准备		
人员准备		
全店装修配合		
站内外配合	俄罗斯站 SNS	
	巴西站 SNS	
	联盟配合	
	直通车配合	
	站内信群发	
	国际 TradeManager 群	
活动预算		
预计效果		
策划人		
执行团队		
活动考核及奖励		
公司领导批示		

图 5-1 促销活动策划执行单范例（续）

3. 典型的促销活动方案

卖家需要结合实际、勇于尝试、善于总结，才能让促销活动方案有创意和可行性。下面给出一些典型的促销活动方案，供卖家参考。

（1）价格——永远的促销利器。

① 制造紧迫感，让客户蜂拥而至。

例如，在 10 分钟内所有产品都打 1 折。虽然客户抢购的产品是有限的，但客流可以带来无限商机。

② 超值 1 元——舍小取大的促销策略。

例如，将几款价值 10 元以上的产品以 1 元的价格参加促销。在这种情况下，客户为了凑单包邮往往会多买一些产品，虽然这几款产品看起来是亏本的，但它们吸引了客户，以连带方式产生销量，结果是利润反增不减。

③ 临界价格——尾数经济。

例如，将 10 元的价格改为 9.9 元，这是普遍的促销活动方案。

④ 降价加打折——给客户双重优惠。

例如，满 100 元可减 10 元，并且还可以额外享受 8 折的优惠。100 元若打 6 折，则利润减少 40 元；而满 100 元减 10 元再打 8 折，利润只减少 28 元，但双重优惠会诱使更多客户购买。

⑤ 账款规整——让客户看到诚意。

例如，55.60 元只收 55 元。虽然看起来"大方"了些，但比打折方式的利润多。

⑥ 多买多送——变相折扣。

注意：搭配赠送的产品最好是客户需要的。例如，对于购买连衣裙的客户，卖家可以向其赠送配饰；对于购买手机的客户，卖家可以向其赠送手机膜、手机壳或防尘塞。赠品宜选择价格不高、质量好且实用的产品。卖家可将赠品的价格适当地加在主产品的售价中。

⑦ 组合销售——一次性的优惠。

例如，将同等属性的产品进行组合销售，以增加利润。

⑧ 加量不加价——给客户更多实惠。

加量不加价一定要让客户看到真正的实惠。

（2）客户——以人为本的促销艺术。

① 按照人群画像，在细分人群后精准地与其对话。

② 档案管理——让客户为之感动。

（3）广告——引起轰动的促销捷径。

① 现场效应——在现场为自己做广告。

例如，针对羽绒产品，卖家可以拆开产品让客户看里面羽绒的质量；针对要体现厚度或者内部材质的产品，卖家可以用切割机将产品切开，让客户看横截面的图片，以提高描述的可信度。

② 对比效应——让客户看到实际效果。

例如，多用对比图来展示产品的实际效果和优势。

③ 夸张效应——吸引客户的眼球。

例如，将防水产品放在水里拍摄照片或视频，这样既可以展示产品的质量，又能抓住客户的好奇心。

④ 巧用证人——真正的活广告。

卖家可以鼓励客户发布买家秀的图片或视频，并集中在产品详情页或者首页分享给新客户。

⑤ 破坏效应——让客户放心。

例如，用压路机碾压床垫，以证明其质量可靠。

（4）节假日——黄金时间的捞"金"技巧。

（5）制造活动主题——无中生有的促销"魔法"。

① 大派"红包"——见者有份的促销策略。

② 积分优待——真情回馈老客户。

③ 自助销售——招揽更多的新客户。

例如，在店庆时任选3件固定金额的产品作为促销产品。

（6）服务——锁定客户的促销方式。

✓ 5.1.3　设置店铺促销活动

速卖通优惠券设置

1. 店铺优惠券活动

1）店铺优惠券的种类

店铺优惠券的种类如图5-2所示。

2）店铺优惠券的创建

（1）登录速卖通账号，选择"营销活动"→"店铺活动"→"店铺优惠券"选项，如图5-3所示。店铺每月可开展5个活动，活动的开始和结束时间必须在同一个月内。店铺可以提前创建下一个月的活动。

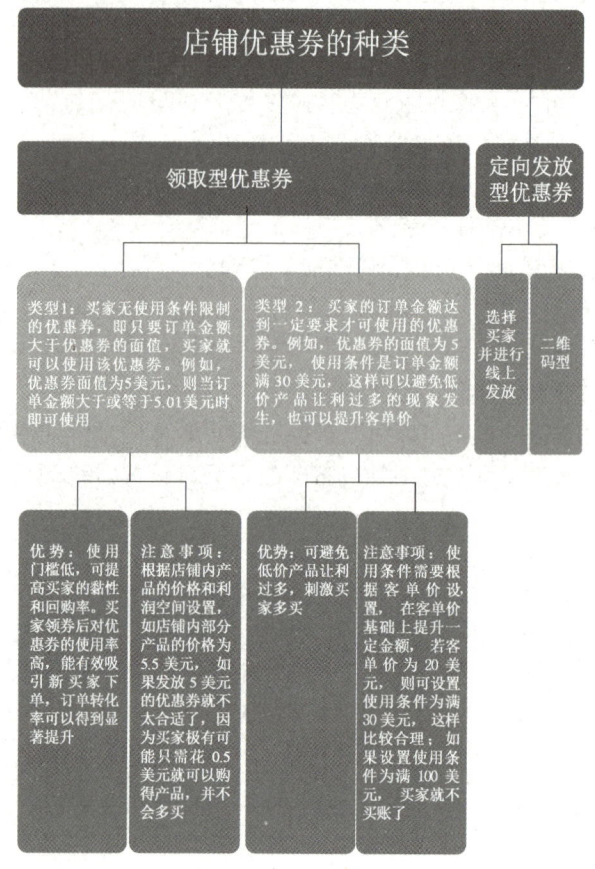

图 5-2　店铺优惠券的种类

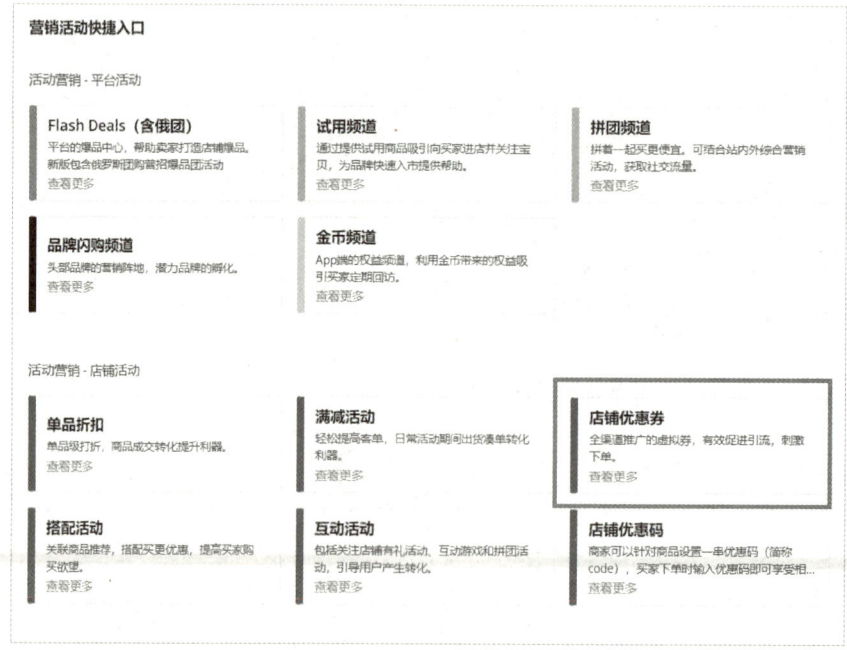

图 5-3　"店铺优惠券"选项

注意：请提前 48 小时创建活动，在活动开始前可关闭活动，在活动开始后则无法修改和关闭活动。

（2）填写活动的基本信息。活动的开始和结束时间表示买家可领取店铺优惠券的时间，买家可使用该优惠券的时间在店铺优惠券使用规则设置——有效期中设置。例如，活动时间为 11 月 13—20 日，有效期为 7 天，买家在 11 月 20 日领取了店铺优惠券，领用后可立即使用，最晚使用日期为 11 月 26 日。

（3）店铺优惠券领取规则设置及店铺优惠券的设置效果如图 5-4 和图 5-5 所示。

图 5-4　店铺优惠券领取规则设置

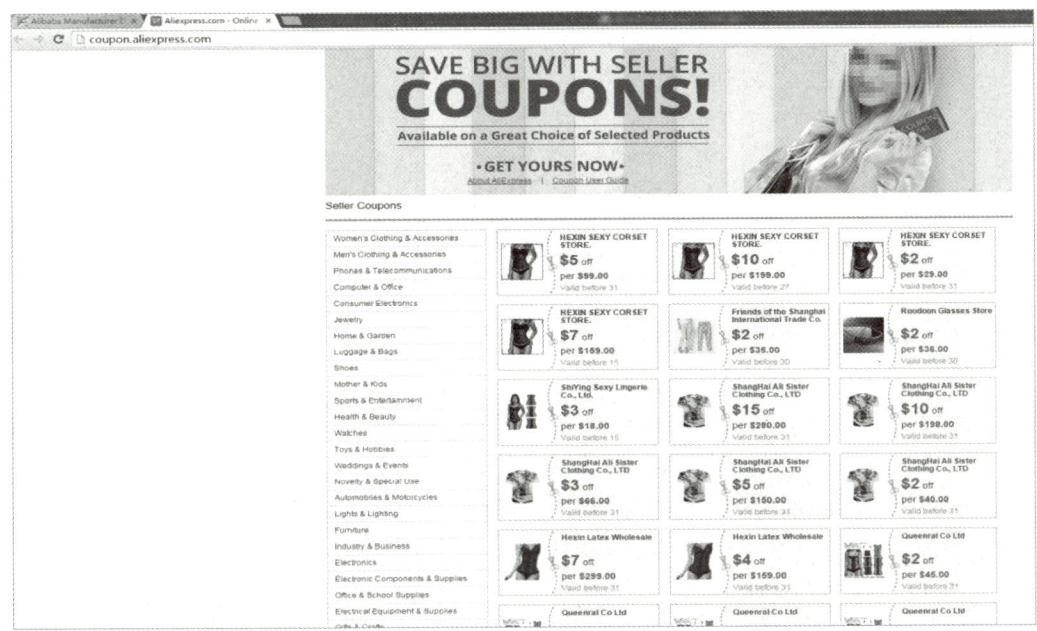

图 5-5　店铺优惠券的设置效果

3）店铺优惠券的相关技巧

下面介绍几个实用的店铺优惠券的相关技巧。

（1）一个店铺最多可同时支持5个店铺优惠券活动。

① 对于无使用条件的店铺优惠券，卖家可根据自身的承受范围进行设置，金额越大越容易刺激买家下单。

② 有使用条件的店铺优惠券，优惠金额在5美元以上才对买家有吸引力。

（2）店铺优惠券有效期的设置。

① 店铺优惠券的有效期不宜过长或者过短，一般7～30天比较合适。

② 有效期过长的店铺优惠券，很难刺激买家尽快使用，极有可能被买家遗忘。

③ 有效期过短（1天），除非是故意刺激买家当天消费，否则买家极有可能还没选中店铺中的产品，店铺优惠券就已过期，这样店铺优惠券就失去提升订单量的作用了。

（3）店铺优惠券活动对买家展示。

① 在店铺优惠券生效后，买家可领取的地址为店铺的"Sale Items"菜单。店铺优惠券一旦生效，卖家就应立刻将链接地址发给老买家，让老买家最先抢到店铺优惠券。

② 让买家在浏览产品详情页时看到优惠信息，可刺激买家下单。

 想一想

优惠券的面值应该怎样设置？

2. 店铺满减活动

1）店铺满减活动的创建

（1）登录速卖通账号，选择"营销活动"→"店铺活动"→"满减活动"选项，单击"创建"按钮，如图5-6所示。

全店满减设置实操

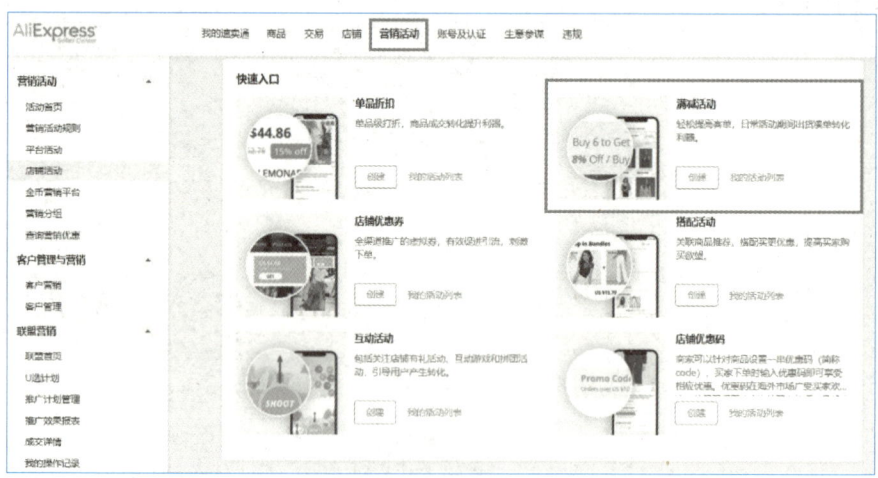

图5-6　创建店铺满减活动

（2）填写活动基本的信息，应注意：时间不能跨月，并且需要提前48小时创建活动，如图5-7所示。

（3）填写促销规则，应注意：折扣和满减的优惠是可以叠加的，在设置时一定要考虑折上折时的利润问题,如图 5-8 所示。

图 5-7 填写活动的基本信息

图 5-8 填写促销规则

注意:当活动处于"等待展示"和"展示中"状态时,活动不能被修改。活动在开始前的 24 小时将处于"等待展示"阶段。与折扣产品不同,满减活动中的产品仍然可以被编辑。

2）满减活动的设置技巧

（1）技巧1：如何设置满减规则？

① 满 X 元减 Y 元的规则，不是由卖家拍脑袋设置的，也不是跟随别人设置的，而是卖家根据自己产品的特征和交易情况设置的。

② 有交易的卖家，可以在店铺的客单价基础上提升20%～50%来设置满减金额，如客单价是80美元，那么优惠条件可以被设置为满100美元减 Y 美元，Y 美元占总金额的10%～20%比较容易吸引买家，所以此例中的满减规则可以设置为满100美元减10美元。

（2）技巧2：如何计算客单价？

① 以近30天为例，客单价=近30天的总支付成功金额/近30天的购买人次。

② 简单算法：可以将平均订单金额看成客单价，平均订单金额=支付成功订单总金额/支付成功订单数。

③ 暂时没有交易的卖家，可以根据自身的产品定价，预估买家的可能购买金额，也可以参考平台各大行业的平均客单价。

（3）技巧3：为了让买家买账，需要做哪些事情？

① 计算自己的客单价，设置合理的促销规则。如果客单价是80美元，那么设置成满100美元或120美元减 Y 美元都是合理的，但是如果设置成满300美元减 Y 美元，就没人买账了。

② 优化自己的产品报价和产品品类，设置不同的搭配组合。产品定价是有学问的，如果卖家设置的规则是满100美元减10美元，而店里的产品价格都在80美元左右，那么可以适当增加价格为20～40美元的低价产品，如服装配饰、手机壳等配件。

③ 巧妙利用插入关联产品，让想要享受优惠的买家快速找到搭配产品。例如，在手机的详情页中插入数据线、耳机、手机壳等关联产品。

特别提醒：

① 满减活动是针对全店铺所有产品的，已经参加折扣活动的产品，会以折扣价格被计入满减规则中。因此，卖家在同时使用打折工具和满减工具时，一定要提前计算好自己的利润。

② 如果买家购买多个产品，那么必须使用购物车合并下单，才能享受优惠。满减的规则是按照订单来实现的。例如，今天买家A在你的店铺里下了3个订单，3个订单加起来符合满减规则，但是系统不会自动减价，因为必须是同一个订单。虽然满减活动会在卖家店铺、详细描述中有明显的提醒，但是如果遇到买家咨询，那么卖家应主动引导买家使用购物车下单。

③ 一个订单只能使用一张优惠券。

3. 单品折扣活动

1）单品折扣活动的创建

（1）登录速卖通账号，选择"营销活动"→"店铺活动"→"单品折扣"选项，单击"创建"按钮，即可创建单品折扣活动。

（2）填写活动的基本信息。

（3）填写促销规则。

特别提醒：

① 活动名称不能超过32个字符，只供查看，不展示在买家端。

② 活动起止时间为美国太平洋时间。在活动设置的时间开始后，活动即时生效（请注意，若在设置过程中到活动开始时间，则活动即开始）。

③ 单个活动支持最多设置 10 万个产品。

④ 支持同一活动中不同产品的个性化设置，即支持单个产品设置粉丝/新人专享价，参与某一次单品折扣活动的所有产品，均可按产品营销的需要进行个性化设置。

2）单品折扣活动的设置技巧

效果 1：不限时长与次数。

技巧 1：取消每月限制的活动时长和活动次数，单个活动最长支持设置 180 天。

效果 2：活动在进行中可暂停。

技巧 2：允许活动在进行中暂停（适用于因活动设置错误而快速止损）。

效果 3：产品所有信息可编辑。

技巧 3：取消锁定产品编辑及运费模板，在编辑后可实时同步到买家前台（仅针对参加单品折扣活动的产品生效）；在活动进行中允许新增/删除产品（无须暂停活动即可操作），以及编辑折扣，且实时生效。

特别提醒：

① 单品折扣活动目前不需要提前设置，也不需要锁定，只要到卖家设置的活动开始时间，活动就会生效。

② 速卖通目前支持将一个产品设置在多个分组内。例如，卖家可以设置一个 40%OFF 分组供日常使用，再设置一个 50%OFF 分组供大促使用。需要注意的是，若同一个产品在不同分组被添加至同一个活动中，则按照后添加的分组设置的折扣生效。

4．店铺优惠码

1）店铺优惠码的创建方法

（1）登录速卖通账号，选择"营销活动"→"店铺活动"→"店铺优惠码"选项，单击"创建"按钮，进入店铺优惠码创建页面，如图 5-9 所示。

限时限量折扣设置实操

图 5-9 店铺优惠码创建页面

（2）活动开始时间为美国太平洋时间，打折产品最晚可在 12 小时后被展示给买家。

（3）生成店铺优惠码的方式有两种：自定义或随机生成。一般来说，店铺优惠码含有字母和数字，随机生成比较方便。

（4）店铺优惠码可以被展示在店铺首页、产品详情页或者联盟渠道。店铺优惠码的适用范围可以是部分产品，也可以是全部产品（见图 5-10）。

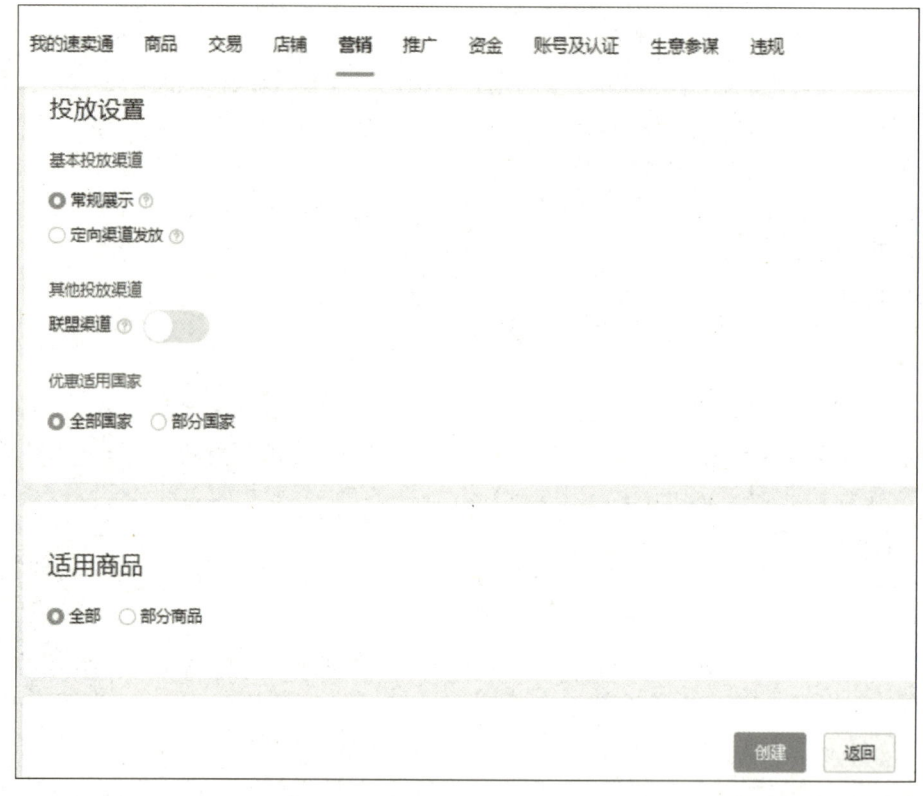

图 5-10　填写店铺优惠码的基本信息

2）店铺优惠码的其他设置

（1）优惠活动设置。

优惠内容的活动类型可以是满减或者满立折。满减即单笔金额大于或等于 X 美元立减 Y 美元。满立折即单笔订单金额大于或等于 X 美元即可享受 Y%OFF。

（2）打折产品最晚会在 12 小时后被展示给买家。在设置完打折产品后，由于系统审核及服务器同步的问题，买家最晚会在 12 小时后看到折后产品。因此，若遇重大活动，则应至少提前 12 小时完成工具设置，以免影响正常销售。工具设置的时间以美国太平洋时间为准。

（3）店铺优惠码的生效规则。

若优惠比率不同，则优先推荐优惠比率大的店铺优惠码；若优惠比率相同但优惠门槛不同，则优先推荐优惠门槛低的店铺优惠码；若优惠比率和优惠门槛相同，则优先推荐满立折；若优惠比率和优惠门槛相同、优惠内容的计算规则相同，则优先推荐快到期的店铺优惠码；若优惠比率和优惠门槛相同、优惠内容的计算规则相同，且到期时间也相同，则优先推荐创建时间早的店铺优惠码。

任务 5.2 平台活动

5.2.1 平台活动介绍

平台活动是速卖通的营销利器之一,它能起到快速为店铺带来高曝光率、高点击率、高转换率的效果。速卖通平台活动的类型如图 5-11 所示。

速卖通 PC 端主要的活动介绍

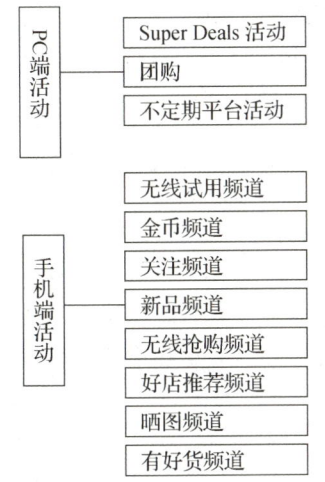

速卖通手机端首页活动简介

图 5-11 速卖通平台活动的类型

5.2.2 平台活动的规则

1. Super Deals 活动

Super Deals 活动是打造爆款产品的利器,有着 1 天千单的记录。它包括 Daily Deals、Weekend Deals、Featured Deals,每周五开始招商,每周四审品,一周 7 天展示,每天更换。

(1) Super Deals 活动是速卖通推出的推广品牌。它占据着速卖通首页的推广位,免费推广"高质量标准,超低出售价"的产品。Super Deals 活动主要针对有销量、折扣大的促销产品进行招商。这里是平台最具性价比产品的集合,也是卖家推广自身品牌的最佳展台。

(2) Super Deals 活动对产品的要求:近 30 天的销量大于 1,包邮,运动鞋折扣 35%OFF 起,运动娱乐折扣 50%OFF 起。

(3) Super Deals 是全站唯一一个能上首页曝光的活动,适合打造爆款产品。针对不同品类,Super Deals 活动要求产品价格折扣为 35%OFF~99%OFF,店铺等级为一勋至五冠,90 天好评率大于或等于 90%,全球包邮。

(4) Daily Deals 是 Super Deals 最具代表性的活动,可被看成速卖通上的"聚划算"。每个卖家只能报名一个产品,同时要求该产品的 90 天好评率大于或等于 90%、全球包邮。

2. 团购

团购类似于秒杀，利润少，以提高曝光度和信誉度为主。俄罗斯团购要求严禁提价销售，团购产品要求一口价。如果产品折扣大、库存多，就会优先考虑。值得注意的是，俄罗斯团购、巴西团购和 Today Deals 不能同时报名。

2014 年，速卖通与俄罗斯的订单贸易数量之大，使其成为俄罗斯首屈一指的电商平台。2014 年年底，中国市场每天都有成千上万件包裹被送到俄罗斯的买家手中，如此火爆的分站市场，受到许多人关注，其中，俄罗斯团购是重要的因素之一。

以前，俄罗斯站点会显示区分爆品团和精品团，爆品团针对全平台招商，精品团只支持定向招商。如今，在俄罗斯站点上被推崇的 Mall 相当于速卖通在俄罗斯的"天猫"，作为精品团的衍生。

俄罗斯团购一周更新 3 次，每期展示 4 天，提前 15 天招商，提前 5 天审品。以运动行业为例，其产品需满足这些要求才能参加：好评率达 92%以上，运动产品全行业 40%OFF起，在近 30 天的俄语系国家中销量大于 1，最小促销数为 150，必须是单 SKU 产品，俄语系国家包邮。

1）活动介绍

卖家需要了解俄罗斯团购的位置和页面。

2）俄罗斯团购的定位

俄罗斯团购的定位是最大流量、最快出货、最优体验。

（1）最大流量：俄罗斯站点的流量是目前速卖通各国外站点流量最大、活跃用户最多的，其中俄罗斯团购的流量占整个站点流量的 15%以上。

（2）最快出货：俄罗斯站点力求物流最快，以减少物流纠纷。

（3）最优体验：质量上有所保障，提高购买满意度。

3）招商活动

俄罗斯团购分为爆品团、秒购团，分别有不同的报名要求。

4）报名攻略

（1）路径：营销活动→平台活动→俄罗斯团购→我要报名。

（2）在报名之后，卖家要进行选品工作。卖家可遵守以下 3 个原则来选品。

① 优选新款：每天花 5 分钟了解新款，不选已经参加过团购的老产品。

② 市场热需：选择俄罗斯团购热销产品、平台和店铺热需的产品。

③ 买家好评：选择买家评价多、好评多的产品。

（3）优质描述。

① 产品主图应清晰。

② 标题和实际单位一致。

③ 产品详情页描述中的分解图要清晰，描述要专业。

（4）定价。

① 团购价=全网最低价。

② 3 个月内成交均价×10%。

③ 切勿提价打折。

3. 不定期平台活动

不定期平台活动包括平台特定主题频道活动和平台大促，如新年换新季活动、情人节大促活动（见图5-12）等，对价格折扣、店铺等级、90天好评率都有一定的要求。

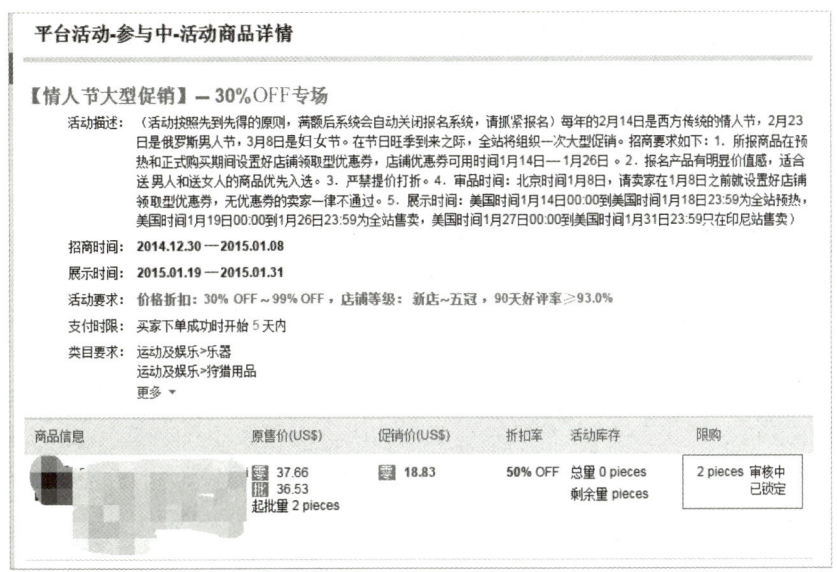

图 5-12　情人节大促活动

4. 无线试用频道

速卖通的无线试用频道是中国最大的跨境产品免费试用中心。该试用频道的内容为100%买家原创，360°全面实拍，客观描述试用情况，对接专业试客，以便提升试用报告的质量。同时，该试用频道的订单要求：卖家在3天内发货；产品总货值在200美元以上；原价不能虚高，否则将会按折扣价计算。

无线试用频道是专注于消费领域的试用平台，在这里，买家不仅能体验新品，还能通过输出真实、客观的试用报告来影响产品的研发和功能改进；卖家不仅可以得到品牌曝光机会，还能通过买家输出的优质试用报告，收集到有关产品的改进建议及真实试用感受，在买家群体中形成口碑传播。

5. 金币频道

金币频道是目前手机App上流量大、买家黏性大的频道。

金币频道中包括各类游戏玩法和红包优惠，吸引着全球买家定期回访和进行后续转化。

目前，卖家能通过两种方式获取金币频道的流量。

（1）报名金币全额兑换产品的活动，该活动目前仅针对金牌/银牌卖家开放报名入口。

（2）通过卖家后台设置店铺无门槛优惠券，金币频道将通过个性化的算法将店铺无门槛优惠券推荐给到达金币频道的买家。

6. 关注频道

关注频道也拥有非常大的流量，基于买家和店铺之间的关系，仅展现与买家"有关系"的店铺的信息，类似于手机淘宝内的微淘。

买家与店铺"有关系"是指买家收藏过店铺，加购或购买过店铺内的产品且给予好评，或者多次购买店铺内的产品，或者多次浏览过同一个店铺。

买家将会在关注频道内看到与自己"有关系"店铺的上新、促销、导购等动态信息。

卖家想要从关注频道获取更大的流量,就需要注意两点:第一,与更多买家建立"关系",最好是鼓励买家收藏店铺;第二,产生更多的动态信息,如规律性地上新、促销,利用无线活动页面工具创建导购内容等,以吸引买家的注意力。

7. 新品频道

新品频道展示在 iOS 4.6.0、安卓 4.8.3 版本以上的 App 首页,目前绝大多数买家已经升级到了最新版本。新品频道媒体主推 1 个品牌的上新,目前仅针对金牌/银牌卖家开放报名入口。报名路径为卖家后台→无线活动页面。

8. 无线抢购频道

无线抢购是招商类频道,每天 8 场,每场约有 20 个产品。卖家应尽量报名爆款产品,并给予较大的折扣力度。在爆款产品售罄之后的流量,会被引导至店铺内其他的热销产品页面。

无线抢购普通场是针对所有卖家进行招商的。招商要求:店铺等级在 1 勋以上,店铺描述得分不低于 4.5 分,店铺 90 天好评率在 95%以上,产品评分不低于 4.5 分。

报名路径:卖家后台→平台活动→所有活动→在分类中选择"手机抢购"选项,即可看到报名入口。

9. 好店推荐频道

好店推荐是一个算法频道。通过这个频道,卖家可以计算出店铺与金牌/银牌店铺各方面数据的相似性,数据越接近则分数越高,排序越靠前。当然,最终能入选的店铺的图片必须符合无线端的要求。

10. 晒图频道

晒图频道是一个算法频道,其内容来自买家购买产品后真实的带图评价。被评价的产品和店铺必须符合一定的要求:好评率超过 95%,DSR 高于 4.5,评论必须在 3 星以上且带有图片。图片的质量和点赞数、评价的内容都会影响产品展示的顺序。

11. 有好货频道

有好货频道也是一个算法频道。图片必须符合无线端的要求,同时有精选评论。精选评论的要求如下:

(1)必须是真实的评价,而不是默认好评。

(2)必须是正面的评价,且分数超过 4.5 分。

(3)评价的内容涉及产品的点越多越好。

(4)评价中带有图片。

5.2.3 平台活动报名的准备工作

速卖通活动报名流程

平台活动报名的准备工作如下。

(1)关注 90 天均价。速卖通后台所有的店铺活动都有一个 90 天均价的限制,也就是说,每次在开展活动时,产品的定价都不能超过以往活动的 90 天均价。在日常运营过程中,如果卖家计划要对某个产品申报平台活动,那么一定要注意价格的折扣程度。平台活动的折扣价格不计入 90 天均价。

(2)做好基础销量。产品在参加活动之前的销量越大,参加活动的效果就越好。如果产品本身的销量很小，那么参加活动后也不会大量出单。因此，在参加活动之前，卖家应尽量设置好产品图片、标题、描述等信息，提高单个产品的搜索权重，从而增大销量。在平台活动中表现优异的产品将会获得额外的流量。

（3）做好关联营销。在参加平台活动之前，很多卖家会选择以亏损的价格出售产品，这样做是为了以单个产品的销售拉动店铺其他产品的销售，所以卖家一定要做好关联营销，关联一些店铺的利润款产品，带动全店铺产品的销售，从而增加整体利润。

（4）优化产品信息，提高搜索排名。在参加活动之前，卖家要对照同类爆款产品的详情优化自己的产品详情，补充或改进详情模板，提高转化率；优化产品标题，尽量使产品对主要关键词的搜索结果排名靠前。

（5）库存采购。在参加活动之前，卖家要准备好产品库存，及时补充活动库存。

（6）选款和定价。卖家应分析最近成功报名 Super Deals、俄罗斯团购、巴西团购活动的产品风格和报价属性，选取店铺内有销量、纠纷少、转化率高的产品进行报名。当然，卖家也可以根据活动需求，上传具有类似特征的新品进行报名。

卖家应了解平台动态和国外节假日特征，针对平台扶持和节假日选款提报或者进行新款提报。例如，报名参加圣诞节的活动，与圣诞节相关的产品的入选概率比较大。

卖家应仔细分析平台活动的折扣要求，在上传产品时确定利润率和折扣。

任务5.3 直通车推广

5.3.1 设计直通车推广策略

速卖通直通车的推广流程

1. 直通车的常规运用

直通车的使用目的通常有推出新品和优化老品两种。

1）推出新品

（1）推爆款产品：使某些关键词在搜索结果页面的排名靠前，如前3位、前3页，用目标位置去拟定关键词，做好转化优化。

（2）推活动款产品：为了获得更大的销量和更多好评，定价要符合活动的要求，预留活动空间，平销累计数据要有空间，物流和评价要有准备（前几个评价非常重要），用速度快的物流方式发货，用较好的客服去跟进，合理利用促销手段（如满减、店铺优惠券）。

2）优化老品

排名自然下滑：当产品数据表现不好或销量下滑时，卖家应先设法稳住该产品的排名，可以采用修改产品标题、加入新词等方式提升搜索排名，也可以参加直通车活动。

开辟新战场，转化测试：如蕾丝裙也有复古风格，用创意标题和创意主图去测试复古风格蕾丝裙的引流效果。

2. 推广计划的比较

1）推广计划的分类

（1）重点推广计划：主要用于推广爆款产品。卖家把从直通车快捷推广计划中筛选出的潜在爆款产品和精准词加入重点推广计划中。卖家针对店铺的产品,按照曝光率、点击率和转化率分别设置不同的推广计划。重点推广计划适用的场景多,在推广目标明确时尤为适用。

(2)快捷推广计划:对重点之外的产品进行全量推广,确保关键词排名靠前,从而获得更大的流量。快捷推广计划用于在大促之前为店铺引流。

2)推广计划的策略

(1)重点推广计划的策略。

① 选择店铺重点、市场热销品,适合当季推广的新品,以及具有价格优势的产品进行推广,确保关键词排名在首页。这些产品大约占全部产品的20%,大约消耗卖家80%的精力和资金预算。

② 为每个产品都单独设置关键词。

③ 单独设置产品推荐投放和价格。

④ 共用每日消耗上限。

⑤ 产品具有创意主图、创意标题。

(2)快捷推广的策略。

① 对重点之外的产品进行全面推广,确保关键词排名靠前,从而获得更大的流量。这类产品约占全部产品的80%,大约消耗卖家20%的预算。

② 很多产品对应很多关键词。

③ 共用消耗上限。

④ 平台匹配展示,只展示评分最高的产品,以节约推广成本。

3. 速卖通直通车推广评分的构成

(1)点击率。速卖通直通车所有的点击数据在推广中均不指向结果,只表示流量,有点击≠有转化。点击率决定推广质量评分。

(2)养词效果。买家的喜好度(点击、下单、评价等行为)和卖家选择的推广时间决定养词效果。

(3)关键词和所推广产品的相关度(关键词和产品的标题、类目、属性的匹配度)。

(4)推广产品的信息质量。

(5)关键词的转化率。

(6)卖家的账号质量。

(7)创意标题的质量。

(8)速卖通直通车关键词和类目出价。

(9)排名因数(排名因数=出价×质量得分)。

4. 利用直通车打造爆款产品的选品思路

1)打造爆款产品的目的

打造爆款产品的目的是将流量集中起来并加以利用,让20%的产品带来80%的流量。所以,选品非常重要。

2)打造爆款产品的前提

选品,选正确的产品进行推广,这是好的开始。卖家要推广自己能掌握主动权、相对可控、重点的产品,并且该产品应是在未来很长一段时间内重点推广的产品,所以卖家考虑的因素应全面。打造爆款产品的参考因素如表5-2所示。

表 5-2 打造爆款产品的参考因素

时间因素	时间点要比正常的季节变化提前至少一个月
	季节性，夏季只能打造出夏季爆款产品，冬季只能打造出冬季爆款产品
价格因素	价格区间：目前在速卖通上打造爆款产品的价格为 10~25 美元
款式因素	能覆盖的买家群体越广泛越好，可以根据推广的位置定位。但这也不是绝对的，目前速卖通也非常支持对精准爆款产品的打造
	产品的尺码、颜色都要齐全
运费模板因素	至少有大部分国家设置小包包邮
	至少要有 3 种商业快递可供选择，且价格要低廉

3）具体的思路和建议

（1）第一要素：爆款产品信息质量方面。

① 标题专业：包含产品的属性、销售方式等关键词。

② 属性完整：系统、自定义属性需填写准确、完整。

③ 图片丰富：有 5 张及以上细节描述图。

④ 描述详尽：包含产品的功能属性、细节图片，以及支付、物流、售后服务的相关内容。

⑤ 价格分级：设置 4 个及以上价格区间。

⑥ 备货及时：货物充足或者备货时间不超过 3 天。

⑦ 免运费：尽可能免运费，或者有多种运费选择模式。

（2）第二要素：选择店铺转化率高的产品。

① 卖家在挑选主推产品时，一定要去店铺的产品分析中查看产品的转化率，很多人反映在速卖通上比较适合将质量小、价值高的产品打造为爆款产品，但是价值太高的产品，其转化率相对会低，对打造爆款产品不利。因此，卖家在前期宜选择质量小、价值低的产品，转化率也会相对较高，这对打造爆款产品是有帮助的。卖家应尽量选择货源充足、成本低、运费少、容易打包、不易受损的产品作为预爆款产品。

（3）第三要素：从买家需求出发。

从后台寻找潜力产品，就是通过查看目前行业中的一些飙升词及大流量词，来判断目前平台上的什么产品处于热卖状态。卖家可以参考"数据纵横"中的数据，从对买家需求的分析中找到行业中需求较大、订单转化较少的产品作为突破口。除此之外，卖家还可以在 Best Selling 和 HOT&NEW 栏目中寻找潜力产品。

（4）第四要素：其他网站推荐。

卖家可以多关注和参考 eBay 或者亚马逊上的热卖品。

4）预爆款产品推广方案的建立

卖家可以精挑细选出 3~5 个产品，设置独立推广计划，进行错时推广，让数据来决定下一周期的爆款产品。下面提供两种推广计划供参考。

第一种推广计划：建立 5 个单品独立的推广计划，全部添加上系统能匹配的关键词；分时间段激活推广计划，每个计划运行 3 天，记录下当时的曝光量、点击量等数据，方便以后进行爆款产品的选择，如图 5-13 所示。

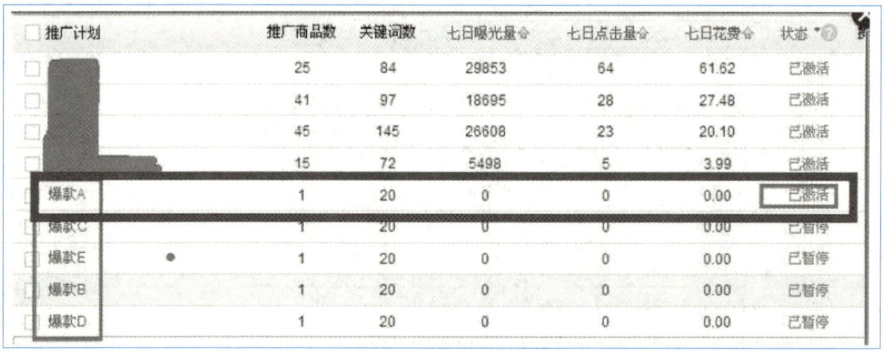

图 5-13　第一种推广计划

第二种推广计划：挑选出 5 个产品，将其放在同一个推广计划中，匹配上所有能匹配的关键词；分时间段激活其中的一个产品，让所有关键词都集中曝光这个产品，在 3 天之后激活另一个产品并进行推广，同时记录下每个节点的数据；在同等资源的情况下，看哪个产品获得的曝光量和点击量最多，就将哪个产品作为下一周期要打造的爆款产品，如图 5-14 所示。

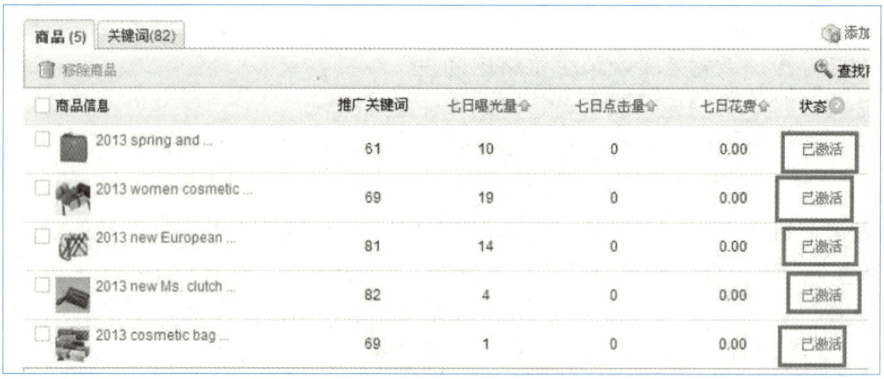

图 5-14　第二种推广计划

总而言之，经过卖家的筛选和买家的点击验证，就可以选出数据表现最好的产品，该产品可以作为卖家在下一周期要打造的爆款产品。

5.3.2　优化直通车的设置

1. 单独创建爆款产品推广方案

（1）选词。关键词是买家寻找产品的途径，能关联上的关键词越多，产品被买家找到的机会就越大。因此，卖家应尽可能多地添加关键词。下面介绍 3 种添加关键词的实用方法。

① 系统推荐词。系统推荐词与卖家要推广的产品的关联度最大，如图 5-15 所示。在单独创建方案时，系统会推荐关键词。这些关键词是针对卖家推广的预爆款产品的，可以直接匹配。笔者建议将系统推荐词全部添加进去。注意：系统推荐词每周更新，建议每周三查询爆款产品推广方案中有无新的系统推荐词。

图 5-15 系统推荐词

② 搜索词。"数据纵横"中的飙升搜索词是行业全词表,也是卖家经常使用的。在"数据纵横"中,能匹配上的关键词,建议全部添加。

③ 搜索下拉框选词。搜索下拉框选词如图 5-16 所示。

图 5-16 搜索下拉框选词

当卖家在速卖通上输入一个关键词后,系统就会针对这个关键词推荐与其相关的其他关键词。这些关键词都是近期有较大搜索量的词,笔者建议卖家将能与自己的爆款产品匹配上的关键词都添加进去。

(2)竞价。不同的关键词会有不同的竞价方法,考虑到店铺的投入产出比,不是所有关键词都排在搜索结果第一页就是最好的。关键词大致可以分为 3 类。

第一类关键词:精准词。什么叫精准词?例如,对于信封包,"Envelope Bag"就是精准词。精准词的搜索热度高,往往竞价也较高。由于精准词与产品的匹配度高且其转化率高,因此即便其价格偏高,卖家也应全力使其出现在搜索结果的第一页。

第二类关键词:蓝海词。什么是蓝海词?例如,针对信封包,"Envelope Bags for Women 2013"就是蓝海词。蓝海词的针对性强、转化率很高。由于蓝海词的热搜热度没有精准词高,因此其竞价不会很高,笔者建议卖家的竞价使其全部出现在搜索结果的第一页。

第三类关键词:热门的大类词。什么是大类词?例如,"bag"。这类关键词的搜索热度高、竞价高,适合打广告做宣传,其转化率不及精准词和蓝海词。这类关键词需要设置,笔者建议卖家的出价使其出现在搜索结果的第三至第五页即可。

2．爆款产品的关联推广

在做好爆款产品的方案后，卖家还需要同步配合其他宣传。

第一步：美化产品图片。卖家可以在图片上标上亮色或打上"HOT SALE"等标志，以吸引买家的眼球。

第二步：结合平台活动，如店铺折扣等。总的来说，参加了店铺折扣活动的产品比原价销售的产品的转化率高。

第三步：放在店铺 Banner 广告位进行推广。把店铺的预爆款产品放在店铺最显眼的位置，相当于在店铺中拉一个横幅做宣传。

第四步：橱窗推荐置顶。卖家要把预爆款产品放在店铺最显眼的位置，让买家进入店铺后可以马上看到它。

第五步：给其他产品关联上该预爆款产品。卖家应在店铺中给其他产品关联上预爆款产品，从多个途径为预爆款产品做宣传。

速卖通直通车常规运用方向

任务 5.4　吸引站外流量

5.4.1　网红合作推广

1．了解网红合作推广

随着社交媒体使用人数的日益增长，社交网站成了人们生活中不可或缺的一部分。网上的消费者也不止倾向于从他们的亲朋好友处获取购买产品或服务的建议，而开始转向他们喜欢的明星、网红，或者是某个领域有影响力的人所推荐或代言的产品或服务。这些其实都是社会认同的一种，消费者想要来自朋友的、有影响力的公众人物的、无偏见的第三方的推荐和评价。

公开数据显示，海外有 70%的消费者相信社交媒体的推荐；81%的美国消费者相信博客信息的推荐；90%的消费者相信社交媒体上朋友的推荐。

2．网红合作推广的特点

网红合作推广在推动购买决策，尤其是年轻人的购买决策方面，起着决定性作用。海外的网红合作推广同样是品牌在出海过程中获取声量及站外流量的重要通路。Influencer Marketing Hub 发布的报告显示，网红合作推广在海外是一种低成本高回报的投资，可以以 1 美元的预算，带来最多 18 美元的投资回报。

不同于国内涌现出的大量以孵化和培养自由签约网红为主的网红经纪公司，海外与网红合作的机构更像是代理商，只是代理广告的销售权限，而不会干预网红的成长轨迹和内容创作方向。因此，海外的网红对垂直品类的产品的推荐效果更好，消费者对其的信任度也更高。

3. 网红合作的报酬

在与网红达成合作后，卖家需要支付的费用一般分为两种：一种是固定佣金，一种是销售分成。由于海外的网红带货通常以"内容种草"为主，没有明确的变现路径，因此他们更愿意以固定佣金的方式与卖家交易。

以 Youtube 为例，10 万个粉丝量级的网红的收费一般为 1000~1500 美元，由于其推荐内容多以视频的形式呈现，因此收费相对较高；而在 Instgram 上，同样量级的网红的费用一般在 500 美元左右，因为图片的内容创作门槛相对更低；TikTok 的市场均价更低，一般为 200~300 美元。

卖家在衡量网红的报价是否合理时，要重点考量网红的粉丝量及其与粉丝的互动率。例如，同样拥有 10 万个粉丝，互动率在 8%的网红一般要比互动率只有 3%的网红的报价高。此外，网红所创作内容的播放量、平均观看率、账号活跃程度、最后发帖时间、粉丝性别结构等，都是衡量网红报价是否合理的重要参考指标。

除了给予网红报酬，卖家可能还需要在以下几个方面付出成本：第一，前期寄送给网红的样品；第二，网红给粉丝的产品折扣；第三，若卖家是通过代理机构寻找的网红，则还需给予代理机构相应的服务费。

4. 寻找网红的路径

1）邮件沟通

网红在社交媒体上会留下电子邮箱地址，卖家可以直接与其进行邮件沟通。但这种方式的回复率较低，且与卖家自身的沟通能力有关。

沟通邮件的内容要简短；前期在邮件沟通中可先不谈钱，因为海外网红可能会因为产品质量好就免费帮忙宣传；合作细节要清晰，包括合作方式、邮寄地址等；找网红合作的主要目的要明确。在网红回复之后，卖家需要与其沟通、谈判，并衡量其报价是否合适、其是否符合自己的要求等。

2）使用数据搜索工具

海外的服务机构会提供供卖家寻找网红的数据搜索工具，在卖家确定网红的国籍、粉丝量等指标后，数据搜索工具会给出符合要求的网红的电子邮箱地址，卖家需要自行与其谈判，并支付数据搜索工具的使用费用。

这类搜索工具有 Heepsy、ShoutCart、Scrunch、Moju 等。卖家可以基于语言、国家、年龄、地址、粉丝数、互动数、与品牌合作的内容占比等条件来筛选网红。不同数据搜索工具内的网红资源不尽相同，有的只有 100 多万个网红，有的拥有 2000 多万个网红和数万亿个数据点的索引，卖家需要对不同平台加以区别和挑选。

另外，ShoutCart 拥有打分机制，可以结合账号内容预测网红合作推广是否有效果；而 Moju 能够将数据下载下来，这样卖家就可以批量给网红发送电子邮件了。

3）与网红代理机构合作

有一些平台专门提供可以对接的网红的信息，根据品牌方的需求寻找合适的网红进行推广。这类平台往往是一个聚合网红的窗口，如 NeoReach。卖家可直接与网红代理机构合作，由其完成网红合作推广的全过程，并支付佣金。但这些机构出于盈利目的，提供的更多的是中、大型网红的信息，卖家需要考虑性价比的问题。

5. 提高网红合作推广成效的方法

1）做好选品和定价

在选品上，卖家可基于日常的销售数据，针对目标市场挑选符合该地区消费者需求的产品，备受关注的新品和经典畅销的爆款产品都是较好的选择。在定价上，卖家则需要从多个维度（如成本控制、竞品分析、历史价格、卖点提炼等）进行考量。

2）优化引流落地页

若网红的引流能力很强，则非常考验店铺页面的制作能力：页面与网红宣传的是否一致、关键信息能否抓住消费者的眼球等。

卖家可以考虑在落地页上用网红的素材来进行网红引流的承接，保证粉丝点击产品页前后的一致性。

3）预留足够的预热期

利用跨境电商平台本身沉淀的网红资源，邀请他们进行内容创作，提前15天进行活动和新品预热，这对于购买的推动效果非常明显。

5.4.2 联盟营销推广

联盟营销推广相当于淘宝的淘宝客，即卖家让推手到站外推广自己的产品，买家通过特定的链接进入卖家的店铺并购买产品。这是速卖通重要的站外流量获取途径。

1. 联盟营销的加入和退出

（1）如何加入联盟营销？

登录速卖通账号，在"营销活动"→"联盟营销"中单击"确认服务协议"按钮，即可成功加入联盟营销。卖家一旦加入联盟营销，其店铺内的所有产品就都会变成联盟产品，同时，系统会自动根据卖家设置的默认联盟佣金比例为所有产品设置联盟佣金。

（2）为何无法加入联盟营销？

所有速卖通卖家都有参加联盟营销的权利。不过，如果卖家曾经选择过退出联盟营销，那么只能在退出的那天起开始算，15天之后才能再次加入。

（3）如何退出联盟营销？退出之后为什么会继续扣费？

在加入联盟营销后15天，卖家可以选择退出。注意：在卖家退出联盟营销后，创建的订单将不再需要支付联盟佣金。但若订单在卖家退出之前就已创建，并且是联盟订单，则这部分订单仍要支付联盟佣金。

（4）如何确认已经退出联盟营销？

在退出联盟营销后，卖家可在"营销活动"→"联盟营销"中进行查看。如果看到的是加入联盟营销的界面，就说明已成功退出；如果看到的是联盟看板界面，就说明退出联盟未成功，需要重新操作。

2. 佣金设置

（1）类目佣金设置。联盟产品的佣金比例列表如表5-3所示。

表5-3 联盟产品的佣金比例列表

一级发布类目	最低佣金比例/%	最高佣金比例/%
Apparel & Accessories	5	50
Automobiles & Motorcycles	5	
Beauty & Health	5	
Computer & Office	3	

续表

一级发布类目	最低佣金比例/%	最高佣金比例/%
Construction & Real Estate	5	
Consumer Electronics	5	
Customized Products	5	
Electrical Equipment & Supplies	5	
Electronic Components & Supplies	5	
Food	3	
Furniture	5	
Hair Accessories	5	
Hardware	5	
Home & Garden	3	
Home Appliances	5	
Industry & Business	3	
Jewelry & Watch	5	
Lights & Lighting	3	
Luggage & Bags	5	
Mother & Kids	3	
Office & School Supplies	5	
Phones & Telecommunications	3	
Security & Protection	5	
Shoes	8	
Special Category	5	
Sports & Entertainment	5	
Tools	5	
Toys & Hobbies	5	
Travel & Vacations	3	
Weddings & Events	5	

（2）主推产品的佣金设置。主推产品的佣金设置路径：营销活动→联盟营销→我的主推产品→添加主推产品。最多可以设置60个主推产品。主推产品一般是卖家重点推广的产品，佣金比例也会相对较大，所以在联盟的专属频道中能够得到额外曝光；同时它也可以参加联盟专属的推广活动，获得更多的站外流量。

（3）主推产品佣金或者店铺佣金的修改。修改主推产品或店铺佣金的比例等操作，会在操作后的3个工作日后生效。例如，卖家在1月1日进行了佣金比例修改，新的佣金比例会在1月4日生效。在生效日之前，所有的佣金设置都维持原样。

5.4.3 搜索引擎推广

搜索引擎推广是通过进行搜索引擎优化、研究关键词的流行程度和相关性，以求在搜索引擎的搜索结果页面取得较好排名的营销手段。搜索引擎优化对网站的排名至关重要，因为搜索引擎在通过Crawler（或者Spider）程序收集网页资料后，会根据复杂的算法（不同搜索引擎的算法和排名方法不尽相同）来决定网页针对某个搜索词的相关度并决定其排名。当用户在搜索引擎中查找相关产品或服务时,进行过搜索引擎优化的页面通常可以取得较好的排名。

1. 找关键词的方式

(1) 速卖通买家模块搜索框。

打开速卖通买家模块的搜索框,输入关键词,下面会出现一些短时间内的热搜词,笔者建议卖家使用这些词。

(2) 速卖通买家模块类目。

卖家可打开速卖通买家模块首页,找到自己的产品类目。

(3) 看对手设置的关键词。

当卖家要设置某些关键词时,可以去搜索一下,如果搜到的产品的浏览量还不错,就说明关键词设置得好。除此之外,卖家还可以在速卖通的"数据纵横"→"搜索词分析"中寻找关键词:选择自己想搜索的行业,就可以找到近7天或者近30天的关键词,可根据搜索人气、搜索指数、点击率、成交转化率及竞争指数来选择最合适的关键词。

2. 搜索引擎的工作原理

搜索引擎的工作原理是搜录→排名→流量→转化→循环。

为了更好地将自己的产品展示在买家面前,卖家需要循环优化产品。

(1) 搜录关键词:选择关键词的词表。目前,卖家可以从速卖通"数据纵横"中的"选品专家"("热搜"和"热销"模块)和"搜索词分析"两个模块中,按照自己的维度选词。

(2) 通过产品的上传和关键词的输入,产品会获得自然排名。

(3) 在产品获得自然排名后,搜索引擎优化流程就会促进转化,从而促进再循环优化。

3. 速卖通交易排序规则

速卖通交易排序规则如下。

(1) 搜索的排名原则:将质量最好的产品、服务能力最强的卖家优先推荐给买家。谁能带给买家更好的购物体验,谁的产品排序就会靠前。

(2) 影响卖家搜索排名的主要因素。

① 产品的信息描述质量。

② 产品与买家搜索需求的相关性(类目和标题)。

③ 产品的交易转化能力。

④ 卖家的服务能力。

⑤ 搜索作弊行为。

4. 搜索引擎推广的技巧

(1) 提高产品的信息描述质量。产品属性(见图5-17)和产品详情页是影响转化的两个重要因素。必填属性必须填全,选填属性可以来自"数据纵横"的选品专家数表和搜索词分析数表或者联想字典。

(2) 提高产品与买家搜索需求的相关性(类目和标题)。例如,买家搜索的是鞋子,希望出现的也是鞋子,而不是出现袜子,所以卖家需要选择正确的类目或者正确的属性和关键词。

(3) 提高产品的交易转化能力。

(4) 优化卖家的服务能力。

(5) 避免搜索作弊行为。

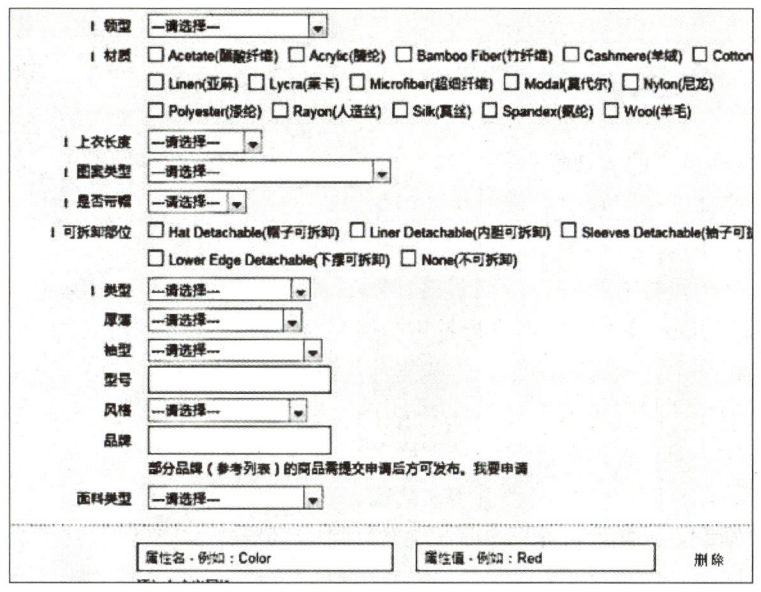

图 5-17　产品属性

① 搜索作弊行为一：写了知名品牌词。这个行为是非常危险的，虽然卖家会获得很大的流量，但是产品很有可能被判为侵权，从而被下架。

② 搜索作弊行为二：关键词重叠和隐藏关键词。为了提升买家体验，速卖通规定，同一个关键词无论是隐藏还是显现，都只能出现 3 次以下，否则速卖通会给予其降权处理。

5．搜索引擎推广的注意事项

（1）选取最优的搜索引擎。

国内外的搜索引擎非常多，但主要的、影响力较大的有谷歌、Yahoo、Excite、AOL、百度、新浪、搜狐等。

（2）选取恰当的关键词。

在网上进行查找就像查找图书文献一样，需要确定恰当的关键词。只有选取了正确的关键词，才能让查找者方便地找到所需内容。例如，一个生产食品机械的公司，若选取的关键词为"食品""机械"，则可能将很多寻找食品或其他机械的人吸引过来，从而导致宣传的有效性不佳；若选取的关键词为"食品机械"，则针对性与实用性就强得多。

卖家在选取关键词时，应该从产品的名称、特点，学术界的标准，买家的习惯等几个方面考虑，特别要注意的是英文关键词，由于翻译的原因，往往与海外买家搜索的关键词有偏差，因此要特别细心。

（3）确保排名靠前。

当信息查找者在搜索引擎上使用关键词查找信息时，查找结果是一个相关企业网站的列表，这个列表包括全部已经登记注册了的相关企业的网站。一般来说，这个列表的网站数目都有几百个甚至几万个。据调查，几乎所有的信息查找者都只看排在前 10 或前 20 位的企业网站，而且这些排在前面的网站的访问量占所有访问量的比例超过了 90%。

可以说，在用与产品相关的关键词在搜索引擎上搜索时，企业的网站是否排在众多竞争者的前面，是搜索引擎推广成功与否的直接标准。正因如此，搜索引擎的排名之争成了企业网络营销的焦点，因为谁都想排在前面，以便抢占商机。

5.4.4 社交媒体推广

学会看速卖通直通车后台数据

1. 社交媒体推广的重要性

（1）社交媒体帖子可吸引有针对性的流量。

在跨境零售市场上，有很大一部分买家喜欢使用社交媒体，卖家可以按产品的目标买家进行精准营销。例如，如果想出售自行车装备，那么卖家可以通过 Meta、Instagram 等平台的用户标签定位到目标买家并进行精准营销。

（2）卖家可利用社交媒体的影响力建立品牌忠诚度。

如今，人们对产品的忠诚度更多地来源于知名的品牌。因此，卖家在做营销推广时，需要在市场上建立起品牌知名度，而社交媒体可帮助卖家实现这一目标。

（3）社交媒体推广可为卖家吸引潜在买家，带来更多业务。

社交媒体推广可以拓宽流量入口。社交媒体推广可帮助卖家吸引目标买家，如果品牌只在某个平台做推广，那么可能只被某个地区市场知道。但是，通过社交媒体推广，卖家可以面向全世界做营销推广，并且吸引世界范围内的潜在买家。

（4）卖家可利用社交媒体服务买家。

市场上销售同质化产品的卖家很多，买家有很多选择。卖家若想吸引潜在买家或维护好老买家，则可利用社交媒体的互动功能，快速地与他们进行联系。

（5）社交媒体可帮助卖家了解买家群体。

卖家可以在社交媒体上使用有效的工具与买家进行互动，同时也可以通过分析买家在社交媒体上的动态了解买家的喜好等，为品牌营销提供依据，并最终更好地完善自身的产品和优化其他营销渠道的策略，从而锁定品牌的传播市场和精准买家。

2. 主要社交媒体介绍

1）Meta

对速卖通卖家来说，Meta 是一个不可多得的精准营销平台。但由于国内网络的限制，以及国内外语言、文化的差异，实践 Meta 营销还有很多困难。

Meta 营销最大的特点是精准。通过页面信息，卖家可以清楚地了解买家的基本情况、兴趣点，从而判断他是不是自己的目标买家。因此，卖家可以根据自己经营的产品，有选择地对买家进行筛选，以达到时间、精力成本的效用最大化。

Meta 速卖通巴西站公共页拥有团购入口，可以推荐平台活动、优秀卖家及展示买家秀（卖家要回复买家秀，还可以分享买家秀）；卖家还可以在主页的粉丝展示中加好友。

卖家可以在公共页通过设置简介、上传照片及设定明确的主题营销内容进行推广，还可以通过分享事件进行营销，以及通过和买家互动进行营销。

2）YouTube

YouTube 在巴西的覆盖率高达 71%。许多巴西零售商都将 YouTube 的首页访问者作为目标受众。同时，巴西知名球队对 YouTube 的参与度也很高，对巴西这个"足球王国"来说，这是非常具有导向性的。

巴西著名的体育电商 Netshoes 在 YouTube 上做了很好的运营，吸引了众多关注者，并有定制的品牌频道。因此，经营时尚服装、鞋子等产品的店铺在 YouTube 上进行营销，对引流有很大帮助。

3）Instagram

在 Instagram 上进行图片营销也是一个非常好的策略：可以对一些好的产品进行实拍，也可以引导买家发表买家秀。

4）Modait

巴西人开放，爱分享，喜欢看别人的购买评论，喜欢买朋友推荐的服装。Modait 就是巴西的一个信息分享平台。

5）VKontakte（VK）

VK 是一个大型的社交网站，全球注册用户超过 2 亿个。它在俄罗斯、乌克兰、哈萨克斯坦、摩尔多瓦和白俄罗斯都非常流行。它类似于 Meta，允许用户通过私下或公开的方式给朋友发送消息，可以创建组、公开的网页，能分享和标记图片、视频，还可以玩游戏。

VK 的大多数用户是年龄在 18~24 岁的年轻人。与微博的火热在中国引起 SNS 的衰落相比，社交网站在俄罗斯的境况要好很多。

在 18~24 岁的俄罗斯人中，约 91% 的人每天使用社交网络；在 25~34 岁的俄罗斯人中，约 69% 的人每天使用社交网络。而 VK 是俄罗斯最大的社交网站，对外贸企业来说，VK 所蕴藏的巨大商机显而易见。VK 最实用的功能是搜索工具，用户可以通过搜索相关的关键词，寻找目标企业的工作人员。

中国工厂或外贸企业一方面可以通过 VK 来搜寻这些国家客户企业的工作人员，进而了解更多客户企业的信息；另一方面可以搜索与自己行业相关的关键词，从而挖掘更多潜在客户。

6）TikTok

TikTok 的全球总下载量已经超过 30 亿次，其全球活跃用户超过 30 亿个。TikTok 用户的年龄段主要为 16~24 岁，这是一个比较年轻的年龄段。目前，TikTok 覆盖了 150 多个国家和地区。这些数据足以证明 TikTok 在全球的影响力之大，使用 TikTok 营销的前提是你能够接触到潜在客户。TikTok 能够帮助客户培养热情、施加影响力和提高参与度，所以比起直接销售，TikTok 更适合用来提高品牌知名度。

目前，TikTok 有两种营销变现方式，一是广告方式，二是电商方式。在 TikTok 上的广告方式除了官方的广告投放、建立品牌主页，还有创建品牌自己的标签挑战，调动普通用户来宣传品牌；至于电商方式，品牌可以和网红合作，目前 TikTok 平台还是网红营销的蓝海，投资回报率很高。

TikTok 营销已经成为一个趋势，并且随着用户的增加和 App 功能玩法的增加，其影响力会更大。官方投放广告，或者官方主页入驻的方式更适合人力、财力充足的大品牌，品牌若想进行小规模测试，则可以选择网红营销和自创标签挑战。

7）LinkedIn

LinkedIn 是一个面向商业客户的 SNS 网站，是一个供专业人士进行社交的网站，是在 SNS 领域的知名度仅次于 Meta 和 Twitter 的第三大社交网站，目前已在全球 200 多个国家和地区运营，拥有近 8 亿个注册用户、3 亿多个月活用户、5500 多万个企业用户。以 LinkedIn 为代表的社交媒体在专业人士求职方面发展迅速，成为商务人士、工程技术人员、白领乃至大学毕业生青睐的社交媒体；同时，LinkedIn 在 B2B 与 B2C 领域发展经销商、寻找合作伙伴方面更是占据了一席之地。对 LinkedIn 的应用加快了整个销售和合作流程，LinkedIn 在大数据时代带来的效益是不容忽视的。

LinkedIn 的用户大多是各个领域的专业人士、企业的雇员或老板、自由职业者，而且这些人绝大多数是决策者，与这些人建立联系的过程会简短得多。与这些人建立联系将会给你带来意想不到的收获，特别是对于已经在 B2C 领域发展较为成熟，希望拓展业务至 B2B 领域的企业至关重要。LinkedIn 会为你匹配同行业的各国经销商与企业，如果你是服装类的卖家，那么它将会为你推送一些海外服装经销商或海外知名服装企业，你可以与他们取得联系并介绍自己的产品，同时可以定时发布一些行业类信息来吸引同行业的海外经销商关注你的企业或品牌。你也可以通过海外经销商发布的行业动态了解到比较全面的行业全球走势，如主流销售国家的流行趋势、购物趋势、消费趋势等。

3. SNS 推广的技巧

（1）增加好友的技巧。

通过购买市面上的邮箱导入好友；购买网红粉丝店铺的产品，并分享该产品，反向提高自身账号的影响力；进行同等量级账号的好友交换。

（2）阶段性推广。

店铺发布初期：增加访问量，促成转化。

店铺增长期：以提升转化率为目的，总结各渠道的效果。

店铺稳定期：稳定销售额（由于产品本身有自然生命周期，因此会出现销售额下降的情况）。

店铺突破期：突破瓶颈，提升销售额。

（3）重点产品推广。

由于金额大于 100 美元的订单决定了店铺的销售额，因此网站广告引流和营销的重点应是订单金额大于 100 美元的客户和潜在客户。通过 SNS 营销和客户关系管理，将订单金额大于 100 美元的老客户加入 SNS 群，可对之前的阶段性推广起到关键性作用。

（4）头像和个人资料。

尽量避免使用明显带有广告性质的头像，这样的头像过于商业化，也会给人不友好的感觉。Meta 提倡的是真人实名，因此最好用真实的照片，你可以在头像下面适当地加上推广链接或推广文字，这样既能达到营销效果，又不会让人排斥。

（5）写日志。

对使用 Meta 推广的人来说，日志毫无疑问就是软文。要注意的是，在发布一篇日志时，要利用分享或通知功能让你的好友看到。

（6）状态。

有的推广计划用日志写显得有点小题大做，因此你可以发一条状态稍稍带过一下。

（7）自动回复。

Meta 有很多插件游戏，这些游戏很多都带有自动回复功能，你可以利用好这些自动回复功能，在其中加入你的广告。

4. 速卖通星合计划

星合是速卖通面向卖家打造的一站式广告外投营销平台（见图 5-18），集 Meta、Instagram、谷歌、YouTube、Yandex、TikTok、小米等全球头部媒体于一身，借助阿里巴巴和各大国际互联网头部媒体的大数据、算法、人货匹配能力，助力卖家实现流量增长、提升广告投放效率。

门槛低、自动化投放更可控是星合有别于速卖通其他流量产品的两大特色，也是两大优势。据了解，星合虽是站外引流产品，但也可与速卖通站内的各个营销场域进行联动。例如，将一个新产品在星合做站外投放，进行测款，当该产品产生一定的销量之后，也会在速卖通站内获得更多的曝光和推荐，从而为卖家打通站内和站外，形成很好的流量闭环。

图 5-18　速卖通星合计划界面

从投放程度来讲，由于星合计划所对接的是 Meta、谷歌等全球大媒体，如果卖家希望在投放初期获得较好的效果，那么可尝试 3000 美元左右的初步投入资金，为后续的优化提供可持续的空间。卖家所投入的资金将完全归属于投放媒体，速卖通不收取任何费用。

作为平台方，速卖通将在前、中、后期 3 个阶段全程协助卖家进行投放。例如，在前期，速卖通通过测款、测素材及算法的学习，获得卖家产品潜在的精准人群，并将这部分人群交给卖家去做匹配；在中期，卖家可选择产品匹配的人群，进行广告的增投，以便提升整体的投放效果；在后期，卖家产品的效果凸显，在店铺的承接能力获得提升之后，在之后的营销节点或者大促中，卖家的产品即可取得更好的成绩。

总体来说，速卖通星合计划拥有以下六大核心价值。

（1）可触达海量用户，包括 Meta、Instagram、谷歌等社交媒体上的用户。

（2）拥有高价值人群。

（3）可实现精准投放（速卖通的千人千面能力）。

（4）可打造卖家的私域流量，形成私域流量闭环，去除异店推荐。

（5）可实现全链路追踪（从下单到效果反馈的全链路追踪）。

（6）具有价格优势（无代理费，有阶梯返点）。

速卖通直通车

很多新手卖家对速卖通直通车的认识存在一个误区——只要投钱，就会立即收获很多流量和订单。这种认知比较片面和主观，下面就带你认识速卖通直通车的价值，如图 5-19 所示。

1. 速卖通直通车推广的方法

1）全店管家

全店管家即全店产品一键托管，智能匹配流量。卖家只需设置每日消耗上限和广告出价费用，无须匹配产品，也无须匹配关键词，即可推广全店的所有产品。

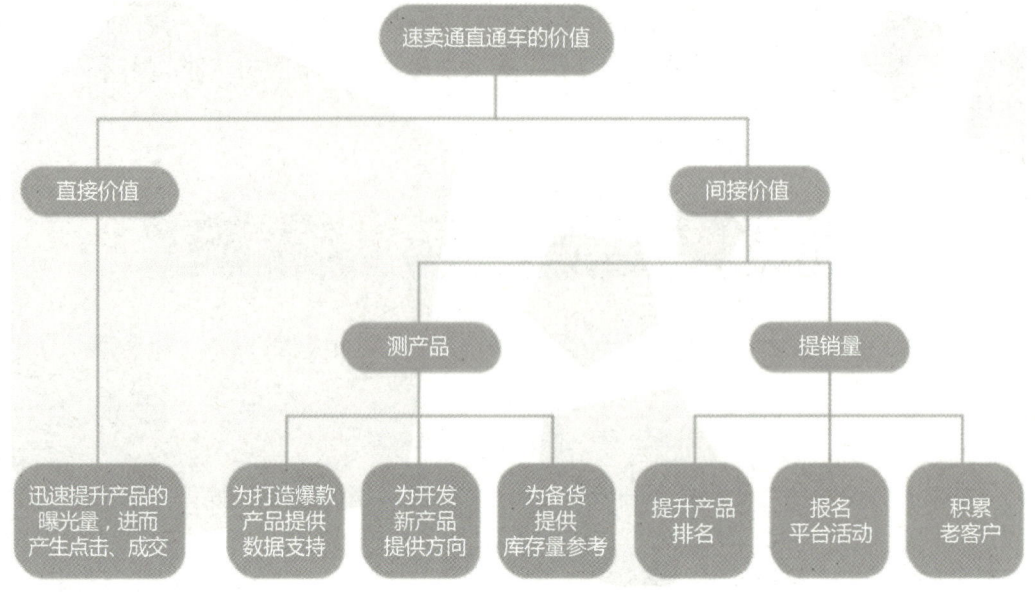

图 5-19 速卖通直通车的价值

推荐指数：★★。

优点：操作简单，理论上能推广全店的所有产品，可用于店铺选品。

缺点：目的性弱，既不匹配产品，又不匹配关键词，费用用不到刀刃上。

2）智能测款

智能测款即测试产品的市场热度，挖掘潜力爆款产品。卖家需要选择要推广的产品，一般以不超过 10 个为佳。卖家无须匹配关键词，只需设置每日消耗上限和广告出价费用即可进行推广。

推荐指数：★★★。

优点：操作简单，可选择产品做推广，目的性较强，对测款和挖掘潜力爆款产品来说是个不错的推广渠道。

缺点：无法匹配关键词，产品推广容易集中在几个产品上，导致其他产品得不到推广，不能达到测款目的。

3）快捷推广

快捷推广即批量选品选词，打包推广类似产品。一个推广单元可同时包括多个产品（一般建议产品少于 10 个）。卖家可批量添加关键词（产品和关键词无须一一对应）、设置单个词出价、批量调价。

推荐指数：★★★☆。

优点：操作简单，可选择产品做推广，可通过数据分析对潜力爆款产品和新产品达到测款的目的，准确性高。

缺点：产品和关键词不能做到一一匹配，无法同时推广单元内的所有产品。

4）重点推广

重点推广即单独选品，独有创意推广功能。一个推广单元可同时包括多个产品，一个产品可匹配200多个关键词,优词可展示在首页,良词可展示在底部的广告位上。

推荐指数:★★★★☆。

特点:精准推广,精准推品,可充分发挥利润款、销量款产品的价值,精准打造爆款产品。

5)灵犀推荐

灵犀推荐是速卖通新推出的广告产品与服务,旨在帮助卖家更好地获取站内流量,赢得对买家进行营销的机会。区别于速卖通直通车的搜索广告,它是展示在速卖通各端的推荐场景下的,不需要买家有主动的搜索行为。

推荐指数:★★★★☆。

优点:支持国家定向投放,资源丰富,覆盖人群广,适用于向老客户种草和获取新客户,渗透边逛边买场景,可进行个性化推送。

2. 速卖通直通车的关键词出价

速卖通直通车关键词出价的原则:花最少的钱,获得最多的点击量。

卖家可按关键词效果出价。

① 有转化的词。这类词是卖家要重点优化的关键词,是后期提升转化率的主力军。卖家要让这类词保持在比较靠前的位置,如果目前排名比较靠后,就提高出价,以便通过提升排名来获得更多流量;如果已经在首页,就调整到首页点击率比较高的位置,保持稳定获取流量的能力。

② 花费多、转化少的词。这类词是消耗比较大的词,如果一直无转化,那么可直接删除。如果是在短期内无转化,那么可以先降低出价,再观察一段时间。若接下来一周仍没有转化,但能有收藏,且点击单价在能承受的范围内,则继续保持位置观察几天。若有转化,则可提高出价;若没有转化,则降低出价。

③ 没有点击量的词。若关键词与产品的相关性较小,则建议删除;若关键词与产品的相关性比较大,展现量也不多,则可以提高出价以获取足够的展现量,并观察点击情况。如果展现量很多却仍然没有点击量,为了避免拉低整体计划的点击率,就应删除这类词。

对于行业大词,全部按市场最低价出价,只要是核心关键词和长尾词,就尽量调价到首页。

对于优词,可出价使其出现在首页。良词一般展示在底部广告位上,出价不宜过高。

卖家应关注出价排名,适时调价,晚上出价高,早上调低。

在前期测款阶段,出价应尽量靠前,目的在于获得点击数据,后续需要通过数据分析做调整。如果前期出价过低,没有获得点击数据,对后续的数据分析就没有意义。

速卖通直通车的价值在于让店铺得到大量额外的曝光,并合理配合其他运营手段,让店铺快速进入良性循环状态,进而获得长远、持续的收益。卖家开通速卖通直通车一定要带有明确的目的,是单纯为了快速获取流量从而快速打造爆款产品,还是为了主推利润款产品来获取利润?卖家要养成每天关注速卖通直通车数据的习惯,及时进行预算和出价策略的调整,以便充分发挥速卖通直通车的最大价值。

实训 5.1　设置店内营销活动

实训目的

掌握店内营销的概念、重要性及其分类；培养对店内活动的营销策划能力、独立思考的能力及网络营销的思维。

实训内容与步骤

通过店小秘或者芒果店长等软件，设计并设置"双 11"的店内营销活动，说明设置的理由，最后上交计划书和设置截图。

（1）设置限时限量折扣。

限时限量折扣是目前网络零售中使用相当广泛的一种店内营销活动。卖家通过打折的方式让利给买家，可以吸引买家购买。

（2）设置店铺优惠券。

买家领取优惠券并在下订单时使用，从而获得一定的优惠。卖家可以在店铺后台的营销活动中设置店铺优惠券，一个店铺可以免费设置 3 张店铺优惠券。

（3）设置店铺满减活动。

满减活动是指当买家的订单金额达到规定数额时，可以获得优惠，或者当买家购买的产品件数达到规定数量时，可以获得优惠的活动。有些买家会为了获得优惠去凑规定的金额或数量，从而使卖家实现多卖的目的。

实训 5.2　合理设置关联营销

实训目的

了解关联营销的重要性；掌握关联营销的基本类型；能够合理设置关联营销产品及其价格。

实训内容与步骤

（1）选择 3 个主推产品。
（2）对这 3 个产品进行互补关联营销。
（3）对这 3 个产品进行替代关联营销。
（4）对这 3 个产品进行潜在关联营销。
（5）制作关联营销的海报。

实训提示

掌握关联营销的3种方式。

（1）互补关联。互补关联强调搭配的产品和主推产品有较大的相关性，如主推产品为鼻贴，则可以搭配面膜、洗面奶等同场景产品。

（2）替代关联。替代关联强调主推产品和关联产品可以完全替代，如主推产品为圆领T恤，则关联产品既可以是V领T恤，又可以是立领T恤等。

（3）潜在关联。潜在关联重点强调潜在互补关系，这种搭配方式一般不推荐，但是多类目店铺可以考虑。例如，主推产品为泳衣，则潜在关联的产品可以为防晒霜，从表面上看，这两种产品毫无关系，但是从潜在意义上看，买泳装的人可能在户外游泳，因此防晒霜也是必要的。

思考与练习

（1）编制店内营销活动策划执行单。
（2）思考当满减、限时限量折扣、店铺优惠券等叠加使用时，活动的优先性。

速卖通店铺是否有销量、销量大小，与店铺表现和营销有关，而且店铺表现和营销对销量的影响越来越大。

速卖通大促集聚平台全部力量，引入海量新流量，发放大量优惠券，组织上千万个优惠产品，吸引买家集中消费，为卖家和平台带来交易额的跨越式提升。平台数据表明，开展大促活动，平台的交易额至少可以提升4倍，同时，参与大促的卖家的交易额也能平均提升5倍以上，善于营销的卖家甚至可以实现交易额100倍的提升。速卖通的营销策略有很多，不同的营销策略适合不同阶段的卖家使用，而且有些营销策略可以配合使用。卖家需要在使用前了解这些营销策略，并根据自己店铺的情况选择最适合的营销策略。

关于打折和参加平台活动，笔者相信对淘宝和速卖通熟悉的卖家，都很容易理解速卖通活动一脉传承于淘宝活动的多样性、频繁性。因此，有心的卖家一定要从产品发布之初就做好计划：哪些产品是准备参加活动的、折扣为多少，并基于这些来给产品定价。

同步测试答案

1. 单项选择题

（1）速卖通平台活动不包括（　　）。
  A．行业主题活动　　　　　　B．平台大促
  C．Super Deals　　　　　　D．Prime 周年庆

（2）平台活动的选品原则不包括（　　）。
　　　A．产品的好评率　　　　　　　　B．报名折扣符合活动要求
　　　C．产品的货源地　　　　　　　　D．产品的转化率
（3）关于店铺优惠券，下列描述不正确的是（　　）。
　　　A．在活动开始后可告知老买家　　B．分为领取型和定向发放型
　　　C．一旦创建就无法更改　　　　　D．与店铺满减活动可以叠加
（4）关于限时限量折扣活动的设置，不建议的操作是（　　）。
　　　A．在活动开始后可告知老买家
　　　B．提价后打折
　　　C．设置时间不宜过长，一般一周为宜
　　　D．结合满减和优惠券等其他活动，效果更好

2．多项选择题

（1）关于限时限量折扣活动，下列描述正确的是（　　）。
　　　A．结合买家需求，巧妙设置折扣及库存
　　　B．活动在创建后 48 小时开始
　　　C．结合满减和优惠券等其他活动，效果更好
　　　D．活动开始时间为美国时间
（2）限时限量折扣活动可以实现的促销目的有（　　）。
　　　A．打造爆款产品　　　　　　　　B．打造活动款产品
　　　C．清库存　　　　　　　　　　　D．推新款产品
（3）关于满减活动的设置时间，下列说法正确的是（　　）。
　　　A．总时长为 720 小时　　　　　　B．没有时间限制
　　　C．每个月有 3 个活动　　　　　　D．可以跨月设置
（4）在店铺满减活动设置中，定位自己的客单价的方法是（　　）。
　　　A．不用管客单价，按照折扣计算就行
　　　B．通过"数据纵横"查询
　　　C．总金额包括买家所购买产品的货值及运费
　　　D．随便定义
（5）关于单品折扣活动，下列说法正确的是（　　）。
　　　A．活动名称不能超过 32 个字符，可查看，并展示在买家端
　　　B．活动进行中可以暂停
　　　C．支持单个产品设置粉丝/新人专享价
　　　D．活动即时生效

3．分析题

（1）请分析速卖通店铺在成长的初期、成长期、成熟期分别应该怎样设计营销活动。
（2）请调研 5~10 个母婴类目的速卖通店铺（跟踪调研 2~3 周），对其店铺的营销活动进行分析记录并做出对比评价。

项目 6
跨境物流与海外仓

📋 项目重点和难点

跨境物流方式的选择；如何选择一个适合自己的海外仓；跨境物流运费的计算；线上发货的优势；线上发货的流程。

📖 素养目标

培养现代物流运输理念；提升物流服务意识。

👆 项目导图

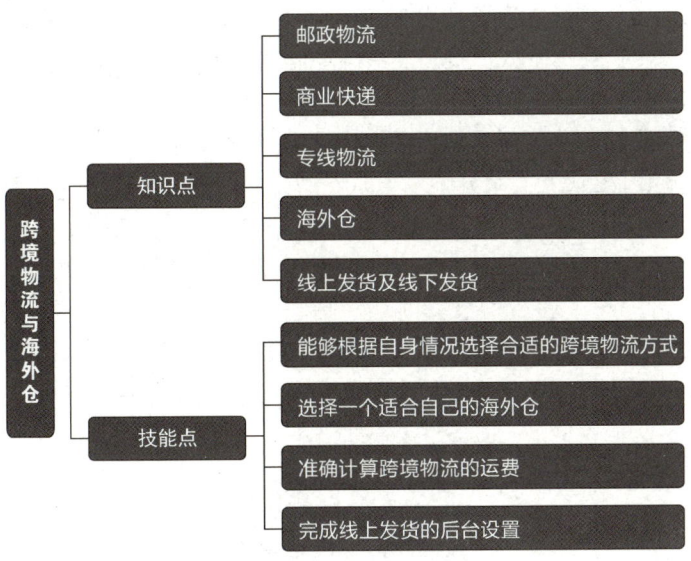

引例

通常来说，如何高效地进行订单管理，是卖家比较关心的问题。在平常的管理中，卖家总会遇到许多问题，如：有待处理的留言，看过之后就找不到了；有订单出现异常情况，需要分开处理；同一个买家下了多个订单，卖家将其合并成一个包裹，但有时合并之后又要重新给另一个订单发货，或者一个订单的总金额太大，需要多缴关税；后台订单太多，手动导出太麻烦，仓库拣货容易出错；清关时间太长、配送时间太长，买家要求延长收货时间……

在这种情况下，单纯使用手工操作难免会使工作效率大打折扣，而且容易出现错误，卖家可以考虑使用ERP（Enterprise Resource Planning，企业资源计划）进行订单辅助管理，如全球交易助手。

1. 批量添加订单标记

当有的订单（如缺货、邮编异常、地址有问题等）需要进行特殊处理时，卖家可以对订单添加标记，标记可以自定义。

2. 订单合并

当同一个买家在同一店铺中下了多个订单时，卖家可以通过软件勾选全部订单，将这些订单一键合并，这样便可以避免同一个买家重复发货的情况发生。

3. 订单拆分

当一个订单出现不符合物流发送标准的情况时，卖家就需要对订单进行拆分。

例如，超重会导致报关费用增加，这时卖家可以对包裹进行拆分，分开发送，以便降低订单报关的总金额；针对已经发货的订单，需要补发货物时，卖家可以先将原本的包裹进行拆分，重新获取线下物流单号，再进行货物发送。

4. 批量导出

卖家可以批量导出订单数据。仓库人员在拣货时，可以一键完成拣货单汇总，并进行包裹分装。在导出产品信息时，卖家可以自己选择对应的要素进行导出。

5. 延长买家收货时间

在货物被发出之后，当买家不能及时确认收货时，卖家可以延长买家的收货时间（可以将总的收货时间延长至120天，有多个订单的也可以批量进行延长）。

6. 一键扫描物流单号

为了避免出现发货漏拣的情况，仓库人员可以使用扫描枪直接扫描物流单号，将物流单号一键提交到平台，完成发货通知的填写。这样还能避免因为订单数量多而造成的拣货、配货错误。

（资料来源：雨果网，有改编）

> **引例分析**
>
> 每个订单都需要被认真对待，本项目将重点讲解各种跨境物流方式。目前，速卖通国际物流产品主要有4种，如图6-1所示。
>
>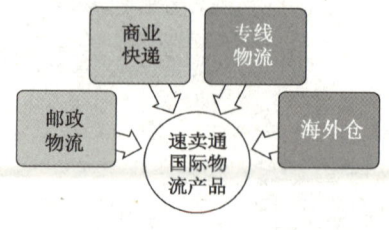
>
> 图6-1 速卖通国际物流产品

任务 6.1　跨境物流方式

✓ 6.1.1　认识邮政物流

1. 邮政物流的主要分类

邮政物流的主要分类如图 6-2 所示。

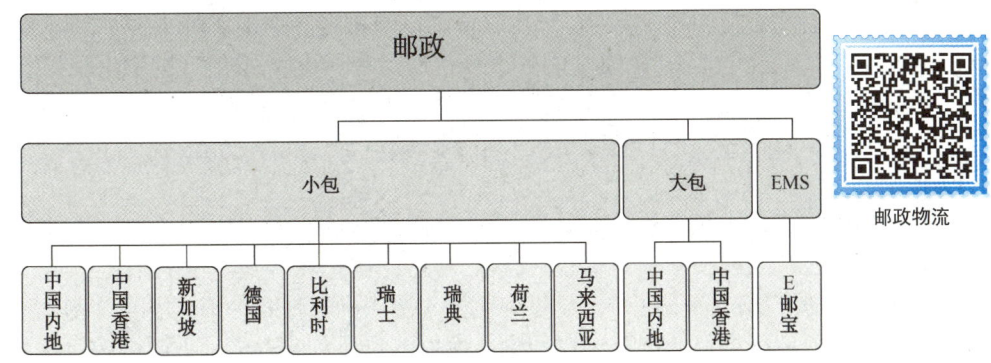

图 6-2　邮政物流的主要分类

2. 邮政小包

1）中邮小包

中邮小包是中国邮政开展的一项国际邮政小包业务,属于邮政航空小包的范畴。

邮政小包的价格全国统一,限重为 2kg,非圆筒货物:长+宽+高≤90cm,单边最长为 60cm,最小尺寸单边长度≥17cm,宽度≥10cm;按到达的国家不同,价格为 62～176 元/kg,另加 8 元挂号费。

优点:市场占有率高,线路覆盖范围广,具有价格优势(将 1kg 货物运到南美洲和非洲的基础运费为 120 元,运到亚洲邻国为 80～90 元,运到其他地区的均价为 100 元左右,在这个基础上另加 8～9 元挂号费,乘以各地货代折扣,才是最终发货成本),信息上网速度最快的是 1 个工作日,在国内清关方面也有优势。目前,北京、上海、广州、深圳、天津是中邮小包发货较快的城市。

2）中国香港邮政小包

中国香港邮政小包的历史长、综合质量较高。其优点:在普货配送方面,它在时效、价格、清关方面的表现都较为稳定,丢包较少;就综合质量而言,它是小包中的理想选择,可对主要市场发货,客户体验更有保障,因物流引发的售后问题相对较少;在价格方面,中国香港挂号小包比中邮挂号小包略贵,不过在所有小包中,它还是属于价格较优的。

3. 邮政大包

1）中国内地邮政大包

时效:一般用 15 个工作日左右可将货物送达目的地。

优点：运费低，首重和续重都是 1kg；清关能力强；能邮寄的货物较多，如化妆品、箱包、服装、鞋子、各种礼品及许多特殊产品；派送网络发达，遍布世界各地。

缺点：限重为 20~30kg；运送时间长；到达许多国家的货物状态无法在网上查询。

2）中国香港邮政大包

时效：到北美、西欧发达国家一般为 3~7 天，到东南亚、亚洲邻国为 3~7 天，到非洲国家为 7~30 天。

优点：运费低，首重和续重都是 0.5kg；货物可以到达全球各地，只要有邮局的地方基本上都可以到达。

缺点：限重为 30kg；运送时间比较长；到达许多国家的货物状态无法在网上查询。

4. 邮政小包的对比

共同点：按克收费，限重为 2kg，长+宽+高≤90cm，单边最长为 60cm。

时效性对比：新加坡、荷兰、瑞士、瑞典小包都是在中国香港中转、在新加坡分拣的，能运输电池（配套电池），信息上网的速度很慢；瑞典小包发哈萨克斯坦的速度比较快。

德国小包：中国直飞，在德国分拣，DHL 小包配送，费用较高，适合货值高的单品。

比利时小包：在欧洲与德国小包差不多，类似于专线，在比利时的布鲁塞尔分拣，价格高。

中国香港邮政小包：从深圳出关，在中国香港分拣。

中邮小包：上网和出关是不同的概念，隔天上网不代表运输速度快。

妥投信息方面：向以色列、哈萨克斯坦、澳大利亚这几个国家发货，基本看不到妥投信息；巴西对中国小包的审查比较严格，使用中邮小包或者中国香港邮政小包向以色列发货，看不到物流跟踪信息，直到客户签收了才会显示信息。

5. EMS

EMS（Express Mail Service）是邮政特快专递服务，是由万国邮联管理的国际邮件快递服务，在中国境内是由中国邮政提供的一种快递服务。该业务在海关、航空等部门均享有优先处理权，以高质量为用户传递国际、国内紧急信函、文件资料、金融票据、产品货样等各类文件资料和物品。

在中国境内提供 EMS 服务的是中国邮政速递物流公司，它是中国邮政集团公司直属全资公司，主要经营国际、国内 EMS 特快专递业务，是中国速递服务的最早供应商、中国速递行业的最大运营商。中国邮政速递物流公司在全国拥有员工近万人，其 EMS 业务覆盖国内所有市县，并延伸至亚洲地区。

EMS 业务于 1980 年开办，业务量逐年增长，业务种类不断丰富。除提供国内、国际特快专递服务外，EMS 还相继推出省内次晨达和次日递服务、国际承诺服务和限时递等高端服务，同时提供代收货款、收件人付费、鲜花礼仪速递等增值服务。

1）优势

（1）EMS 可以说是中国范围内最广的快递，将货物运到全国各大、中型城市的时间为 4 天，将货物运到县城、乡镇的时间为 5 天。

（2）网络强大，在全国有 2000 多个自营网点。

（3）EMS 限时速递的速度相当快。

（4）EMS 的货物丢失损坏率一直维持在 1%以下，安全性较高。

（5）EMS 为了保证客户服务质量，在法定节假日均保持营业，天天配送（农村地区节假日除外）。

2）劣势

（1）定价灵活性不足，在民营快递价格战面前的竞争力不强。

（2）EMS 网站查询有待进一步改善。

（3）资费比普通民营快递稍高。

（4）航空件可能比普通件还慢，有的国内件需要收件人自取。

国际 EMS 承诺服务是指中国内地、中国香港、澳大利亚、日本、韩国、美国、英国、西班牙、法国、新加坡邮政对本地邮政寄往其他邮政的 EMS 邮件（不包括限时递、收件人付费等特殊服务业务）承诺指定的投递日期，对超过指定投递日期的邮件，承担退还已收取的邮件资费的责任。国际 EMS 承诺服务是 EMS 为满足广大客户的需求而精心打造的一项高品质的速递服务。

想一想

邮政小包比较适合哪种类型的订单？

6.1.2 认识商业快递

1. 商业快递的主要分类

商业快递的主要分类如图 6-3 所示。

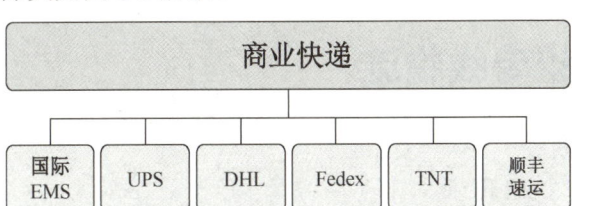

图 6-3 商业快递的主要分类

2. 国际 EMS

优点：运费较低，一般通过货代可以获得 5 折的折扣。EMS 直达国家都按照质量计算运费。自 2012 年 7 月 1 日起，国际 EMS 线上发货针对邮件长、宽、高三边中任一单边达到 60cm 以上（包含 60cm）的，都按体积计重。

国际 EMS 可以实现当天收货、当天操作、信息当天上网，清关能力较强。国际 EMS 能运送出关的货物也比较多，能运送其他公司限制运送的货物。国际 EMS 一般用 3~7 个工作日可将货物送达目的地。

缺点：查询网站的信息滞后、通达国家较少；在出现问题时，只能做书面查询；通关不过的货物可以被免费运回国内，但时效和服务不理想。

3. UPS

优点：速度快、服务好，一般 48 个小时即可到达美国；货物可被送达全球 200 多个国家和地区；查询网站的信息更新速度快；问题解决及时；可以在线发货；全国 109 个城市提供上门取货服务；一般用 2~4 个工作日即可将货物送达目的地。

缺点：运费较高，要计算货物包装后的体积重量，对托运货物的限制比较严格。

4. DHL

优点：速度快，一般用 2~4 个工作日即可将货物送达目的地；可送达的国家比较多；查询网站的信息更新速度快；21kg 以上货物有单独的大货价格，部分地区的大货价格比国际 EMS 还要低；一般通过货代也可获得 5 折左右的折扣。

缺点：邮寄小件货物价格较高，也需要考虑货物的体积重量，对托运货物的限制比较严格，拒收许多特殊货物。

5. FedEx

优点：到中南美洲和欧洲的价格较有竞争力，到其他地区的运费较高；查询网站的信息更新速度快，网络覆盖全，查询响应快；一般用 2~4 个工作日即可将货物送达目的地。

缺点：价格较高，需要考虑货物的体积重量，对托运货物的限制也比较严格。

6. TNT

优点：速度较快；在西欧国家的清关能力比 DHL、UPS 都强；在欧洲和亚洲可提供高效的递送网络；查询网站的信息更新速度快，遇到问题响应及时。

缺点：价格比其他国际快递公司都高。如果货值高、货物贵重，要求时效且通关能力强，那么可以选择 TNT。

7. 顺丰速运

优点：速度较快；到韩国、新加坡无燃油附加费；一般用 2~3 个工作日即可将货物送达目的地。

缺点：需要考虑货物的体积重量，对所运货物的限制较多。

6.1.3 认识专线物流

专线物流

1. 国际物流专线

国际物流专线如图 6-4 所示。

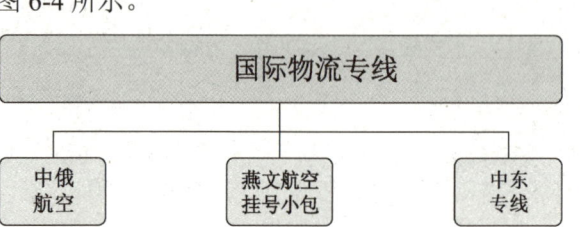

图 6-4　国际物流专线

2. 中俄航空

1）优势

时效快：包机直达俄罗斯，80%以上的包裹可在 25 天内到达买家目的地邮局。

价格优惠：收费标准为 0.08 元/g，另加挂号费 7.4 元/件。

交寄便利：在北京、深圳、广州（含番禺）、东莞、佛山、杭州、金华、义乌、宁波、温州（含乐清）、上海、南京、苏州、无锡、郑州、泉州、武汉这些地区，中俄航空提供免费上门揽收服务，位于其他地区的卖家可自行发货到指定集货仓。

赔付保障：物流企业承诺货物在 60 天内（自揽收成功/签收成功起计算）必达（不可抗力除外），因物流企业的原因在承诺时间内未妥投而引起的限时达纠纷赔款，由物流企业承担（按照订单在速卖通的实际成交价赔偿，最高不超过 700 元）。

2）运送范围及价格

中俄航空支持的运送范围是俄罗斯全境邮局可到达的区域。

运费根据包裹质量按克计费，1g 起重，单件包裹的限重为 2kg。

目的地无法投递的退件收费标准：选择销毁的，不产生费用；选择退回的，每单收取 0.6 元的退件附加费。选择退回的物流单一旦发生无法投递的情况，将被免费退回给卖家，不再单独收取退回运费。

3．燕文航空挂号小包

1）线路介绍

拉美专线：通过调整航班资源一程直飞欧洲，同时利用从欧洲到拉美航班货量少的特点，可以实现快速中转，避免旺季爆仓，大大缩短妥投时间。

俄罗斯专线：与俄罗斯合作伙伴实现系统内部互联，一单到底，实现了全程无缝可视化跟踪；国内快速预分拣，快速通关，快速分拨派送（正常情况下，俄罗斯全境派送时间不超过 25 天；人口在 50 万以上的城市，派送时间少于 17 天）。

印尼专线：使用服务稳定、可靠的中国香港邮政挂号小包服务，由于从中国香港到印尼的航班多、载量大，同时中国香港邮政和印尼邮政有良好的互动关系，因此中国香港邮政小包到达印尼的平均时效优于其他小包。

2）交寄便利

在北京、深圳、广州（含番禺）、东莞、佛山、杭州、金华、义乌、宁波、温州（含乐清）、上海、南京、苏州、无锡、郑州、泉州、武汉这些地区，燕文航空挂号小包提供免费上门揽收服务，位于其他地区的卖家可以自行发货到指定集货仓。

3）赔付保障

对于邮件丢失或损毁，卖家可在线发起投诉，燕文航空挂号小包会在投诉成立后最快 5 个工作日完成赔付。

4）运送范围及价格

燕文航空挂号小包的运送范围为拉美地区的 20 个国家，以及俄罗斯和印尼。

运费根据包裹质量按克计费，1g 起重，单件包裹的限重为 2kg。

4．中东专线

1）基本介绍

中东专线与中外运于 2012 年成立了中外运安迈世（上海）国际航空快递有限公司，提供一站式的跨境电商服务及进出口的清关和派送服务，目前支持中东、印度次大陆、东南亚、欧洲及非洲航线。目前的发货目的国包括阿联酋、印度、巴林、塞浦路斯、埃及、约旦、科威特、黎巴嫩、阿曼、卡塔尔、沙特阿拉伯、土耳其、也门、孟加拉国、巴基斯坦、斯里兰卡、新加坡、马来西亚、印尼、泰国等，且均为全境服务。在目的地无异常的情况下，该公司一般需用 3～6 天的时间来完成派送。

2）质量和尺寸限制

若单件质量不超过 30kg，则尺寸不得超过 120cm×50cm×50cm；若单件质量超过 30kg，则尺寸必须小于 240cm×190cm×110cm。

6.1.4 认识海外仓

1. 基本介绍

海外仓就是在本国以外的其他国家建立的海外仓库。货物从本国出口，通过海运、空运的形式被存储到海外仓中，买家通过网上下单购买所需货物，卖家只需在网上操作，对海外仓下达指令即可完成订单履行。货物从买家所在国发出，大大缩短了配送时间。

2. 优势

（1）提升购物体验。海外仓直接从买家所在国发货，大大缩短了配送时间；使用本地物流，买家可在线查询货物配送状态，从而实现货物的全程跟踪；海外仓的头程采用传统的外贸物流方式，按照正常清关流程进口，大大减少了清关障碍；本地发货配送，减少了转运流程，从而大大降低了破损和丢包率；海外仓中存有各类货物，因此能轻松实现退换货。这些优势都会为买家带来良好的购物体验。

（2）降低物流费用。邮政大包、邮政小包和专线物流对运输货物的质量、体积及价值有一定的限制，导致很多大件货物和贵重货物只能通过国际快递运送。海外仓的出现，不仅突破了货物重量、体积、价值的限制，其费用也比国际快递低。企业海外仓的布局模式有定制、自建和租赁 3 种，自建仓的风险与成本很高，涉及的关务、法务、税务等问题也比较烦琐。如果销量未达到运费折扣度，没有规模优势，那么可以选择租赁海外仓。一般大型卖家会选择定制仓，超大型卖家会布局海外自建仓，而大多数中、小型卖家会选择租赁海外仓。

3. 劣势

（1）滞销库存难以处理。据速卖通统计，平均每个卖家有 10 万元的滞销库存，有的甚至达到几百万元。其中，有 70%的卖家选择低价销售，19%的卖家选择销毁；11%的卖家选择其他方式。这些滞销库存处理得好，就是未挖掘的金库；处理不好，就等同于要花钱处理废品。很多人在努力寻找点石成金的方法，但这些产品的品牌、型号、材料、保质期都不一样，怎样分类归纳、集中处理并通过合适的渠道销售又是一大难题。

（2）本土化挑战重重。完成初期积累的卖家，不再满足于做一个产品的"搬运工"，而是要打造能在本土激烈竞争的市场中被买家认可和喜爱的产品乃至品牌。越来越多的卖家开始关注如何捕捉本土买家的需求、如何设计和生产买家喜爱的产品、如何做本土营销等。总的来说，卖家是跨境电商众多环节中的核心，而海外仓是卖家走向本土化的重要伙伴。当卖家批量转型之际，将是海外仓去"仓"化之时。

4. 如何选择海外仓

如何在众多的海外仓中选择一个适合自己的呢？卖家应把握以下几点。

（1）是否要求头程必须实现一体化操作。有人说将头程包含在海外仓服务中只是运营商增加收入的手段，但其实头程的把握是整个跨境物流链是否安全的关键，一个懂得从源头把控风险的物流企业才是可以信赖的企业。

（2）国内是否有专业团队提供服务。有些海外仓只负责海外入仓后的部分，即便有问题，货物也已经在海外，往往比较难处理。而在国内有专业团队提供服务的海外仓，其在国内的专业团队会在把货物发往海外仓之前就把控好，以便最大限度地避免货物在海外发生问题，以及最大限度地避免在海外产生额外的费用。

（3）是否提供成熟的管理系统。海外仓在某种程度上是一种服务商。客户、产品、海外仓、物流企业之间的信息对接是至关重要的。对海外仓来讲，系统是否成熟、流畅、高效、可靠也是一个海外仓是否能高效地完成整个流程的关键。

（4）海外仓团队是否是本地团队。海外仓的负责人是否有多年的海外生活经历，并且在物流行业有多年的运营经验十分重要。每个国家和地区都有不同的规则甚至潜规则，海外仓的负责人只有熟悉这些规则才能把握成本和风险。

（5）是否会选择客户。这更多的是海外仓的管理理念。由于海外仓是一个共用的平台，每个海外仓中都有大量不同客户不同品类的产品，一个客户众多的海外仓面临的风险会非常高。因为任何一个客户的产品出现法律、税务或者安全问题，都可能会影响其他客户。只有懂得选择客户的海外仓，才能保护客户的安全，甚至可以说，一个懂得拒绝客户的海外仓，才让人更加放心。

（6）仓储费用的计算方式。众所周知，卖家在其货物进入海外仓之后最怕的就是压货。压货不仅会给资金链带来巨大压力，每天发生的仓储费用对卖家来说也是负担。因此，能够提供合理的仓储费用，甚至免仓储费用的海外仓，可以为卖家节约很多未知成本。

（7）海外仓的规模。这个非常容易理解，规模小的海外仓，稳定性相对较差；反之，规模大的海外仓，稳定性好。

（8）是否具备独立的税务、法律服务团队。海外仓的关键在"流"，但问题在"法"，只有税务和法律有了保障，客户才能无忧地进行销售。更重要的是，税务和法律不仅可以保障海外仓的流程合法，还可以保障其客户的流程合法。在一个共同的仓储体系中，只有所有人都是合法的，才是真正的保障。

5．各跨境电商平台的海外仓介绍

1）速卖通的3种海外仓

速卖通作为几大跨境电商平台之一，拥有自己的海外仓。其海外仓能为买家带来更好的体验，从而提升店铺的整体转化率。

速卖通的海外仓有官方仓、认证仓及第三方海外仓3种。不同类型的海外仓，其要求不同。

（1）官方仓。

官方仓又叫菜鸟官方海外仓，是速卖通和菜鸟网络共同推出的物流服务，可以为卖家提供海外的仓储管理、货物分发、本地配送、售后赔付等方面的服务。官方仓的产品运输时效更快、服务也更有保障，可以大大提升买家的购物体验。官方仓的费用主要由仓储费、尾程运费、多件费、增值服务费组成，整体费用比市场主流价格低10%左右，能节省更多的物流成本。

（2）认证仓。

卖家订购认证仓有一个前提条件，就是要先自行备货至认证仓，订购的产品会被打上"fast shipping"标签。卖家后续通过费用管理系统管理仓库的产品。

目前，认证仓及已接入的国家如下。

4PX：已接入美国、英国、德国、西班牙、捷克、波兰、比利时。

万邑通：已接入英国、美国、德国。

IML：已接入俄罗斯。

谷仓：已接入英国、美国、捷克、法国。

卖家可以根据自己的情况选择一个适合自己的海外仓进行订购。

(3) 第三方海外仓。

第三方海外仓主要是指卖家跟其他仓库合作，并进行管理的服务。使用第三方海外仓的卖家，在订购"承诺达"服务之后，可以通过为产品打标"×日达"来有效提升产品的竞争力，从而吸引买家购买。目前，"承诺达"服务已接入西班牙、法国、波兰、比利时、捷克、德国、巴西、美国 8 个国家，只要是在这些国家的海外仓，卖家均可订购"承诺达"服务。除了海外仓发货，卖家还可以选择线上发货或者线下发货。卖家应根据自己的实际情况选择一个最合适的发货方式，以便让自己的店铺更有竞争力。

2) 亚马逊海外仓（FBA）

FBA 是由亚马逊提供的包括仓储、拣货、打包、派送、收款、客服与退货处理的一条龙式物流服务。

FBA 不仅是开启跨境业务的优选物流解决方案，还能帮助卖家吸引更多买家，加速业务拓展。使用 FBA，卖家只需将产品运送到亚马逊运营中心，亚马逊会负责取件、包装和配送，并为这些产品提供买家咨询、退货等客户服务，从而为卖家节省大量的人力、物力和财力，使卖家可以全力拓展自己的全球销售业务。

(1) 促进销售。

FBA 可以帮助卖家提升产品的浏览量和曝光率；触及优质亚马逊 Prime 会员，提升转化率。

(2) 降低成本。

FBA 支持灵活的付费模式，无最低费用、设置费或月租金；可降低卖家的物流和客服成本；大幅提升买家满意度和后台绩效。

(3) 省心省力。

FBA 可帮助卖家为买家提供 7 天×24 小时的专业客服支持；卖家无须花钱雇人处理订单、拣货、包装、发货；买家可享受适用的亚马逊免费配送和加急送货服务。

3) eBay 海外仓

(1) eBay 海外仓的优势。

① 提升账号表现。

(a) 产品所在地可以填写国外当地地址，可以提升搜索排名和曝光率。

(b) 有助于得到"Fast&Free"的标志，可提升 11% 左右的点击率。

(c) 规避与物流相关的中、差评和低分。

② 增加利润。

有了海外仓，卖家可销售的产品品类增加了，如热卖产品、售后问题不多的产品、体积大的产品、规格要求特殊的产品等。有数据表明，使用海外仓的卖家，其产品的平均价格都提升了，而且卖的普遍是价值高的产品，利润当然也会增加。因为同样的产品，使用海外仓后的价格、销量都比直邮的高。

③ 降低成本。

一般重量大于 400g 的产品，使用海外仓后的物流成本会明显降低，甚至连物流管理成本也会相应降低。因为通过外包仓库包装，可以简化操作流程，物流管理成本自然会降低。

（2）eBay 海外仓的新政。

eBay 宣布自 2019 年 3 月起推行海外仓服务标准管理政策。eBay 表示，此举旨在规范卖家的海外仓操作，保证运送时效，提高买家体验，并维护平台公平的竞争环境。新政内容概要：规范海外仓服务的承诺时效，考核海外仓订单的实际履行情况。

新政对海外仓服务的承诺时效进行了规范、卖家在刊登产品时，应设置订单处理天数不超过 2 天，且提供的物流选项所承诺的到达天数不能超过规定的天数，否则将被视为不合规刊登。在海外仓订单的实际履行情况方面，考核指标包括及时发货率、及时送达率及物流不良交易率 3 个。若卖家不合规，则会受到严格的销售限制。

4）Shopee 海外仓

（1）入仓优势。

① 降低物流成本。

入仓之前，卖家的物流费用是（以虾皮台湾站为例）：每单 15 台币起+发往虾皮中转仓的国内快递费用；入仓之后，卖家的物流费用成本为国内到海外仓的货运费用。为了鼓励卖家加入海外仓，Shopee 海外仓减免尾程运费，也就是从海外仓发往买家这个过程的运费，这个费用由虾皮承担。

② 降低时间成本。

海外仓直接发货，在下单后 10 小时内完成出库，时效性更高，买家体验好了，买家的黏性自然就增大了。相比使用国内仓的卖家，使用海外仓的卖家的产品送达时间更短、优势更大。

③ 平台资源扶持。

卖家可获得更多的首页曝光、限时秒杀位的资源，可参加免运促销活动，还可以享受跨店合卖服务。同时，平台可以提供选品建议和引流解决方案，帮助卖家运营店铺。

（2）Shopee 海外仓的报名流程。

① 报名准备。

在泰国站，卖家需要准备护照复印件和对公账户的银行证明，若没有，则可以用私人账户的银行证明；在其他站点，卖家需要评估现有产品的销售业绩，并结合选项指南预先选择合适的新产品。

② 报名方式。

第一种是虾皮会根据卖家的销售表现和运营表现进行评分排名，对于排名靠前的卖家，虾皮的客户经理会邀请其报名——通过电子邮件与卖家联系。第二种是卖家自己申请，卖家可以联系自己的客户经理，向其提供开店的信息和自己的电子邮箱地址。卖家在申请后需要等待审核结果，虾皮会在卖家提起申请后的 2~3 天内给出答复。

（3）注意事项。

如果卖家没有提前预约，或实际送仓时间与确定的入仓时间不一致，那么 Shopee 海外仓会拒绝卖家的产品入仓。卖家需要重新预约，才可以将自己的产品入仓。

卖家可以选择平台推荐的承运商或自行选择第三方承运商。若 Shopee 推荐承运商，则由平台统一通知执行；对于其他承运商，卖家则需要自行通知。

6.1.5 跨境物流方式的选择

跨境物流业务有海运、空运、快递、陆运、多式联运等，其中又可细分为海运集装箱整箱和拼箱、空运、国际快递（商业快递、邮政小包）、专线物流等，与之相关联的业务还有拖车、报关报检、清关、海外仓储、海外退货业务、出口退税、单证等。

有些卖家会说，只要选择一个价格低廉的物流企业就好了，我不需要了解这么多。真的是价格低就好吗？当你的订单量达到一定基数、你的产品价值较高时，你是否还只考虑价格问题？

1. 常见的物流问题

在实际工作中，卖家常会遇到以下物流问题。

（1）产品无法跟踪。

（2）买家没有收到产品，产品丢包了。

（3）不能清关，产品被海关扣留（敏感货、配额问题等）。

（4）旺季仓位紧张，排不到期，产品发不出去。

（5）运输派送周期太长。

（6）库存周转天数、物流周期等问题。

2. 选择跨境物流方式的一般原则

如何选择跨境物流企业，关键在于如何选择既方便买家又适合自己的运输方式。跨境电商平台对卖家的货运服务有严格的要求，因此卖家在选择跨境物流方式时要遵循一定的原则。

原则一：安全性好、可跟踪性强，尽量让买家可以随时了解产品的运送状态。

原则二：时效性高、可控性强。产品需在买家期望的运送时间内被送达。通常来说，买家的期望值随着产品价格的升高而提高，如果买家可在当地购得相同的产品，那么买家的期望值会更高。

原则三：服务好、性价比高。卖家应在确保不违反前两条原则的前提下选择性价比更高的跨境物流方式。

3. 合理分析自身情况

卖家应根据自身情况，结合买家的要求，合理选择跨境物流方式。自身情况分析如图6-5所示。

卖家可以在跨境电商平台的后台查询到大量的物流方案介绍，并且可以直接点击下单，非常方便。所有物流方案都会被分类为经济类、标准类、快速类、海外仓等几个类别，卖家可以有针对性地查找并使用。

卖家可以根据自己的产品类型，利用在线查询的方式找到适合自己的跨境物流方案。速卖通后台的物流方案查询系统可以让卖家非常方便地查看对比信息，速卖通还会对产品的质量做基本分析。物流方案查询如图6-6所示。

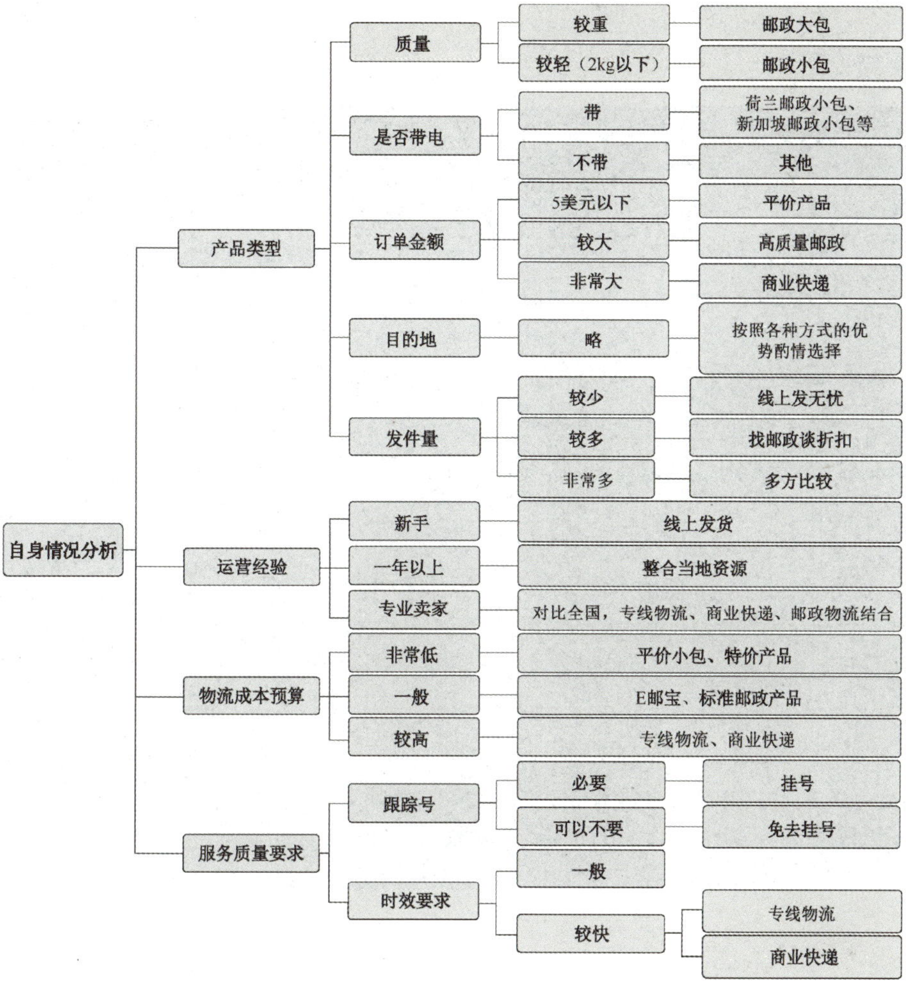

项目6 跨境物流与海外仓

图 6-5 自身情况分析

图 6-6 物流方案查询

167

小技巧

跨境物流方式的选择技巧

下面介绍一些选择跨境物流方式的经验和客户服务技巧。

（1）邮政小包的中间环节多，卖家能看到节点信息，却不能查询是哪个环节出了问题，不能及时止损、追责。因此，邮政小包更适合价较低的产品。

（2）有些国家不能查询是否已妥投，此时存在一定的风险，卖家要么关闭对该国的交易，要么更换跨境物流方式。有些国家延误严重，丢包率居高不下，若无理想的解决方案，则笔者建议针对这些国家不使用邮政小包。

（3）不同的邮政小包，在不同地区的清关和时效上有不同的优势，卖家可以多渠道发货。用邮政小包，在销售旺季会面临很大的挑战，笔者建议卖家多渠道分流，选择更好的跨境物流方式，以便降低风险。

（4）卖家应尽量在满足产品安全度和速度要求的情况下，为买家选择运费低廉的跨境物流方式。国际 EMS 的服务和时效性都比四大国际快递公司（UPS、DHL、TNT、FedEx）要逊色，但国际 EMS 的价格优势非常明显。

（5）即使拥有再多的经验，也无法估计所有买家的情况，所以卖家可以把跨境物流方式的选择权交给买家，只需要在产品描述中表明所支持的跨境物流方式，并确定一种默认的跨境物流方式即可。

（6）有的买家可以选择多种跨境物流方式，卖家可以写出常用的跨境物流方式及折扣，为买家节省部分运费。

任务 6.2 跨境物流运费的计算

6.2.1 国际海运运费的计算（海外仓）

1．海外仓费用的组成

海外仓费用=头程运费+处理费+仓储费+尾程运费+关税/增值税/杂费，如图 6-7 所示。

值得注意的是，不同企业的仓储收费方式不同，二程有的按体积计算费用、有的按重量计算费用。不同国家的关税也不同，如美洲国家只收取进口关税，欧洲国家收取进口关税和增值税，澳大利亚的国家则收取进口关税、增值税和附加税。

2．对产品定价的帮助

对速卖通产品进行定价应该从以下几个方面着手：

产品成本 1=产品的采购成本+产品的国内运费

产品成本 2=产品的到仓成本（头程运费+仓储费+处理费+尾程运费+关税等）

产品成本 3=平台扣点+计提损失

产品定价=（产品成本 1+产品成本 2+产品成本 3）+规划利润

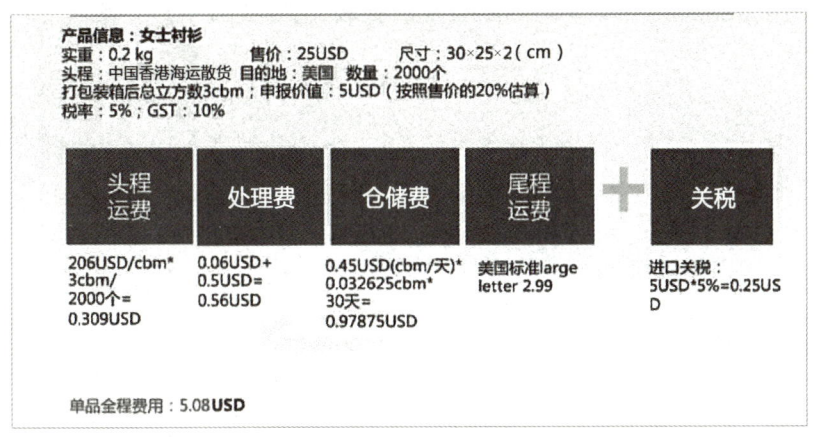

图 6-7　海外仓费用举例

最后，笔者建议海外仓不要走散货，最好是凑齐整仓或者跟大卖家拼货凑齐整仓，因为整货发整仓海外仓的价格是非常有优势的。

6.2.2　国际空运运费的计算（海外仓）

1．国际空运运费的计算方法

（1）当需寄送产品的实重大于体积时，运费的计算方法为

运费=首重运费+（重量×2-1）×续重运费

例如，7kg 产品按首重 20 元、续重 9 元计算，则运费总额为 20+（7×2-1）×9=137（元）。

（2）当需寄送产品的实际重量小而体积较大时，应先计算体积重量，再按上述公式计算运费总额。体积重量的计算公式如下。

规则产品：

体积重量（kg）=长（cm）×宽（cm）×高（cm）/6000

不规则产品：

体积重量（kg）=最长（cm）×最宽（cm）×最高（cm）/6000

（3）国际快件有时还会加上燃油附加费。例如，燃油附加费为运费的 9%，则还需要在运费的结果上追加"运费×9%"的燃油附加费。

燃油附加费一般会同运费一起打折。

总费用=（运费+燃油附加费）×折扣+包装费用+其他不确定的费用

2．国际空运运费的规定

（1）国内航空货物运价的使用规则。

① 直达货物运价优先于分段相加组成的运价。

② 指定货物运价优先于等级货物运价和普通货物运价。

③ 等级货物运价优先于普通货物运价。

（2）国内航空货物运费的计算规则。

① 货物运费计算以"元"为单位，元以下四舍五入。

② 按重量计得的运费与最低费用相比，取其高者。

③ 按实际重量计得的运费与按较高重量分界点运价计得的运费相比，取其低者。

④ 当分段相加组成运价时，不考虑实际运输路线，将由不同运价组成点组成的运价相比，取其低者。

（3）国内航空邮件的运费。

普通邮件的运费按照普通货物基础运价计收；特快专递邮件的运费按照普通货物基础运价的 150% 计收。

6.2.3 跨境小包物流运费的计算

1. 运费的组成

航空小包：

$$运费=公布价×实重×折扣+挂号费（可上网查询）$$

航空平邮

$$运费=公布价×实重×折扣（不能上网查询）$$

2. 收费标准

以中邮小包为例，国际小包在不同国家有不同的收费标准，读者可通过扫描二维码了解中邮小包近期的收费标准，其中显示的资费标准都不包含挂号费。

中邮小包的收费标准

任务 6.3　线上与线下发货

6.3.1　线上发货

1. 基本介绍

线上发货是由速卖通、菜鸟网络联合多家优质物流企业打造的物流服务体系。

线上线下发货区别

卖家使用线上发货方式可直接在速卖通后台在线选择物流方案，物流企业上门揽货（或卖家自行寄至物流企业的仓库），发货到国外，卖家可在线支付运费并在线发起物流维权。阿里巴巴作为第三方，将全程监督物流企业的服务质量，保障卖家的权益。

2. 线上发货的优势

（1）卖家保护政策。

① 平台网规认可。对于使用线上发货方式且成功入库的包裹，买卖双方均可在速卖通后台查询物流追踪信息，且平台网规认可。若卖家后续遇到投诉，则无须再提交发货底单等物流跟踪信息证明。

② 规避物流低分，提高账号表现。采用线上发货方式的订单，若产生 DSR 物流服务得分过低和由于物流原因引起的纠纷提起率、仲裁提起率、卖家责任裁决率高等问题，则

平台会对该笔订单的相应指标进行免责。

③ 物流问题赔付保障。阿里巴巴作为第三方,将全程监督物流服务,卖家可针对丢包、货物破损、运费争议等物流问题在线发起投诉,并获得赔偿(仅国际小包物流方式支持)。

(2) 渠道稳定,时效快。

① 渠道稳定:直接和中国邮政、西班牙邮政等物流企业对接,安全可靠。

② 时效快:平台数据显示,线上发货的上网时效、妥投时效均高于线下发货。

③ 物流企业承诺运达时间:因物流企业的原因在承诺时间内未妥投而引起的限时达纠纷赔款,由物流企业承担。

(3) 运费低于市场价,支付更方便。

① 可享受速卖通卖家专属合约运费:低于市场价,只发一件也可享受折扣。

② 可用国际支付宝支付运费:国际支付宝账户中未结汇美元也能支付运费,还能下载运费电子账单对账。

3. 发货准备

(1) 平台运费模板设置。此部分内容可参考项目2。

(2) 产品包装技巧。

① 包装:如果有多个产品,就要把产品分开放置,为每个产品都准备充足的缓冲材料(如泡沫板、泡沫颗粒、皱纹纸等)。需要注意的是,泡沫颗粒可能会在运输过程中移动,所以采用泡沫颗粒作为缓冲材料,一定要压紧压实。

② 打包:使用一个新的包装材料,并使用缓冲材料把空隙填满,但不要让箱子鼓起来;在使用旧箱子时,要注意移除以前的标签,并且旧箱子的承重力会减小,在使用时需要确保它足够坚固。

③ 封装:用宽大的胶带(封箱带)进行封装,不要用玻璃胶;用封箱带把包装拉紧(封箱带用十字交叉的方法拉紧,若是胶带,则其宽度至少应为6cm)。

(3) 包装的选择。

常用的包装材料有纸箱、泡沫箱、牛皮纸、文件袋、编织袋、自封袋、无纺布袋等。常用的包装辅材有封箱带、警示不干胶、气泡膜、珍珠棉等。其中纸箱最为常用,下面重点介绍如何选择纸箱。

按做纸箱用的纸板(瓦楞板)划分,我们可以把纸箱分为3、5、7层纸箱,纸箱的强度为3层最弱、7层最强。对于服装等不怕压、不易碎的产品,一般用3层纸箱包装就够了;对于玻璃、数码产品、电路板等贵重产品,建议用5层纸箱再配以气泡膜进行包装,以确保产品在运输途中的安全。

按纸箱的形状划分,我们可以把纸箱分为普箱(也称双翼箱,见图6-8)、全盖箱、天地盒(见图6-9)、异型箱(也称啤盒,见图6-10)、火柴盒(见图6-11)。

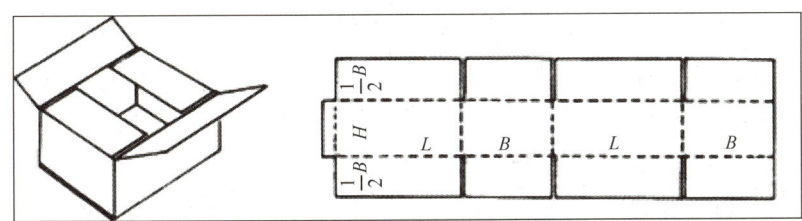

图6-8 普箱的立体和平面示意图

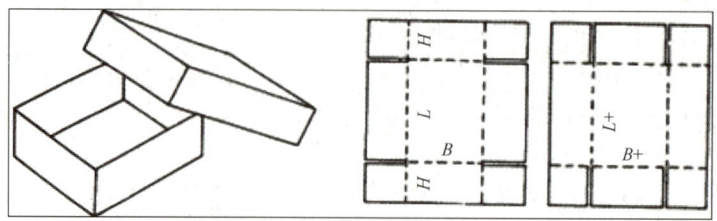

图 6-9 天地盒的立体和平面示意图

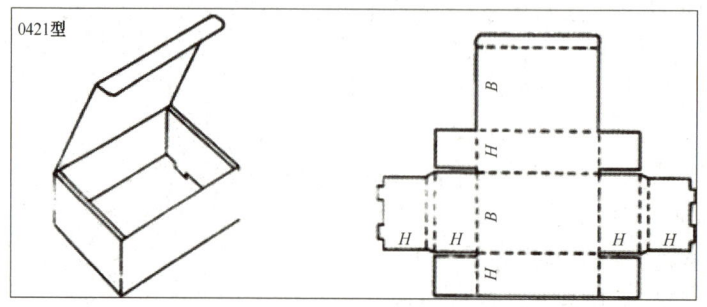

图 6-10 异型箱的立体和平面示意图

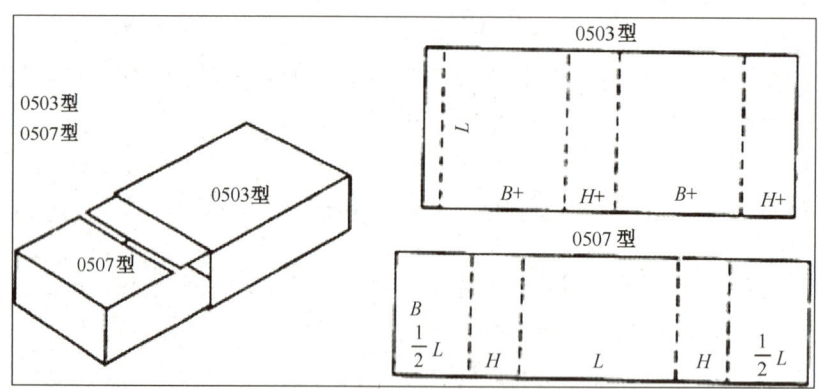

图 6-11 火柴盒的立体和平面示意图

天地盒属于礼盒范畴，密封性好，强度高，造价较高，适用于包装各类工艺礼品、高档数码产品、电路板等产品。

火柴盒成形方便、结构简单合理，适用于包装球拍、画（框）等较大型的扁状产品。

衬垫（见图 6-12）主要用于箱子内部，起到增大箱子强度、保护产品的作用，广泛应用于易碎产品、贵重产品的包装，如手机、电子产品套装（电源、光盘、说明书等）。

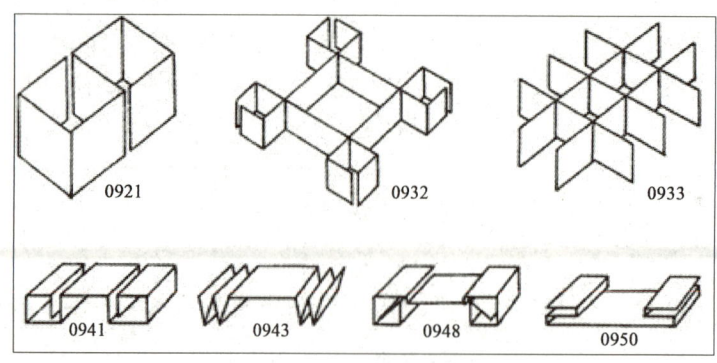

图 6-12 衬垫示意图

同样大小的箱子，天地盒、异型箱的价格要高于普箱，因为其用料较多，侧面一般为两层纸板，故强度、密封性也高于普箱。普箱方便、便宜、环保的特性使得普箱的应用范围最广。

卖家在选购纸箱时，最好根据产品的特征、买家的要求，同时结合成本投入综合考虑。虽然强度大的纸箱安全性更高，但是成本也更高，物流费用也会增加。

卖家也可以定制自己的专用包装纸箱，印上自己店铺的 Logo，这样可以让自己的产品在物流全程中吸引更多眼球，同时可以传播品牌。

4. 线上发货的流程

（1）选择线上发货方式（见图 6-13）：使用线上发货服务，卖家需要在产品的备货期内填写发货通知。

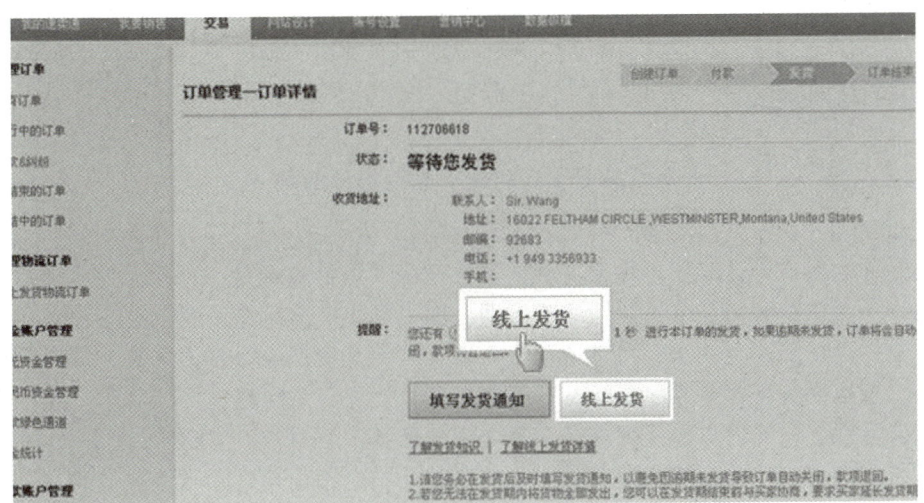

图 6-13　选择线上发货方式

（2）选择服务仓库：卖家应根据需要选择服务仓库。

（3）填写发货预报：填写发货预报是非常重要的步骤，正确填写预报信息可以提升卖家的操作效率。

（4）发至相应仓库：在填写完发货预报后，卖家需要将产品发送至相应的仓库，如图 6-14 所示。

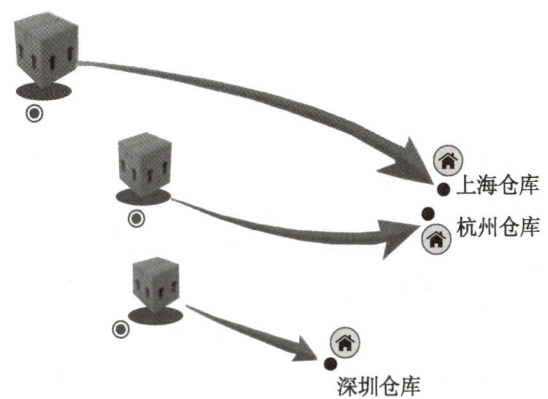

图 6-14　将产品发送至相应的仓库

（5）仓库计算跨境物流运费：仓库会按照其公布的收费标准计算跨境物流运费。

（6）卖家支付跨境物流运费：卖家通过支付宝即时到账功能支付跨境物流运费，费用将被直接结算给相应的仓库。

（7）仓库发送产品至目的地：在卖家支付完跨境物流运费后，仓库会将产品发送至指定的目的地。

6.3.2 线下发货

卖家直接与物流企业对接，可使其操作符合物流企业的要求。卖家无须重新打印地址标签与报关单等，且卖家直接跟物流企业结账。因此，物流企业对线下发货的积极性较高。在线下发货方式中，物流企业也提供了多种物流渠道供卖家选择。

开启海外仓 2.0 时代：跨境电商的新支点

在 2020 年 6 月 28 日刚刚结束的稳外贸工作座谈会指出，要加强与相关国家沟通协调，畅通国际货运通道，开辟更多方便商务人员往来的"快捷通道"。鼓励外贸企业转型升级，提升出口产品质量和附加值，加快发展跨境电商、网上交易等外贸新业态新模式，鼓励引导多元投入建设海外仓，加大对带动中小企业出口的外贸服务平台的支持，培育新的外贸增长点。各地要结合本地实际，及时完善稳外贸稳外资相关措施。

国家对跨境电商的支持无疑是给跨境电商卖家打了一剂强心针。然而对各位卖家来说，物流阻滞才是其满足获取高利润需求必须破除的壁垒。特别是近年来，整个跨境电商行业的发展十分迅猛，但物流方面频频传出爆仓、延误、禁运的消息，且频率越来越高。尽管物流行业始终在致力于开发各种新的渠道，但面对跨境电商日益增长的发货数量和不断提高的运输要求，却显得有些力不从心。

在一众行业参与者还在迷茫时，海外仓应运而生，并表现突出。海外仓是指海外仓储服务，即由跨境电商平台、物流企业独立或共同为卖家在销售目的地提供的产品仓储、分拣、包装、派送的一站式管理服务。卖家将产品存储到当地仓库中，当买家有需求时，能够快速做出响应，及时进行产品的分拣、包装及递送。

海外仓"松绑"了对产品重量和规格的限制，远超跨境物流的运送速度、舒适的买家购买体验、不断增大的海外仓发货比例，这些都让人们似乎看到了一丝解决物流难题的希望。

建设海外仓能解决跨境寄件的时效、成本、清关、禁运等问题，而这些都是传统跨境物流的"痛点"。业内人士指出，建设海外仓可以让出口企业将产品批量发送至国外仓库，减少了中间环节，可实现本地销售、本地配送。

另外，海外仓也是展示品牌、售后、咨询的窗口。以售后为例，原本由于无法处理退货、不回收而直接补寄产品造成的损失已成为跨境电商企业的固定损耗成本。如今，海外仓可回收退货、提供简单的维修服务，也能保障第一时间补寄产品，在降低损失的同时还能提升服务质量。

伴随着海外仓的热度，在福建、广东、浙江等地开展海外仓业务的中小企业不在少数，但其中相当一部分最终因经营不善而停业。然而，清关风险、产品质量问题、库存压力、

项目 6 跨境物流与海外仓

产品竞争力、税务合法性，都是潜在的挑战。尤其对初涉海外市场的企业而言，海外仓的合法性、税务、清关及产品质量的各种解决方案都非常重要。安渤航供应链管理（上海）有限公司在这些方面具有先天的优势，深耕东南亚市场，在马来西亚、菲律宾、泰国等地拥有自己的海外仓及员工，其独立研发的操作管理系统《琥珀软件》，致力于为各大、中、小型卖家提供高质量的服务，助力其开启本土化运作。

海外仓不应是单纯的"仓"，而应该"去仓化"，提供本土化、多样化的海外服务。把海外仓应成为卖家在海外真正的触角，让卖家可以不出国门就实现本土化。我们认为海外仓即将跨入 2.0 时代。相比于在海外仓 1.0 时代只具备代收和发运两大传统仓库功能，在 2.0 时代，安渤航供应链管理（上海）有限公司将致力于成为集跨国物流转运、海外仓储、系统管理分销、金融等于一身的新型供应链管理公司，望乘着国家的"东风"，助各位卖家货通东南亚。

（资料来源：雨果网，有改编）

实训　选择跨境物流方式

美国时间 2015 年 5 月 7 日，一名为 Debora Negre 的澳大利亚买家订购了多款打底裤，订单金额共计 147.08 美元。订单详情（部分）如图 6-15 所示。

图 6-15　订单详情（部分）

175

该买家一共买了 21 条打底裤，以每条 150g 估算，总重量为 3.15kg，再加上赠品的重量，远远超过了邮政小包 2kg 的限制。请问，卖家应该如何选择跨境物流方式？

实训提示

在这种情况下，卖家一般有两种选择：走商业快递或者分两个邮政小包寄送。下面给出两种方式的价格表（见表 6-1 和表 6-2），请大家在计算后给出建议。

表 6-1　E 特快的价格表

路　　向	首重 50g/元	续重 50g/元
中国台湾	16	0.6
法国	105	2.5
（白）俄罗斯	120	2.5
澳大利亚	69	3
日本	65	1.2
巴西	115	4
韩国	60	0.9

表 6-2　邮政小包的价格表

代　　码	国　　名	计 费 区	资费标准/（元·kg^{-1}）
TG	泰国	2	71.50
XJP	新加坡	2	71.50
IA	印度	2	71.50
YDNX	印度尼西亚	2	71.50
ADL	奥地利	2	81.00
ADLY	澳大利亚	2	81.00
AEL	爱尔兰	2	81.00
FB	保加利亚	2	81.00

思考与练习

请体验一次速卖通运费计算及发货流程，以文字配截图的形式记录操作过程，并回答下列问题。

（1）用流程图描述本次线上发货的流程。
（2）描述速卖通运用不同的跨境物流方式计算运费的过程。
（3）比较线上发货与线下发货的优缺点。

与发展多年的外贸 B2B 相比，跨境 B2C 电商所占份额还远远不够。信息流、金融流、物流服务都是制约跨境 B2C 电商业务的瓶颈，其中物流服务以其配送慢、难追踪、清关慢、

易破损、易丢包、难退换等不利因素成为跨境 B2C 电商的最大"痛点",设立海外仓则是解决此"痛点"的关键所在。

对于速度要求高的产品,卖家可以选择商业快递。商业快递的费用高,但可以全程追踪,货物在 5~7 天内可被送到目的地,丢包和买家撤销付款的风险低。在对速度要求不高的情况下,卖家可以选择航空小包。航空小包可以发重量为 2kg 以下的产品,其特点是便宜、方便、全球通邮,价格统一,但时效不稳定,信息更新慢,丢包和买家纠纷风险高。

不同国家的物流环境,特别是物流软环境的不同,导致物流方式的差异很大。

另外,为了解决成本高、配送周期长的问题,卖家可以使用海外仓。使用海外仓,卖家可以在线远程管理海外仓储产品,保持海外仓储产品实时更新,严格按照买家需求对产品进行存储、分拣、包装、配送,并且在发货完成后及时更新库存信息。此外,买家购买的产品从本地发货,这让国内卖家更容易得到海外买家的信任,从而提升购买率,这在无形中让国内卖家与当地卖家站到了同一起跑线上。

1. 单项选择题

(1) 可以发带电产品的跨境物流方式是(   )。
  A.中国邮政平常小包   B.新加坡邮政小包
  C.燕文航空挂号小包   D.中俄航空

(2) 不属于各国邮政小包共同点的是(   )。
  A.限重 2kg   B.周长限制为 90cm,单边不超过 60cm
  C.按 g 收费   D.都有妥投信息

(3) 某件货物的重量为 1.05kg,包装大小为 40cm×20cm×10cm,由于是高价值货物,买家也愿意承担国际快递费用,因此选择走美国联邦快递。经查询,到目的地的运费单价为 31 元/kg 全包,泡货比按 6000 计算。请问:需要支付的运费为(   )元。
  A.41.33   B.32.55   C.95.3   D.38.55

(4) 关于跨境物流的包装方式,下列描述正确的是(   )。
  A.包装得越结实越好
  B.跨境销售品牌产品,为了体现产品的品质和档次,卖家应该尽量采用彩盒包装,印上自己的 Logo、条码、社交软件账号等信息
  C.木质包装需要运用在一些特殊的产品上,且效果很好,所有国家都接受木质包装的产品进口
  D.最外层包装上需要贴上报关信息,为了避免税收,申报的金额越低越好

2. 多项选择题

(1) 关于海外仓,下列描述正确的是(   )。
  A.将货物发往海外仓可以帮助卖家减免关税
  B.海外仓比较适合没有经验的新手卖家
  C.由于速卖通的买家来自全球,因此卖家要根据自己店铺的实际情况选择何时、如何入驻何地的海外仓
  D.海外仓最大的好处就是缩短了买家的收货时间、优化了购物体验,但是对卖家的资金实力、选品能力都是巨大的考验

(2) 关于线上发货与线下发货的区别，下列描述正确的是（　　）。

　　A．新手卖家比较适合选择线上发货方式

　　B．量少时线上发货一样可以享受折扣，线下发货就较难享受折扣

　　C．线下发货可以用国际支付宝支付运费，可以提高资金的使用率

　　D．线下发货直接面对发货的承运人，更加直观、安全，赔付速度更快

(3) 国际海运运费包括（　　）。

　　A．头程运费　　B．处理费　　C．仓储费　　D．尾程运费

(4) 一个经营女装配饰的速卖通店铺，卖家是新手，出单量不多（每天 5 单左右），客单价为 4~5 美元，客重量为 150g 左右，订单目的地集中在俄罗斯，卖家的物流预算不高，可以选择的跨境物流方式有（　　）。

　　A．线上发无忧物流　　　　　　B．俄国平价专线

　　C．中邮小包　　　　　　　　　D．DHL

3．分析题

(1) 简述常用的跨境物流方式及其优缺点。

(2) 在跨境 B2B 电商模式中，跨境物流方式选择的依据是什么？有什么新趋势？

(3) 简述海外仓在跨境物流中的优缺点。

项目 7

跨境电商客服

项目重点和难点

跨境电商客服的工作流程；纠纷处理；评价管理；老客户维护。

素养目标

培养服务意识；树立客户信息管理伦理观。

项目导图

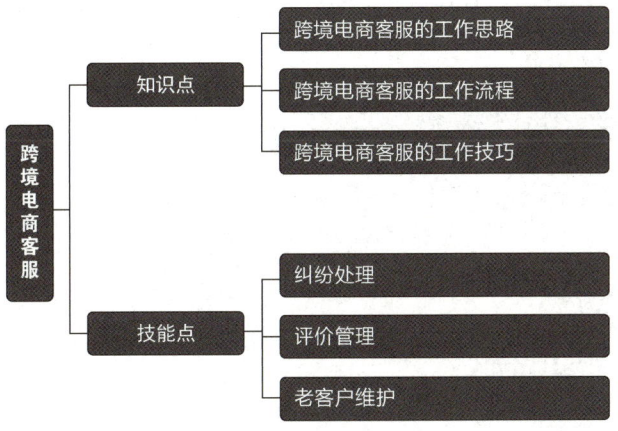

引例

巴西客户玛丽亚在速卖通某店铺购买了一件长裙，在收到产品后认为产品有严重的质量问题。玛丽亚按照要求发送电子邮件说明详情并发送了证明产品有质量问题的图片。玛丽亚未使用产品，客服告知玛丽亚这属于小瑕疵，如果玛丽亚坚持要退货，就要自己承担退货运费，而如果她确认收货，就给她寄送一份小礼品。最后，玛丽亚在客服提供的解决方案中做出了选择。

> **引例分析**
>
> 各国政策和风俗不同，对跨境电商业务的开展来说是一大挑战。客服可以做很多工作来帮助提高客户的满意度：可从售前问好和产品推荐、售中订单跟踪核对、售后各类问题处理等多方面入手与客户进行及时、有效的沟通。玛丽亚的案例虽然只是个例，但是之于全球各国客户服务依然有共性，本项目将讲述跨境电商客服的工作思路、工作流程与工作技巧，总结纠纷处理、评价管理和老客户维护的方法。

任务 7.1 跨境电商客服的工作思路、工作流程与工作技巧

7.1.1 工作思路

与传统商业沟通相比，跨境电商交易双方的沟通主要通过在线的实时沟通工具进行。而跨境电商平台沟通的原则是及时、清楚、简洁、礼貌。以速卖通为例，站内信、TradeManager、Skype 都是可用的实时沟通工具。站内信、TradeManager、Skype 分别如图 7-1、图 7-2 和图 7-3 所示。

售中客服的主要工作及技巧

图 7-1 站内信

沟通内容主要为询价、物流方式、产品规格和包装、产品的数量、产品的重量、产品的品质等。跨境电商注重沟通的即时性，在使用聊天工具时，如果客服在构思和打字上花费太长时间，就容易造成话语流的交织或者长时间的话语间断，口语化词汇能够使沟通双方及时跟上快节奏的网络环境，提高即时沟通效率，达到交际目的。同时，多说一些感谢、

抱歉、多多支持之类的话，可以让客户感受到客服真诚的工作态度。客服也可以多用表情符号，无论是外国人还是中国人，在聊天中使用表情符号的频率都很高，对于远距离交流的双方，表情符号可以更好地表达情感，拉近与客户之间的距离。客服对于承诺的事情要尽力做到，而对于不能做到的事情，不要轻易承诺。

图 7-2　TradeManager

图 7-3　Skype

所有客服工作都围绕订单进行，围绕订单的客服工作可被细化成售前、售中、售后 3 个部分。跨境电商客服工作同样可以被分为售前、售中和售后 3 个部分，每个部分的工作都不相同。售前客服的主要工作是销售产品，因此售前客服要熟悉产品，要有与客户进行良好沟通的能力、产品销售能力和关联产品的搭配能力。售中客服的主要工作是对订单进行追踪与反馈，因此售中客服要能熟练地进行快递单号查询、异常快递单处理并及时给予客户反馈。售后客服的主要工作是提供售后服务，因此售后客服要有抗压和解决问题的能力、熟悉速卖通的规则，并能够灵活地处理问题。

想一想

售前客服、售中客服、售后客服的工作相互独立，他们需要具备的工作能力和职业素养也不一样。这样的理解对吗？

✔ 7.1.2　工作流程

售前客服要做好充分的准备工作。在遇到客户询盘时，售前客服要亲切、热情地打招呼并了解客户的需求，向客户推荐产品并把产品信息介绍清楚，进行议价、催付，完成销售。在客户下单后，售中客服注意进行发货提醒和预计到货时间告知，及时跟踪物流情况。在货物成功投递后，售后客服要向客户确认货物送达并且鼓励客户给予好评，维护客户关系，及时反馈意见。若产生纠纷，则售后客服要灵活地进行退换货或者投诉处理。客服的工作流程如图 7-4 所示。

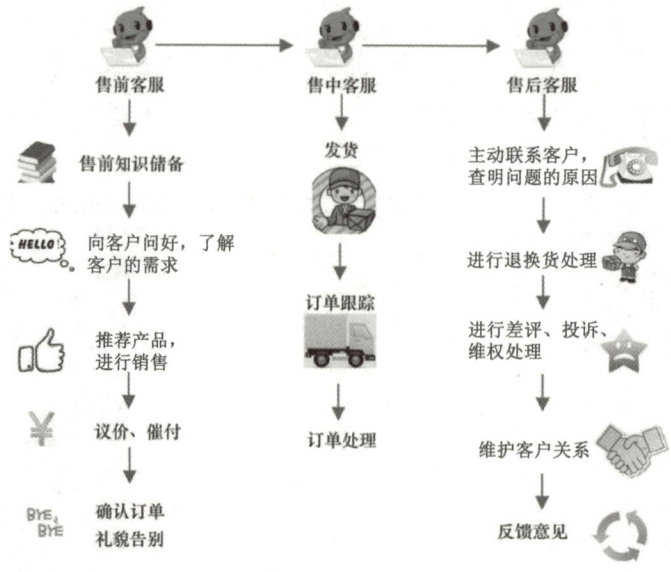

图 7-4　客服的工作流程

7.1.3　工作技巧

没有什么比改善客户体验更能提高卖家的搜索排名及信誉了，下面介绍一些好用的客服工作技巧。

1. 快速回复

客户希望自己的声音能被听到。卖家需要与可以进行面对面交流的实体店进行竞争。如何赢得客户的青睐？卖家要做的第一件事就是让客服快速回复客户的信息。这也是亚马逊评判卖家绩效的一个关键指标。客户将会非常开心在 1～2 小时内得到答复。即使客服

速卖通客服旺旺的常规设置

没有给出让客户满意的答案，让客户知道客服正在努力也好。更好地服务客户，有助于提高卖家的信誉。客服也可以运用词句的缩写进行快速回复，包括首字母缩略模式，如用"AFAIK"代替"As Far As I Know"，用"RFI"代替"Request For Information"；部分缩略模式，如用"BstRgd"代替"Best Regard"，用"pls"代替"please"；用字母代替同音单词模式，如用"CU"代替"See you"，用"Me 2"代替"Me too"等。

2. 更快的处理和配送服务

改善客户体验可以从采用快速物流服务入手，尽快把包裹投递给客户。如果卖家销售的是小型产品，并需要自己发货，那么可以尝试 USPS Priority 和 Priority Flat Rate 包裹。它们不仅具有一流的配送速度，成本也不高。快速配送是销售流程中确保得到正面反馈的一个重要指标。

3. 更快的发货速度

卖家要了解物流企业的发货时间和最后一班离开本地的货车的发车时间。卖家可能发现，加上揽货时间，很多包裹第二天才能真正离开本地。只需稍微更改一下发货安排，卖家就能使包裹在交出当天离开本地，从而被尽快投递给客户。如果说出需求，物流企业就会尽力满足。

4. 规范回应内容

随着速卖通业务的扩大，客服会发现针对相似的问题可以用相同的回应内容。因此，客服可以建立一份问答文档，在回复客户询盘时只需复制和粘贴，并根据询盘细节进行修改即可，没有必要反复编写相同的内容。该措施有助于为品牌和业务建立更专业的形象。

5. 保持专业性和积极性

任何业务中都会有冲突。不幸的是，随着互联网匿名功能的出现，客户经常感到，当出现问题时，他们需要怒气冲冲地联系客服，才能让自己的声音被听到。客服需要保持平静，在回应中体现出专业性，努力找出一个解决方案，而不要陷入与客户争吵的境地，这样才能更快地解决问题。再次强调，预先写好回应内容，有助于客服保持积极的态度。

6. 给客户提供选择

客户希望自己能主导整个购买流程。客服可以为客户提供多种选择。缓和争论最简单的方法就是为客户提供多个选择，让他们感觉自己拥有主控权。例如，"我很乐意为您安排退货，或者作为补偿，我可以为您提供10%的折扣，您喜欢哪种处理方式呢？"

7. 擅用表情符号

跨境贸易双方无法进行面对面的沟通，无法从语音、语调、肢体动作和面部表情来传达情感和判断对方的态度，因此使用表情符号来构建语境对沟通来说尤为重要。客服应掌握速卖通上的各种表情符号在国际上通行的解释，尽量避免产生误会以致失去一个潜在客户。例如，微笑符号常常在电商平台上出现，营造的是一种轻松、友好的语境，以求达到获得最多利润的交际目的。除了表情符号，客户还会用大写字母、黑体字母、标点符号来表达不同的情感。例如，"MANUAL handle is suitable in Middle East"，在这个例子中，虽然无法从脸部表情或声调中得知端倪，但从大写的"MANUAL"中可见客户对"手动"的强调。例如，"Haven't received your confirmation！！！！！"在这个句子里，客户用了多个感叹号来表达自己强烈的不满。

总之，在不同的客服环节，客服要做的工作不相同，起到的效果也各不相同，如表 7-1 所示。

表 7-1　客服工作

客服环节	客服要做的工作	潜在的效果
客户下单但没有付款	给客户留言，提醒其付款。客服可适当多提醒几次，但不宜太多（建议不超过3次）	尽可能促成交易
客户下单并付款	（1）资金审核中：留言告知客户资金已在审核中，让客户耐心等待，待到账后会及时通知客户。 （2）付款成功：留言告知客户付款已成功并准备发货。 （3）付款失败：留言告知客户付款失败，未通过平台风险管控	让客户清楚自己付款后的状态，防止资金审核时间较长引起客户的误会
订单发货前准备	给客户留言，询问收货地址、联系方式等物流关键信息是否正确	减少货物丢失或快递无法正常投递而造成的不必要的损失
订单已发货	（1）货物刚发出：给客户留言，告知其订单已发货，并把订单号发给客户。 （2）货物在途：给客户留言，定期更新货物的在途状态	有效地避免客户因在这个环节看不到物流信息而直接提出纠纷
订单延期到货	货物无法按时送到，给客户留言，并为客户延长收货时间	避免客户因为延期而提出纠纷
订单已签收	给客户留言，提醒客户确认收货	尽可能地缩短回款周期
订单已确认收货	主动给客户好评（除非订单有纠纷），并留言建议客户留好评	提高店铺的信誉

任务 7.2　纠纷处理、评价管理和老客户维护

7.2.1　纠纷处理

提起纠纷，很多客服都非常害怕，但是正确地对待纠纷，与客户进行恰当的沟通，可以避免更大的损失。纠纷从动机出发来说分为两类：善意的和恶意的。针对善意的纠纷，客服要高度重视并且妥善处理；针对恶意的纠纷，客服可以在"营销活动"→"客户管理"→"客户管理与营销"中将该客户拉入黑名单，如图7-5所示。

图 7-5　黑名单

纠纷主要分为未收到货物和收到货物两种情况下的纠纷，未收到货物情况下的纠纷有包裹异常、物流延误、海关扣关、包裹退回；收到货物情况下的纠纷有货不对版、质量问题、货物短装、货物破损、假货投诉，如图7-6所示。

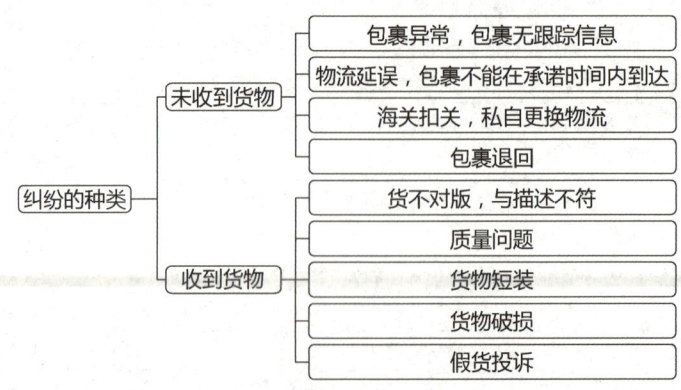

图 7-6　纠纷的种类

针对不同的问题，有不同的解决方法。针对未收到货物情况下的纠纷，处理方法如图7-7所示。

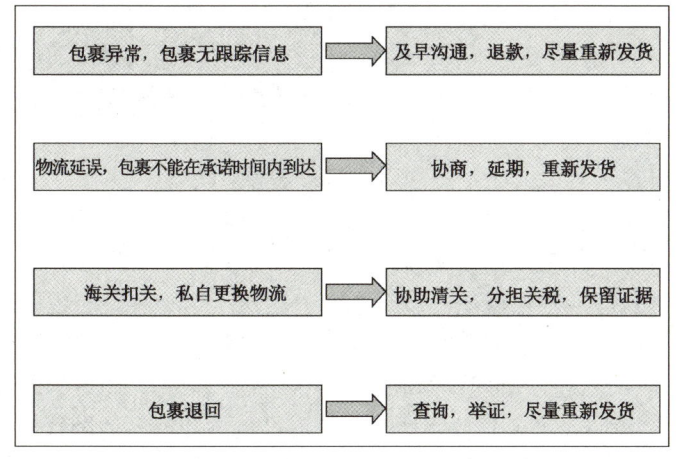

图 7-7　未收到货物情况下的纠纷的处理方法

未收到货的纠纷处理

针对收到货物情况下的纠纷，处理方法如图7-8所示。

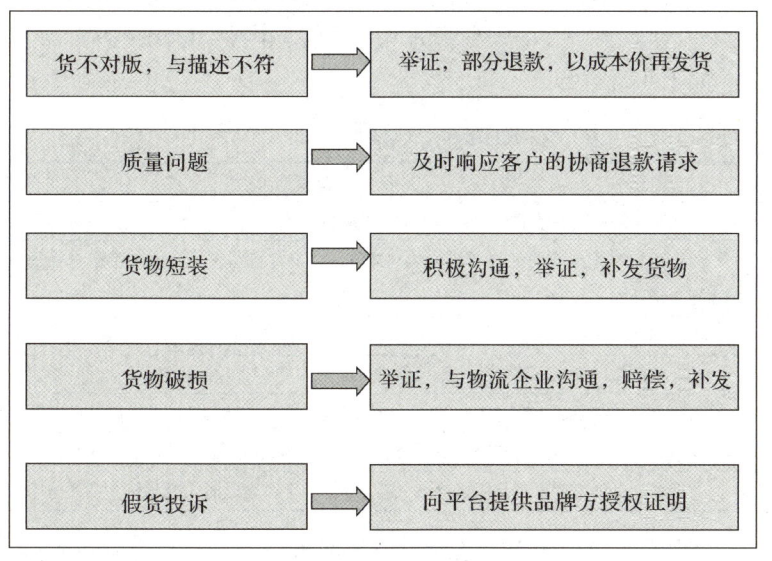

图 7-8　收到货物情况下的纠纷的处理方法

货不对版纠纷案例分享

纠纷并不可怕，客服应本着诚信的态度积极地与客户沟通，尽量将纠纷的影响降到最低，让客户取消纠纷、部分退款、重新发货都是可能实现的。成功处理纠纷的技巧有以下几种。

1. 保证产品质量

客服应根据产品的实际情况详细描述产品的品质，杜绝假货，保证产品质量。

2. 有效沟通

客服可以在交易过程中不断与客户进行沟通，如在客户下单前跟客户确认产品信息；在发货后时刻关注物流信息，及时处理物流疑问，经常查看订单，特别是在爆仓的情况下，及时给客户延长收货时间。这个小小的举动有着很大的作用，一般来说，客户都是想收到货物的，如果货物已经能查看到物流信息，那么延长收货时间基本都能被客户理解并接受。

3. 重视客户的抱怨

客服不能忽略客户提出的任何抱怨，从这些抱怨中可以发现一些深层次的原因，诊断出卖家在经营管理中存在的问题，从而帮助卖家提供更优质的产品和服务。

4. 准确、及时地解决问题

客服应在最短的时间内答复客户，而不是采取拖延的办法。

5. 跟踪客户对处理结果的反馈

如果客户对处理结果不满，客服就必须继续跟进处理，直到客户满意为止。

绝大部分客户都是优质的，当然也避免不了有恶意的客户，这类客户产生的纠纷常常有两种：说产品质量不好；说卖家少发货了。一般来说，针对第一种纠纷，客服可以说："请不要担心，我们会为您解决问题，请您发给我们相应产品的图片。"针对第二种纠纷，客服可以说："请不要担心，我们会为您解决问题，请您提供包裹和产品的图片，以及包裹的总重量，我们都有发货记录，重量精确到克，请您再次核对所有产品，并与我们联系。"

如果客服在私下处理不了纠纷，那么可以将其提交至速卖通，速卖通会根据双方提供的证据进行一次性裁决。速卖通把客户不良体验订单率（Order Defect Rate，ODR）作为一个重要指标，把卖家分为不及格、及格、良好和优秀几个等级。其中，ODR =客户不良体验订单数/所有考核订单数，如表 7-2 所示。

表 7-2 ODR 指标详解

买家不良体验	指 标 详 解
成交不卖	由于卖家的原因导致的付款订单逾期未发货的行为
仲裁提起	买卖双方对于纠纷的处理无法达成一致意见，最终将纠纷提交至速卖通进行裁决的行为
5 天不回应纠纷	在提起或修改纠纷后，卖家在 5 天之内未对纠纷订单做出回应导致纠纷结束的行为
中、差评	在订单交易结束后，客户对该笔订单总给予了 3 星及以下的评价
DSR 产品描述中低分	在订单交易结束后，客户匿名给予分项评价——产品描述的准确性 3 星及以下的评价
DSR 卖家沟通中低分	在订单交易结束后，客户匿名给予分项评价——沟通质量及回应速度 3 星及以下的评价
DSR 物流服务 1 分	在订单交易结束后，客户匿名给予分项评价——产品运送时间合理性 1 星评价

不及格、及格、良好和优秀卖家的分类标准如表 7-3 所示。

表 7-3 不及格、及格、良好和优秀卖家的分类标准

评级	不及格	及格	良好	优秀
分类标准	符合以下任一条件： （1）ORD≥12%。 （2）卖家责任裁决率≥0.8%（手机、平板类目为≥1%）	符合以下所有条件： （1）ODR<12%。 （2）卖家责任裁决率<0.8%（手机、平板类目为<1%）。 （3）90 天好评率≥90%。	符合以下所有条件： （1）考核订单量≥30 笔。 （2）ORD<6%。 （3）卖家责任裁决率<0.8%（手机、平板类目为<1%）。 （4）90 天好评率≥95%	符合以下所有条件： （1）考核订单量≥90 笔。 （2）ODR<3.5%。 （3）卖家责任裁决率<0.8%（手机、平板类目为<1%）。 （4）90 天好评率≥97%

注：历史累计结束的已支付订单<30 笔的卖家，属于成长期卖家，不参与卖家服务等级考核。

想一想

面对客户，一味地忍让、满足客户的需求是正确的做法吗？

7.2.2 评价管理

卖家非常看重客户的好评，可是客户有可能因为产品质量、客服水平、物流等因素给出中、差评，差评对店铺信用级别的影响很大。因此，售后客服不能坐以待毙，要积极响应中、差评，找出客户不满意的原因，积极改进，用优惠返现、折扣等方式让客户修改中、差评。速卖通的评价分为信用评价（Seller Summary）及卖家分项评分（Detailed Seller Ratings）两类，如图 7-9 所示。

信用评价是指交易的买卖双方在订单交易结束后对对方信用状况的评价。信用评价包括五分制评分和评论两部分。

卖家分项评分是指客户在订单交易结束后以匿名的方式对卖家在交易中提供的产品描述的准确性（Item as Described）、沟通质量及回应速度（Communication）、产品运送时间的合理性（Shipping Speed）3 个方面的服务做出的评价，是客户对卖家的单向评分。

信用评价可以由买卖双方做出，但卖家分项评分只能由客户对卖家做出。

（1）所有卖家全部发货的订单，在交易结束 30 天内，买卖双方均可评价。

（2）对于信用评价，若买卖双方都未给出评价，则该订单不会有任何评价记录；若一方在评价期间做出评价，另一方在评价期间未做出评价，则系统不会给评价方默认评价（卖家分项评分也无默认评价）。

（3）产品/卖家好评率和卖家信用积分的计算规则如下。

① 相同客户在同一个自然旬（自然旬为每月 1—10 日、11—20 日、21—31 日）内对同一个卖家只做出一个评价的，该客户订单的评价星级则为当笔评价的星级（自然旬统计的是美国时间）。

② 相同客户在同一个自然旬内对同一个卖家做出多个评价的，按照评价类型（好评、中评、差评）分别汇总计算，即好评、中评、差评数都只各计一个（包括一个订单中有多个产品的情况）。

③ 在卖家分项评分中，同一客户在一个自然旬内对同一卖家的产品描述的准确性、沟通质量及回应速度、产品运送时间的合理性 3 项中某一项的多次评分只计一个，该客户在该自然旬内对某一项的评分的计算方法为

平均评分=客户对该分项评分的总和/评价次数（四舍五入）

④ 在以下 3 种情况下，不论客户给出何种评价，都仅展示评价内容，不计算好评率及评价积分。

（a）成交金额低于 5 美元的订单（成交金额为客户支付金额减去售中的退款金额，不包括售后退款情况）。

(b) 客户提起未收到货物纠纷，或纠纷中包含退货情况，且客户在纠纷上升到仲裁前未主动取消。

(c) 运费补差价、赠品、定金、结账专用链、预售品等特殊产品（简称"黑五类"产品）的评价。

除以上情况之外的评价，都会被用于计算产品/卖家好评率和卖家信用积分。不论订单金额，都统一为好评得 1 分、中评得 0 分、差评扣 1 分。

⑤ 卖家信用积分决定了店铺的信用等级，具体标志及对应的信用积分如图 7-10 所示。

信用等级	信用积分
	3～9
	10～29
	30～99
	100～199
	200～499
	500～999
	1000～1999
	2000～4999
	5000～9999
	10000～19999
	20000～49999

图 7-9　速卖通的评价　　　　图 7-10　店铺的信用等级及对应的信用积分

（4）评价档案包括近期评价摘要（会员公司名、近 6 个月的好评率、近 6 个月的评价数量、信用度和会员起始日期）、评价历史（过去 1 个月、3 个月、6 个月、12 个月及历史累计的时间跨度内的好评率、中评率、差评率、评价数量和平均星级等指标）和评价记录（会员得到的所有评价记录、给出的所有评价记录及在指定时间段内的指定评价记录）。

好评率=6 个月内的好评数量/（6 个月内的好评数量+6 个月内的差评数量）

差评率=6 个月内的差评数量/（6 个月内的好评数量+6 个月内的差评数量）

平均星级=所有评价的星级总分/评价数量

卖家分项评分中各单项平均评分=客户对该分项评分的总和/评价次数（四舍五入）

（5）对于信用评价，买卖双方可以针对自己收到的中、差评进行解释。

（6）速卖通有权删除评价内容中包括人身攻击或者其他不当言论的评价。若客户的信用评价被删除，则对应的卖家分项评分也随之被删除。

（7）速卖通保留变更信用评价体系（包括评价方法、评价率的计算方法、各种评价率等）的权利。

✓ 7.2.3　老客户维护

老客户维护技巧

购买过店铺内的产品的客户可被培养成店铺的老客户。客服可以注册 Meta 账号，建立客户群组；建立 TradeManager 群组；发送产品推荐站内信给询过盘的客户；针对留言较多且有过好评的客户建立优质客户表；利用全球交易助手批量群发站内信；购买电子邮件营销工具对优质客户进行消息群发；同时，在产品详情页的买家秀模块中增加分享文字说明，鼓励客户把产品和链接分享到 Meta 等社交网站，并截图反馈给卖家，以便换取优惠券，这样可以提高老客户的重复购买率。

客服给客户发送的内容可以是新品推荐、爆款产品推荐及节日问候。如果用英文发送，就要注意使用英文格式，可以用大写的形式表示强调，如图 7-11 所示。

邮件标题
R E W A R D S VIP Discount Must Have

邮件内容
Dear, You were not the biggest customer in our Store, but you are the Best one, After getting your satisfied Feedback, we are very appreciated and Moved!! Thank you for your supports Last time you bought the hat, Now we have the matching scarf and the baby serious, I don't know if you were a mother now, But you could have this in the future or a gift to your best friends. And Now we have the Coats/ Capes/ Vests in stock, Also can be Customized in any Size. If you are interested, you may ask us to talk the requirements then.

图 7-11　营销邮件示例

老客户的维护在不同时期应使用不同的方法，主要包括完成交易第 30 天的满月之礼、上新通知、活动折扣、关联推荐和节日问候；完成交易第 100 天的百日之礼、店铺活动、定向优惠券和 VIP 专享日；完成交易第 180 天的特权提醒、节日关怀和降权预警；完成交易 360 天以上的大促活动和事件营销，如图 7-12 所示。

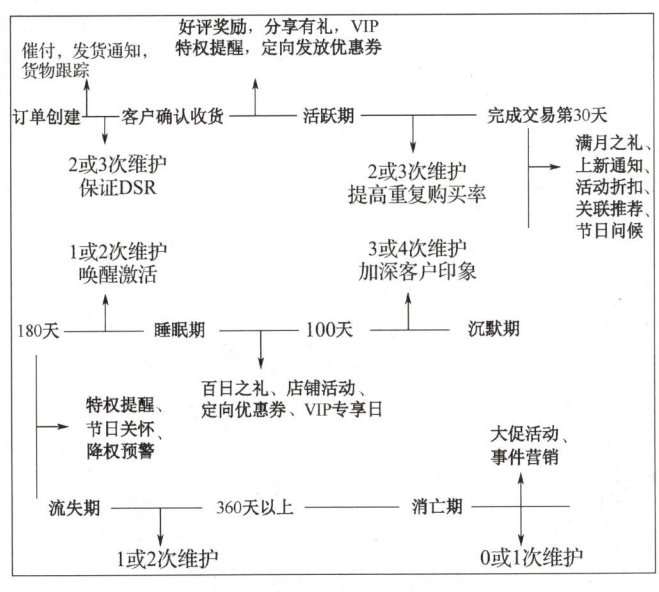

图 7-12　老客户维护的方法

同步阅读

如何做好跨境电商客服

跨境电商大军日益壮大，客服人员数不胜数，但是真正把客服工作做好的并不多。客服首先要将"客户至上"的原则铭记在心,客服所做的一切都是为了给客户提供满意的服务。下面分享一些客服必须具备的技能。

如何更好地服务客户、做好客服工作?客服可以从以下几点入手。

1. 售前咨询

(1)创建常用回复。

客服要深入了解业务知识、操作流程、回复技巧等,并建立一个完整、全面的常用话术文档,这有助于提高客服的回复效率。

(2)催付提醒。

客服应及时给下单还未付款的客户发催付提醒。一般情况下,客户在收到催付提醒后会尽快付款,这样可以大大提升转化率。

2. 售中跟进

(1)已发货通知。

客服应在发货后的第一时间给客户发送已发货通知,告知客户物流渠道及物流跟踪号,最好能告诉客户预计到达的时间,让客户感受到客服无比贴心的服务。

(2)未发货通知。

对于因特殊情况延迟发货的订单,客服应及时、主动地联系客户,向其道歉并说明情况。若客户催发货,则应尽全力安抚其情绪,态度要好,这样大多数客户都是能理解的。

3. 售后处理

(1)给客户留评。

在客户确认收货后,客服应积极地对客户进行评价,以及引导客户留下好评,这对于店铺评分及缩短资金回款周期都是有利的。

(2)建立黑名单。

一些不良客户的恶意诈骗、恶意差评可能会给店铺造成经济损失。客服在处理差评时,需筛选出这些不良客户,建立一个黑名单,做好记录和防范。

(3)处理纠纷。

客户收到货物不满意,是退货还是退款,这就考验客服的应变能力及危机处理能力了。客服要知道客户的问题在哪,给出让客户满意的解决方案,同时又要权衡利弊。

(资料来源:知乎店小秘专栏,有改编)

实训　处理纠纷

实训目的

通过速卖通的实践,掌握正确处理纠纷的流程和方法,加深对跨境电商客服纠纷处理工作内容和工作技巧的感性认识。

实训内容与步骤

在交易过程中,如果买家提起退款申请,就进入纠纷阶段,买家须与卖家协商解决。纠纷的处理流程如图 7-13 所示。

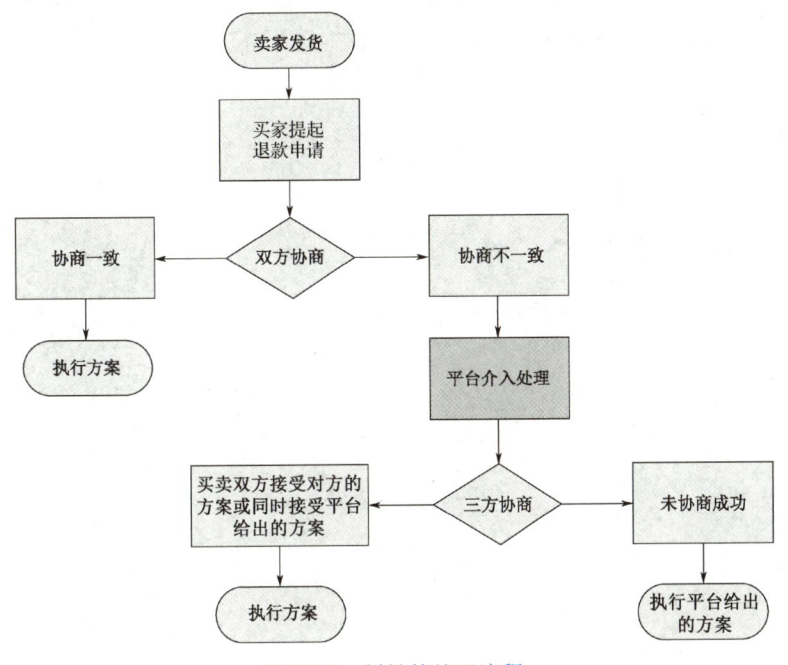

图 7-13 纠纷的处理流程

1. 买家提起退款申请

买家可以在卖家全部发货 10 天后申请退款。若卖家设置的限时达时间小于 5 天,则买家可以在卖家全部发货后立即申请退款。

2. 双方协商

在买家提起退款申请后,卖家需要进行确认,卖家可以在纠纷列表页面中看到所有的纠纷订单。快速筛选区域展示关键纠纷状态:"纠纷处理中""买家已提起纠纷,等待您确认""等待您确认收货"。对于卖家未响应的纠纷,单击"接受"或"拒绝并提供方案"按钮(见图 7-14),进入纠纷详情页面。

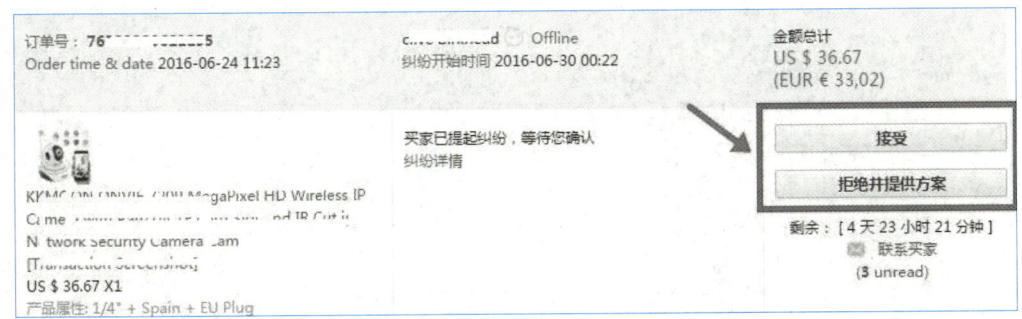

图 7-14 "接受"和"拒绝并提供方案"按钮

在进入纠纷详情页面后,卖家可以看到买家提起纠纷的时间、原因、证据及买家提供的协商方案等信息。在买家提起纠纷后,卖家需要在 5 天内接受或拒绝买家提出的纠纷,若逾期未响应,则系统会自动根据买家提出的退款金额执行退款操作。笔者建议卖家在协商阶段积极与买家沟通。

(1) 同意协商方案。买家提起的退款申请有两种类型。

① 仅退款。系统会提示卖家确认退款方案,若同意退款申请,则退款协议达成,系统会按照双方达成一致的方案执行退款操作,如图 7-15 所示。

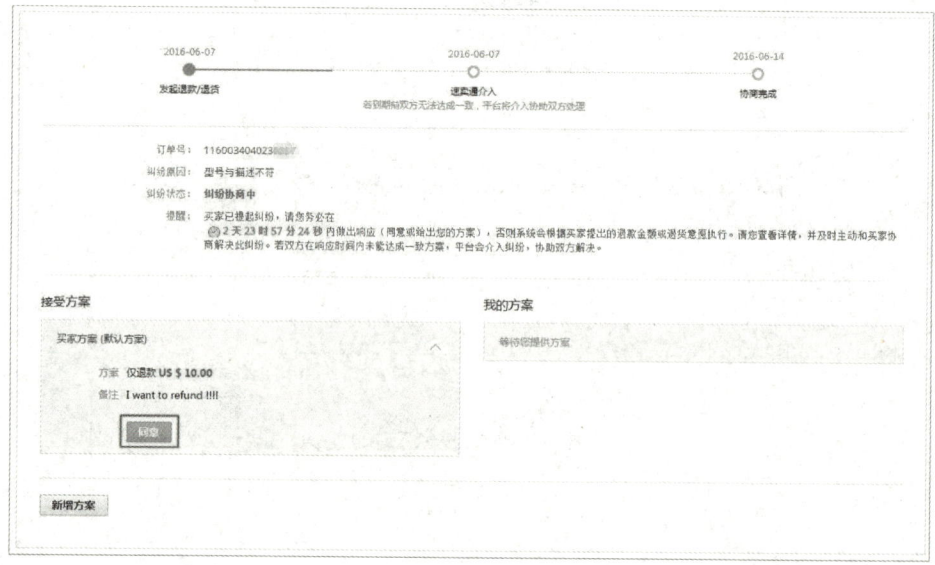

图 7-15 同意协商方案页面

② 退货退款。若卖家接受退货退款申请,则卖家需要确认退货地址,默认地址为卖家注册时填写的地址(地址需要全部用英文填写)。若退货地址不正确,则卖家需要修改退货地址,如图 7-16 所示。

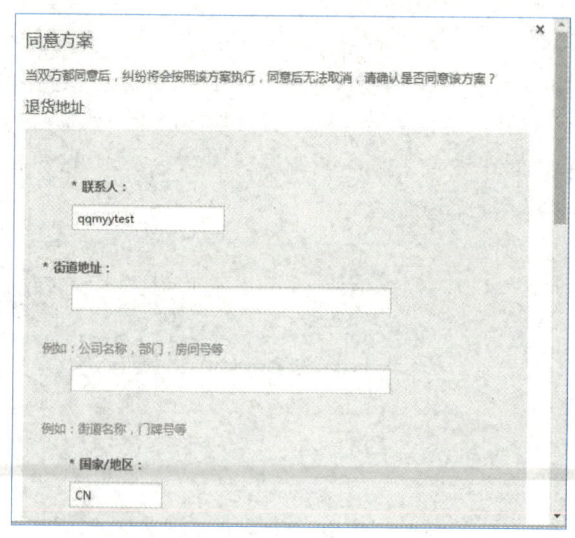

图 7-16 修改退货地址

（2）新增和修改证据。买家和卖家均可在原有证据的基础上新增和修改证据，如图7-17所示。

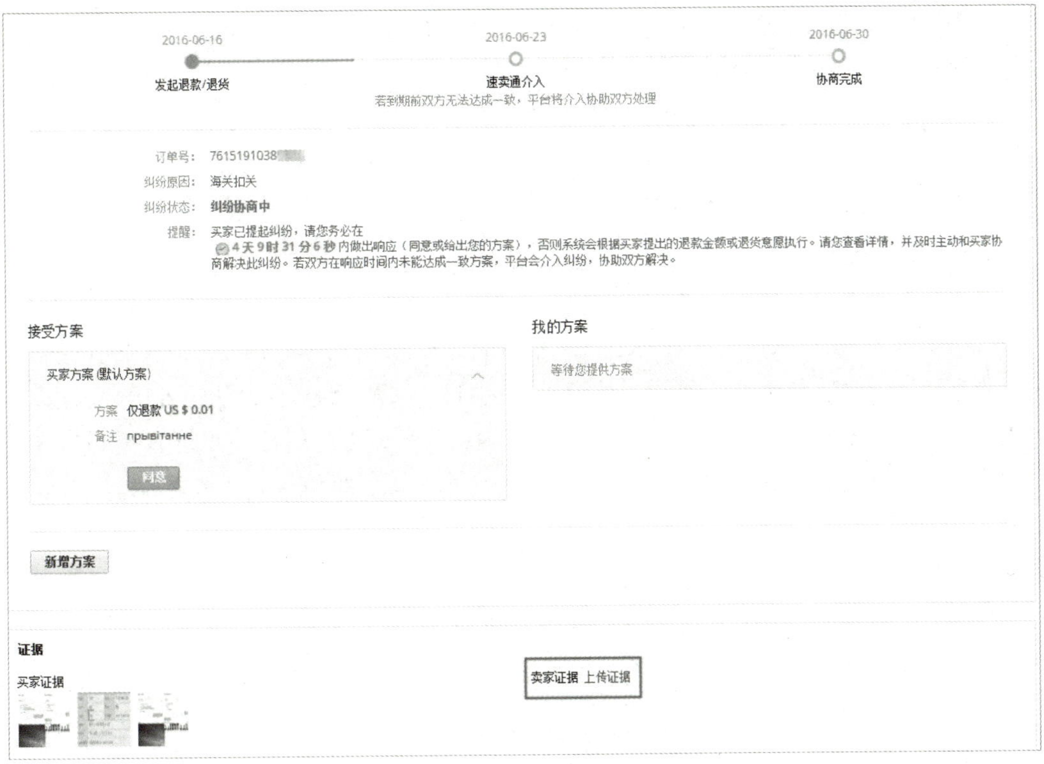

图 7-17　新增和修改证据

（3）增加或修改协商方案。买卖双方最多可提供两个互斥方案，如方案一提交了退货退款方案，则方案二默认只能选仅退款方案，如图7-18所示。

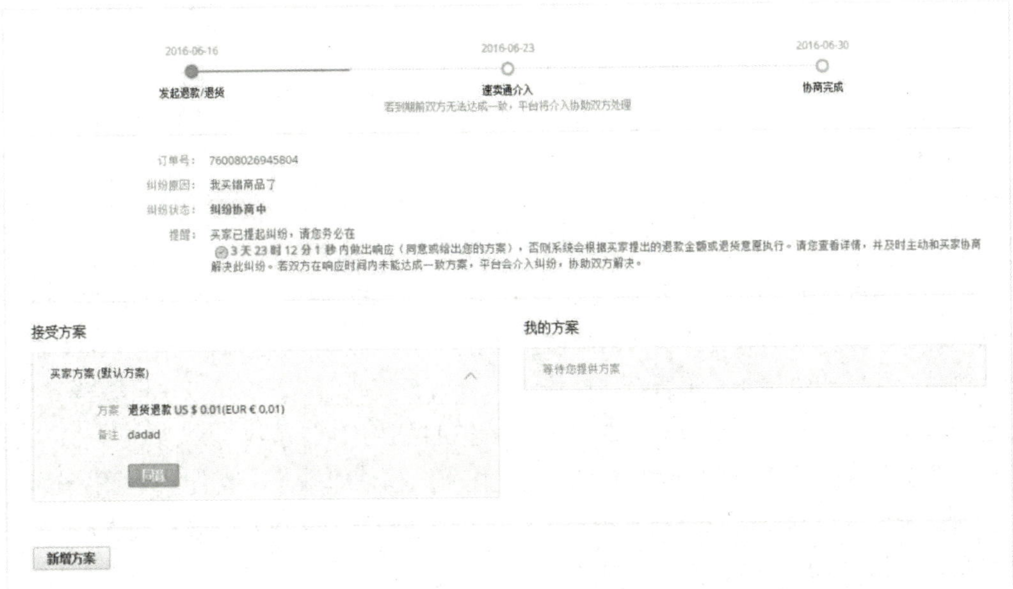

图 7-18　增加或修改协商方案

3. 平台介入处理

在买家提交纠纷后，纠纷小二会在 7 天内（包含第 7 天）介入处理。平台会参考案件情况及双方在协商阶段提供的证明给出方案。买卖双方在纠纷详情页面中可以看到买家、卖家、平台三方的方案。在纠纷处理过程中，纠纷原因、方案、举证均可随时被独立修改（在案件结束之前，买卖双方如果对自己之前提供的方案、证据等不满意，就可以随时进行修改）。如果接受对方或者平台给出的方案，买卖双方就对同一个方案达成一致，纠纷处理完成。在纠纷完成赔付状态中，买卖双方不能再次协商。

4. 退货流程

如果卖家和买家达成退货退款的协议，那么买家必须在 10 天内将货物发出（否则款项会被转给卖家）。在买家退货并填写退货运单号后，卖家有 30 天的确认收货时间，如果卖家未收到货物或对收到的货物不满，就可以直接将订单提交到平台。纠纷部门会联系双方跟进处理。在买家退货后，卖家需要在 30 天内确认收货或提起纠纷，若逾期未操作，则默认卖家收货，执行退款操作。若买家已经退货，并填写了退货单号，则需要等待卖家确认，如图 7-19 所示。

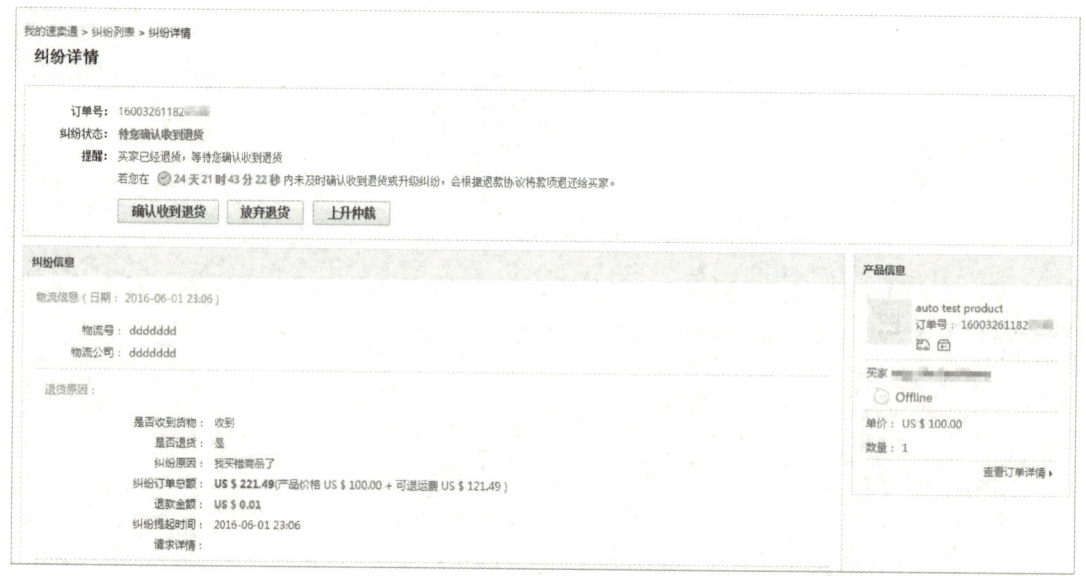

图 7-19　确认收到退货页面

（1）若卖家确认收到退货并同意退款，则系统会将货款退给买家，纠纷处理完成。

（2）若卖家在买家退货后的 30 天内没有收到退货，或收到的退货有问题，则可以将纠纷提交到平台进行纠纷裁决，平台会在 2 个工作日内介入处理，卖家可以在纠纷详情页面中查看状态及进行响应。在平台裁决期间，卖家也可以取消纠纷裁决。

（3）若在买家退货后的 30 天内卖家未进行任何操作，即未确认收货，也未提交纠纷裁决，则系统会默认卖家已收到退货，并将货款自动退给买家。在卖家确认收货后，纠纷处理完成，如图 7-20 所示。

项目 7 　跨境电商客服

图 7-20 　纠纷处理完成页面

在处理纠纷的过程中,除了保留好相应的证据,与买家沟通的话术也很重要,沟通顺利可以极大地加快纠纷处理的速度。

　思考与练习

请体验一次速卖通客服处理纠纷的过程,以文字配截图的形式记录操作过程,并回答下列问题。

(1)用流程图描述本次纠纷处理的流程。

(2)作为客服,确定自己遇到的是什么类型的纠纷,以及应该选择怎样的处理方法。

(3)在此次交易中,你体会到客服在纠纷处理中起到的积极作用了吗?如有,请举例说明。

项目小结

本项目从跨境电商客服的工作思路、工作流程与工作技巧,纠纷处理、评价管理和老客户维护这两个任务进行学习。跨境电商客服工作主要分为售前、售中和售后 3 个部分,每个部分的工作各不相同,但又有着紧密的联系。售前客服要熟悉产品,要有与客户进行良好沟通的能力、产品销售能力和关联产品的搭配能力;售中客服要对订单进行跟踪与反馈;售后客服要提供售后服务并维护客户关系。客服要在工作过程中熟练运用各种技巧进行处理纠纷;管理评价,特别是积极响应中、差评,找出客户不满意的原因,积极改进,用优惠返现、折扣等方式让客户修改中、差评;进行老客户维护,通过群发消息和节日问候等方式进行老客户维护,把购买过店铺内的产品的客户培养成店铺的老客户。

同步测试

同步测试答案

1. 单项选择题

(1) 下列观点错误的是（   ）。
　　A．售前客服的主要任务是销售产品
　　B．售中客服的主要任务是对订单进行追踪与反馈
　　C．售后客服的主要任务是提供售后服务
　　D．售中客服要对还未付款的订单进行催付

(2) 不属于客服工作技巧的是（   ）。
　　A．快速回复　　　　　　　　　B．规范回应内容
　　C．擅用表情符号　　　　　　　D．替客户做决定

(3) 如果卖家和买家达成退款退货的协议，那么买家必须在（   ）天内将货物发出（否则货款会被自动打给卖家）。
　　A．10　　　　　　　　　　　　B．15
　　C．20　　　　　　　　　　　　D．5

(4) 在买家提交纠纷后，纠纷小二会在（   ）天内介入处理。
　　A．7　　　　　　　　　　　　　B．8
　　C．9　　　　　　　　　　　　　D．10

(5) 速卖通好评率的计算公式为（   ）。
　　A．3个月内的好评数量/（3个月内的好评数量+3个月内的差评数量）
　　B．6个月内的好评数量/（6个月内的好评数量+6个月内的差评数量）
　　C．9个月内的好评数量/（9个月内的好评数量+9个月内的差评数量）
　　D．12个月内的好评数量/（12个月内的好评数量+12个月内的差评数量）

2. 多项选择题

(1) 卖家分项评分是指客户在订单交易结束后以匿名的方式对卖家在交易过程中（   ）方面的服务做出的评价，是客户对卖家的单向评分。
　　A．提供的产品描述的准确性　　B．沟通质量及回应速度
　　C．产品运送时间的合理性　　　D．海关清关速度

(2) 速卖通客服可利用的实时沟通工具有（   ）。
　　A．国际版阿里旺旺　　　　　　B．速卖通的站内信
　　C．Meta　　　　　　　　　　　D．Skype

(3) 速卖通把客户不良体验订单率作为一个重要指标，把卖家分为（   ）这几个等级。
　　A．不及格　　　　　　　　　　B．及格
　　C．良好　　　　　　　　　　　D．优秀

(4) 成功处理纠纷的技巧有（   ）。
　　A．保证产品质量
　　B．有效的沟通
　　C．重视客户的抱怨
　　D．跟踪客户对处理结果的反馈

（5）未收到货物情况下的纠纷有（　　）。
　　A．物流延误　　　　　　　B．海关扣关
　　C．货不对版　　　　　　　D．质量问题

3. 分析题

（1）比较跨境电商客服与非跨境电商客服的异同点。

（2）调研本地一家已经实施跨境电商业务的传统外贸企业，分析该企业通过跨境电商客服方式获得客户的数量与之前在传统外贸企业时期有无变化。

项目 8
跨境电商支付与财务管理

跨境支付方式及其特点；跨境电商平台收款与提现；查看报表与财务管理。

提升跨境合规结算意识，树立依法纳税的经商理念。

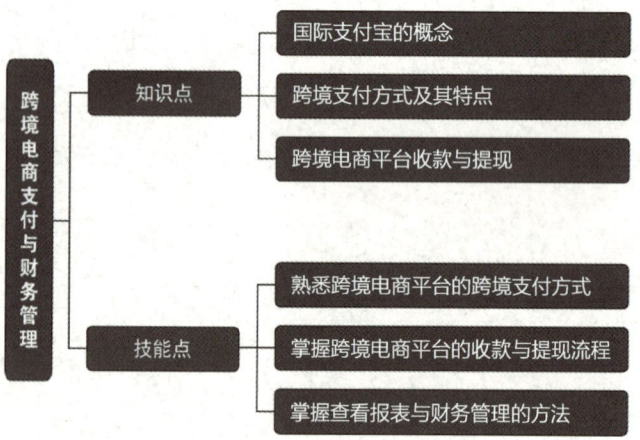

作为新型的外贸业态，跨境电商模式具有线上交易、非接触式交货及交易链条短等优势。在新型冠状病毒肺炎疫情（以下简称新冠肺炎疫情）的冲击下，跨境电商的优势得到了极大程度的彰显，也为因新冠肺炎疫情受到冲击的外贸企业带来了全新的发展契机。海关总署的数据显示，2020年上半年，中国一般贸易进出口交易规模下降2.6%，加工贸易进出口交易规模下降8%，而跨境电商进出口交易规模则增长26.2%，是唯一保持正增长的贸易方式。截至2020年上半年，中国跨境电商出口交易规模增长28.7%，远高于外贸整体增速。国家连续颁布文件大力扶持跨境电商，在这样的政策背景下，很多网络创业者紧跟时代发展浪潮，积极投身于跨境电商创业之中。小李就是众多跨境电商草根创业者之一，他带着几个小伙伴注册了速卖通店铺，他们有热情、有思想、肯吃苦，于是他们的生意慢慢好起来了，投入的资金也慢慢增多。但一年忙碌下来，他们却感觉没赚到钱。为什么生意好却赚不到钱？究竟是哪个环节出了问题？或是他们忽略了什么？小李和他的同伴进行了深入反思。

> **引例分析**
>
> 要想弄清楚刚才的问题，就必须从店铺的财务和账目入手。小李团队的创业支出有以下几个方面：设备、货物成本、运费和人力。收入来自平台账户中的美元和人民币。小李感觉没赚到钱并不一定是真的没赚到钱，因为不能只以货币收支来判断是否盈利，还要考虑固定资产（设备等）、库存和未到账的应收账款。为了确保跨境资金的安全、保护买卖双方的合法权益，速卖通会根据实际情况决定具体的放款时间和比例，一般在发货后 3~5 天会放款 70%~97%，部分订单的放款时间会超过 5 天。如果考虑了这 3 个方面仍然入不敷出，那么可能是定价出了问题。因此，我们需要清楚店铺的收入、支出和财务管理方法。本项目就来解决这些问题。

任务 8.1 跨境支付

8.1.1 跨境支付介绍

1. 跨境支付的概念

跨境支付是指两个或者两个以上国家或者地区之间因国际贸易、国际投资及其他方面所发生的国际间债权债务，而借助一定的结算工具和支付系统实现资金跨国或跨地区转移的行为。

例如，中国买家在网上购买国外卖家的产品时，由于币种不同，就需要通过一定的结算工具和支付系统实现两个国家之间的资金转换，最终完成交易。

2. 跨境外汇支付业务

跨境外汇支付业务是指支付机构通过银行为跨境交易双方提供跨境互联网支付所涉及的外汇资金集中收付及相关结售汇服务。

信息流、资金流、物流是电子商务的三大要素，中国第三方支付机构主要为跨境电子商务提供购付汇和收结汇两类业务，如图 8-1 所示。

3. 跨境支付政策

根据规定，支付机构开展电子商务跨境外汇支付业务首先需要有中央银行颁发的《中华人民共和国支付业务许可证》（见图 8-2），其次需要有中华人民共和国国家外汇管理局（以下简称国家外汇管理局）准许开展跨境电子商务外汇支付业务试点的批复文件。开展跨境人民币支付业务不需要得到国家外汇管理局的批复，有中央银行在各地的分支机构颁发的相关文件即可。

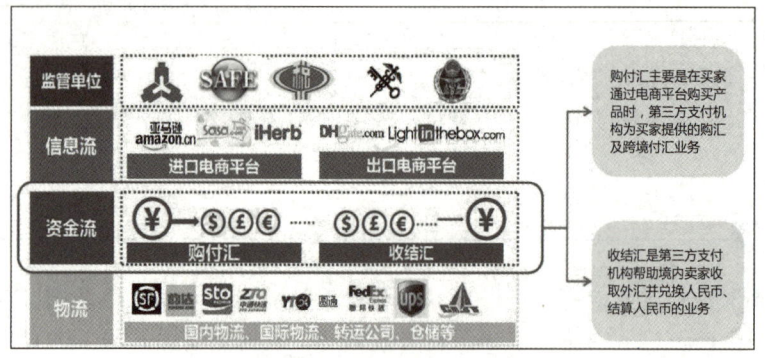

图 8-1 跨境业务的生态图

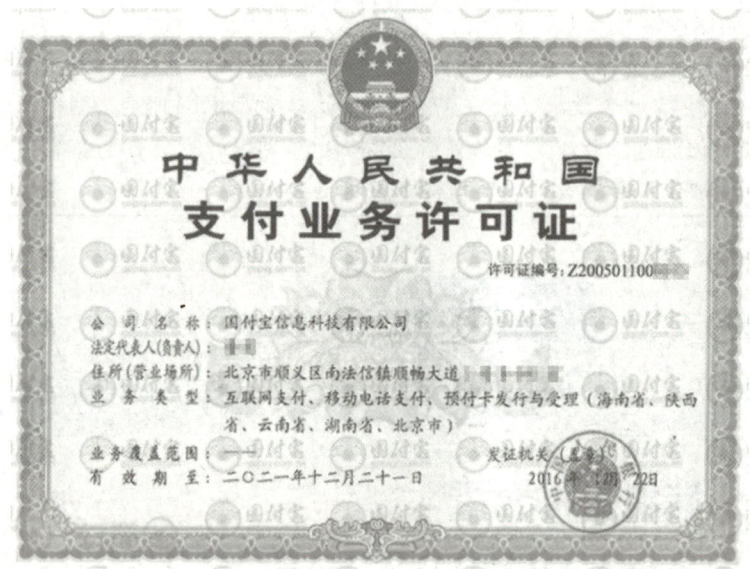

图 8-2 中华人民共和国支付业务许可证

8.1.2 国际支付宝

1. 支付宝与国际支付宝

国际支付宝的使用

2007 年，支付宝（Alipay）成为首家获批开展跨境支付业务的第三方支付机构。2010 年，速卖通上线。目前，支付宝已经具备"全球收、全球付"的能力，可以为全球 200 多个国家和地区的用户提供服务，支持 18 种货币结算，包括美元、英镑、欧元、日元等。支付宝跨境业务简介如图 8-3 所示。

速卖通通过对买家进行调研，发现买家更加喜欢和信赖"Escrow"一词，认为 Escrow 可以保护买家的交易安全。因此，速卖通在买家端将国内支付宝（Alipay）改名为国际支付宝（Escrow）；而在卖家端，只要卖家有国内支付宝账户，就无须再另外申请国际支付宝账户。

国际支付宝是由阿里巴巴与蚂蚁金融服务开发的，用于保护国际在线交易中买卖双方交易安全的一种服务，全称为 Escrow Service。它是一种第三方支付担保服务，而不是一种支付工具。

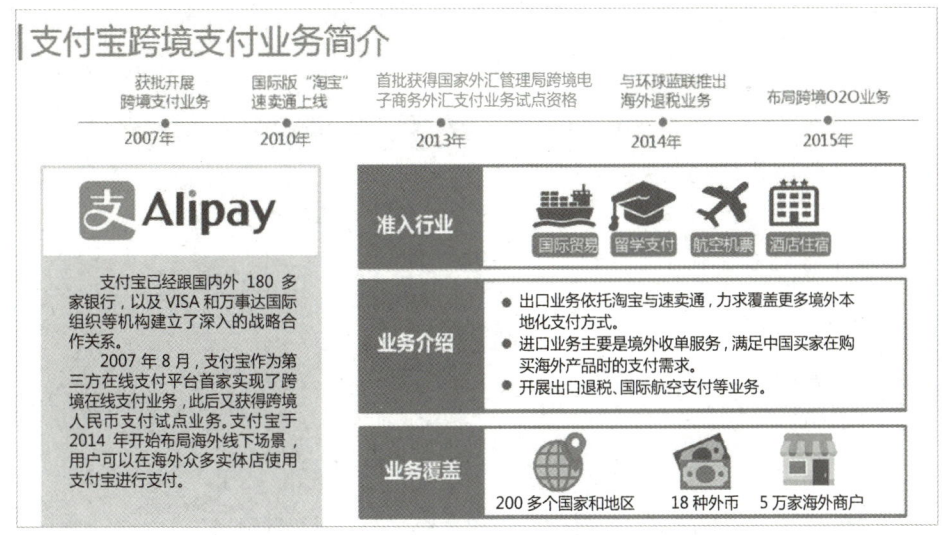

图 8-3 支付宝跨境业务简介

（1）国际支付宝对卖家的保障。国际支付宝的风险控制体系可以保护卖家在交易中免受信用卡盗卡的欺骗，而且当且仅当国际支付宝收到了货款，它才会通知卖家发货，这样可以避免买家在交易中使用其他支付方式导致的交易欺诈。

（2）国际支付宝对买家的保障。在交易过程中，先由买家将货款打到第三方担保平台的国际支付宝账户中，然后第三方担保平台通知卖家发货，在买家确认收货后，货款被转给卖家。至此，一笔网络交易完成。第三方平台会根据卖家店铺的纠纷、仲裁、退款、评价和拒付等各方面的指标，计算出卖家提前放款额度，并冻结一定比例的保证金（见图8-4），用于订单后期可能产生的退款或赔偿，以及其他可能对买家、第三方平台造成的损失。

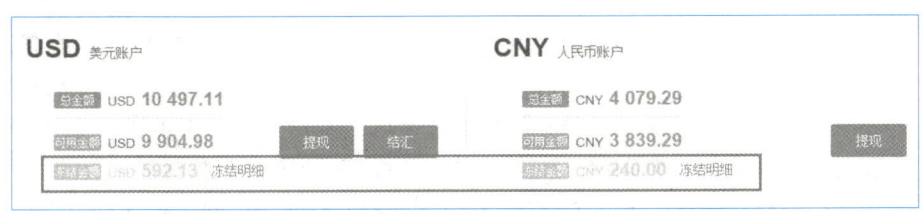

图 8-4 冻结保证金

目前，国际支付宝支持部分产品的小额批发、样品、小单、试单交易。只要卖家的产品满足以下两个条件即可通过国际支付宝进行交易。

（1）产品可以通过 EMS、DHL、UPS、FedEx、TNT、顺丰速运、邮政航空包裹 7 种运输方式进行发货。

（2）单笔订单金额小于 10 000 美元（产品总价加上运费的总额）。

2. 国际支付宝支持的支付方式

买家可通过国际支付宝使用多种方式进行支付。买家付款界面如图8-5所示。

（1）信用卡/借记卡（见图8-6）。卖家通过人民币通道收到的货款，在放款后直接进入国际支付宝账户的人民币账户中；通过美元通道收到的货款，在放款后直接进入国际支付宝账户的美元账户中。

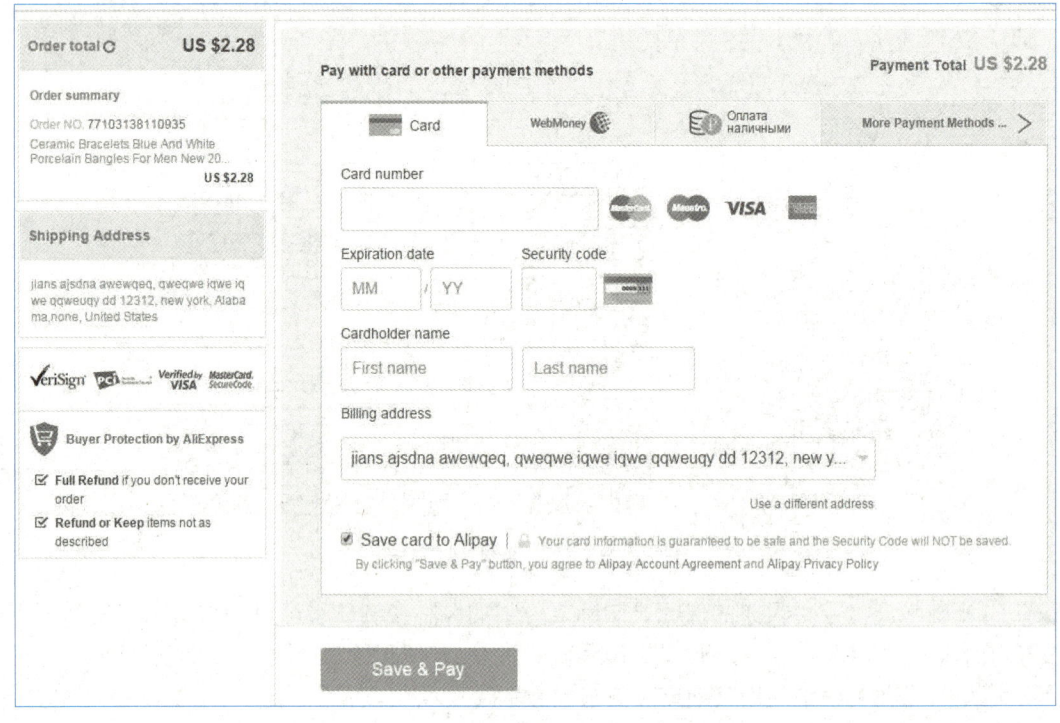

图 8-5 买家付款界面

图 8-6 信用卡/借记卡

跨境支付方式——信用卡支付

（2）西联汇款、T/T 电汇支付。西联汇款、T/T（Telegraphic Transfer）电汇都是国际贸易主流的支付方式，常用于大额交易。如果买家使用此方式支付，在订单完成后，平台就会直接将美元支付给卖家。但银行会收取一定的汇款手续费和提现费用。

（3）Boleto 支付。Boleto 是由多家巴西银行共同支持的一种支付方式，在巴西占据绝对主导地位，买家可以到巴西任何一个银行、ATM 机、彩票网点或使用网上银行授权的银行进行转账。该支付渠道有如下特点。

跨境支付方式——西联支付

① 一旦付款，就不会产生拒付和伪冒风险，可以保证卖家的交易安全。

② 无须预付交易保证金，降低了支付门槛。

③ 单笔支付限额为 1~3000 美元，月累计支付不超过 3000 美元。

④ 不是网上实时付款，买家需在网上打印付款单并通过网上银行、线下银行或其他指定网点进行付款。买家可以在 1~3 天内付款，各银行需要用 1~3 个工作日的时间完成数据交换，所以每笔交易一般需要用 2~7 天的时间才能完成支付。因此，当买家使用 Boleto 支付时，卖家需要等待几天才能看到付款成功，不要立即催付或修改订单价格。使用 Boleto 付款方式的订单如图 8-7 所示。

图 8-7 使用 Boleto 付款方式的订单

（4）QIWI Wallet、WebMoney、Yandex.Money 支付。QIWI Wallet、WebMoney、Yandex.Money 是俄罗斯的三大主流支付方式，如图 8-8 所示。

图 8-8 俄罗斯的三大主流支付方式

① QIWI Wallet 是俄罗斯 mail.ru 旗下的类似于中国支付宝的产品，是俄罗斯最大的第三方支付工具之一，支持美元、卢布、欧元、坚戈 4 种币种付款方式。俄罗斯人非常信任 QIWI Wallet，俄罗斯买家可以先对 QIWI Wallet 进行充值，再到对应的网站购买产品。

QIWI Wallet 的优势在于其拥有较完善的风险保障机制。不同于 PayPal 或者信用卡有 180 天的风险观察期，QIWI Wallet 不存在拒付风险。如果买家通过 QIWI Wallet 进行支付，那么货款在通过资金审核（一般在 24 小时内）后即可进入卖家的账户。

2012 年，阿里巴巴与 QIWI Wallet 签署战略合作协议。合作后，俄罗斯买家可通过 QIWI Wallet 在阿里巴巴平台上购买中国产品。

② WebMoney 是由 WebMoney Transfer Techology 公司开发的一种在线电子商务支付系统，目前被包括中国在内的多个国家使用，支持美元、卢布、欧元、白俄罗斯卢布等多币种收付，许多国际性网站都与其有合作。WebMoney 的优势在于使用人数较多、适用范围广。

在速卖通上，WebMoney 这种支付方式的消费额度是 0.01～5000 美元。同时，WebMoney

会根据买家的会员级别设置不同的支付限额。

③ Yandex.Money 是俄罗斯领先的网络平台及搜索引擎 Yandex 旗下的电子支付工具。Yandex.Money 的优势在于充值方便，用户可通过支付终端、电子货币、预付卡和银行转账（银行卡）等方式向钱包内充值，实时到账，无拒付风险，使用范围广。

8.1.3 其他跨境支付方式

其他使用较多的跨境支付方式主要有 PayPal、Moneybookers 和 Payoneer，如图 8-9 所示。

图 8-9 其他跨境支付方式

1. PayPal

PayPal 是美国 eBay 公司的全资子公司。PayPal 作为国际贸易支付工具，已在全球 190 个国家和地区支持用 25 种货币进行交易，在全球拥有超过 1.6 亿个用户，支持即时支付、即时到账，集信用卡、借记卡、电子支票等支付方式于一身。

PayPal 最大的好处是免费注册，它使用电子邮件来标识用户身份，并允许用户之间转移资金，避免了传统的邮寄支票或者汇款的方法。PayPal 也和一些电子商务网站合作，成为它们的货款支付方式之一，但收取一定数额的手续费。在跨国交易中，超过 90%的卖家和超过 85%的买家认可并正在使用 PayPal 电子支付业务。

2. Moneybookers

2003 年，Moneybookers 成为世界上第一家被政府认可的电子银行。用户可以通过电子邮箱地址及带照片的身份标识（如身份证、护照、驾照）完成 Moneybookers 认证。

Moneybookers 的优势在于，它无须申请美元支票，有多个国际中介公司可提供兑换人民币的业务，也可以直接把美元、欧元转账到用户国内的外币存折或卡上。Moneybookers 不像 PayPal 那样必须用信用卡来激活，它无付款手续费，且收款手续费低廉。

跨境支付方式——Moneybookers

3. Payoneer

Payoneer 是一家总部位于纽约的在线支付公司，主要业务是帮助其合作伙伴将资金下发到全球，同时为全球客户提供美国银行/欧洲银行收款账户，用于接收欧美电商平台和企业的贸易款项。

Payoneer 的优点如下：注册便捷，使用中国身份证即可完成账户在线注册，并自动绑定美国银行账户或欧洲银行账户；费用低廉，电汇设置单笔封顶价，人民币结汇手续费不超过 2%；适用于单笔资金额度小但是买家分布范围广的跨境电商平台或卖家。

项目 8　跨境电商支付与财务管理

任务 8.2　收款与提现

8.2.1　收款与提现账户

1．支付宝国际账户

支付宝国际账户（见图 8-10）是支付宝为从事跨境交易的国内卖家建立的资金账户管理平台，具有对交易的收款、退款、提现等主要功能。支付宝国际账户是多币种账户，包含美元账户和人民币账户。目前，只有速卖通与阿里巴巴国际站的会员才能使用支付宝国际账户。卖家通过交易获得的订单款项，以美元或人民币的形式进入支付宝国际账户。

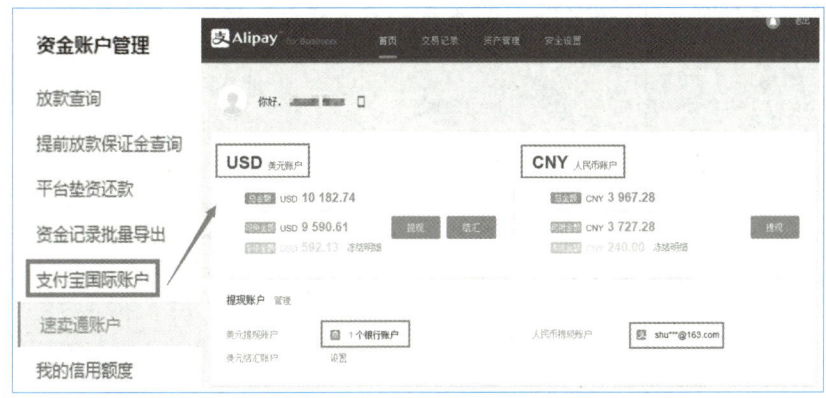

图 8-10　支付宝国际账户

2．提现账户设置

速卖通会员可通过"我的速卖通"→"交易"→"资金账户管理"进入支付宝国际账户，在"提现账户管理"模块中进行美元和人民币提现账户的设置，如图 8-11 所示。

图 8-11　提现账户设置

205

（1）卖家可以设置 3 个美元提现账户，但需要区分是个人账户还是企业账户。

① 个人账户。除开户名（中文）外的其他信息都不要使用中文填写，否则将导致放款失败，从而产生重复的放款手续费损失；个人账户必须能接收海外银行（新加坡花旗银行）并且是企业对个人的美元转账，开设个人美元账户的具体信息可以咨询相关银行。个人账户对于收汇没有限制，个人账户年提款总额可以超过 5 万美元，但结汇需符合国家外汇管制条例，每人年结汇限额为 5 万美元。

注意：在选择"账户类型"后，依次填写"账户名"（英文）（若为企业账户，则应填写企业在银行开户时使用的户名，如 Alibaba Corp；若为个人账户，则应填写在银行开户时填写的姓名拼音，如张三，应填写 ZHANG SAN）、"Swift Code"和"银行账号"。在填写完毕后，单击"下一步"按钮，即可添加美元提现账户，如图 8-12 所示。

图 8-12　添加美元提现账户

小知识

SWIFT Code

SWIFT 是环球银行金融电信协会（Society for Worldwide Interbank Financial Telecommunication）的简称，它是一个国际银行间非营利性的国际合作组织，为国际金融业务提供快捷、准确、优质的服务。SWIFT 运营着世界级的金融电文网络，银行和其他金融机构通过它与同业交换电文来完成金融交易。SWIFT Code 是由 SWIFT 提出并被国际标准化组织通过的银行识别代码，由计算机可以识别的 8 或 11 位英文或阿拉伯数字组成。

在设置完成后,用户可以在"资产管理"→"提现账户"中查询提现账户,如图 8-13 所示。

图 8-13　查询提现账户

② 企业账户。所有信息都不能使用中文填写,否则将导致放款失败,从而产生重复的放款手续费损失;企业账户必须是美元账户或能接收美元的外币账户;在中国大陆地区开设的企业账户必须有进出口权才能接收美元并结汇;使用企业账户收款的订单,必须办理正式报关手续才能顺利结汇。

(2) 人民币提现账户与国内支付宝账户绑定,将人民币直接提取到国内支付宝账户中。

3．速卖通账户

(1) 什么是速卖通账户?

速卖通账户是由于业务发展需要而新增加的支付渠道;新增加的部分支付渠道的资金会被直接结算到卖家的速卖通账户中。有一部分资金会被放款到速卖通账户中,如图 8-14 所示。

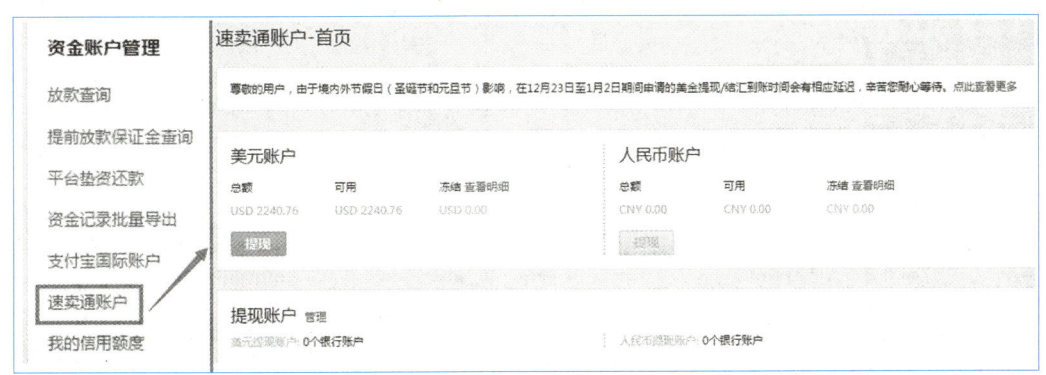

图 8-14　速卖通账户提现

(2) 速卖通账户与支付宝国际账户的区别是什么?

速卖通账户与支付宝国际账户的功能基本一致,针对的都是资金的查询、管理和提现。

（3）在什么情况下买家支付的资金会进入速卖通账户？

系统会根据买家支付渠道等信息决定将资金结算到支付宝国际账户还是速卖通账户中，目前主要是通过信用卡支付的订单，后续资金放款可能会进入速卖通账户。

（4）支付宝国际账户和速卖通账户的资金能否互相转移？

目前，两个账户之间的资金不能互相转移。

8.2.2 提现操作

用户提现采用余额提现方式，分为人民币提现和美元提现两种方式。用户可在"我的账户"中查询到可提现的、已冻结的人民币和美元金额，以及账户中的人民币和美元总额。

人民币提现款项将进入国内支付宝账户；美元提现款项将进入用户设置的美元提现账户。

1. 人民币账户提现

（1）单击"人民币账户"中的"提现"按钮，如图 8-15 所示。

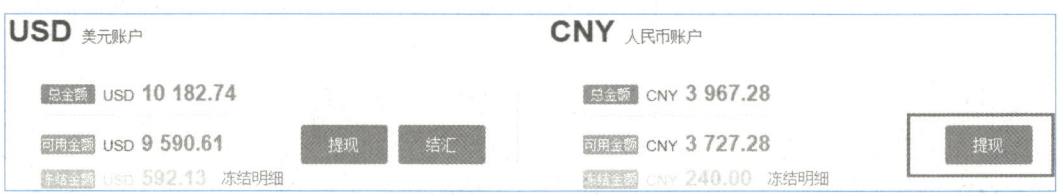

图 8-15　单击"人民币账户"中的"提现"按钮

（2）填写、确认提现信息，如图 8-16 所示。在 1～3 个工作日后，提现款项会到达用户的国内支付宝账户。

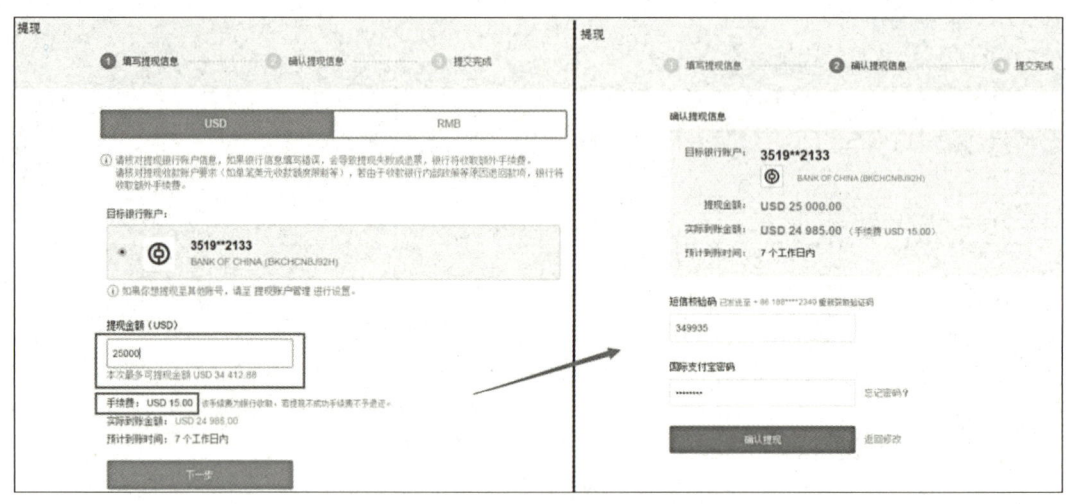

图 8-16　填写、确认提现信息

（3）提现款项在到达国内支付宝账户后，可被提取到银行卡中。

① 登录国内支付宝账户，单击"提现"按钮，如图 8-17（a）所示。

② 按要求选择收款账户，填写转账金额，选择银行服务类型。

③ 填写支付密码，确认转账，如图 8-17（b）所示。

项目 8　跨境电商支付与财务管理

（a）

（b）

图 8-17　人民币账户提现

2．美元账户提现

美元账户提现分为提现和结汇两种方式。提现是指将美元账户中的美元提取到银行卡的美元账户中；结汇是支付宝为卖家提供的将卖家在速卖通交易中收取的美元货款兑换为人民币，并汇入卖家的国内支付宝账户的服务。

注意：结汇汇率以卖家发起申请时，支付宝的合作银行提供的实时汇率为准。卖家提供的国内支付宝账户的身份信息应与卖家在速卖通经过认证的身份信息一致。

（1）单击"美元账户"中的"提现"按钮，如图 8-18（a）所示。

（2）填写、确认提现信息，如图 8-18（b）所示。

（3）至此，美元账户提现完成，如图 8-18（c）所示。

注意：美元提现每次会收取 15 美元的手续费。

(a)

(b)

(c)

图 8-18　美元账户提现

8.2.3　结汇和退税

1. 结汇

1）收款账户与结汇

前面讲到卖家设置了美元收款账户收取美元，可以设置两种提现账户：个人账户和企业账户。

（1）使用个人账户收款，卖家会受到每年 5 万美元的限制，超过 5 万美元的部分可以通过以下两种方式解决。

① 分年结汇，如 2019 年先结汇 5 万美元，剩余的待下一年结汇。

② 可先从某一账户提现 5 万美元，在下次提现时更改个人收款账户，分开提现。

（2）在使用企业账户收款时，卖家必须办理正式报关手续，并在银行端完成相关出口收汇核查、国际收支统计申报之后,才能顺利收汇、结汇。

2)提现美元到银行卡中之后再结汇

在美元被提现到银行卡中之后,卖家就可通过网上银行或前往银行柜台办理结汇。网上银行结汇的步骤如下。

(1)填写结汇信息,包括选择结汇方式(在金额较大时,银行会要求选择"预约结汇")、交易方式,填写支取外币金额,选择款项性质及用途,如图8-19所示。

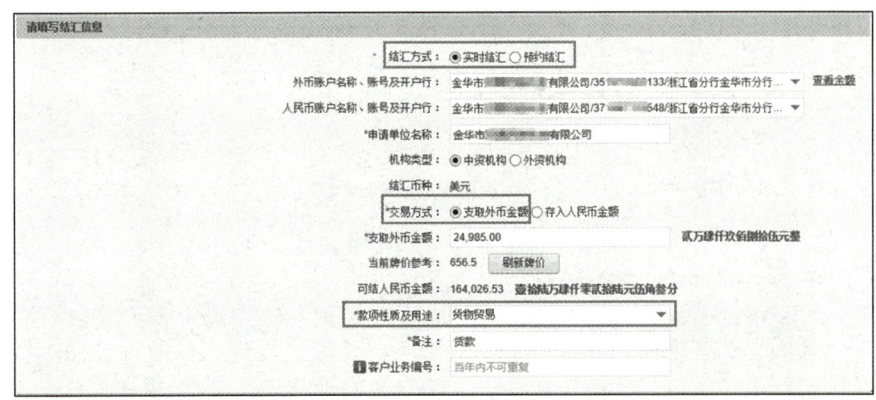

图8-19　填写结汇信息

(2)填写申报信息,包括结汇用途、交易编码(选择"未纳入海关统计的网络购物"),如图8-20所示。

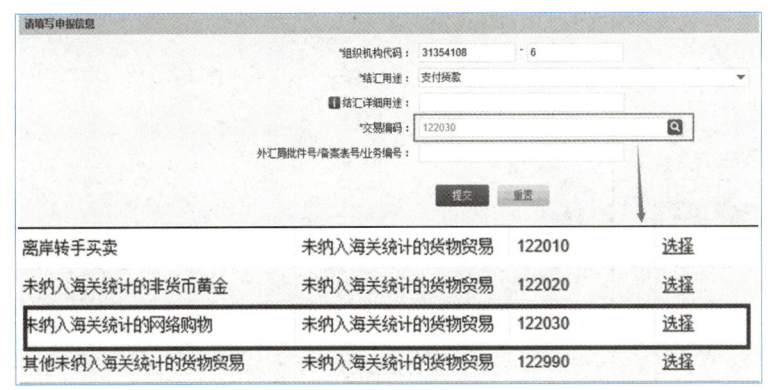

图8-20　填写申报信息

(3)确认信息并提交,等待处理。

3)国际支付宝账户直接结汇

国际支付宝账户中的美元结汇方法:国际支付宝会直接将钱汇到国内支付宝账户或绑定的银行账户中,卖家可以选择美元和人民币两种收款方式。

(1)当买家通过信用卡支付时,国际支付宝会按照买家支付当天的汇率将美元转换成人民币支付到卖家的国内支付宝或银行账户中。

(2)只有设置了美元收款账户才能直接收取美元。

(3)使用国际支付宝支付的前提是18周岁以上持有中国居民身份证的自然人,拥有通过支付宝实名认证的支付宝账户。

用户可以开通结汇功能,设置美元结汇账户直接结汇,如图8-21所示。

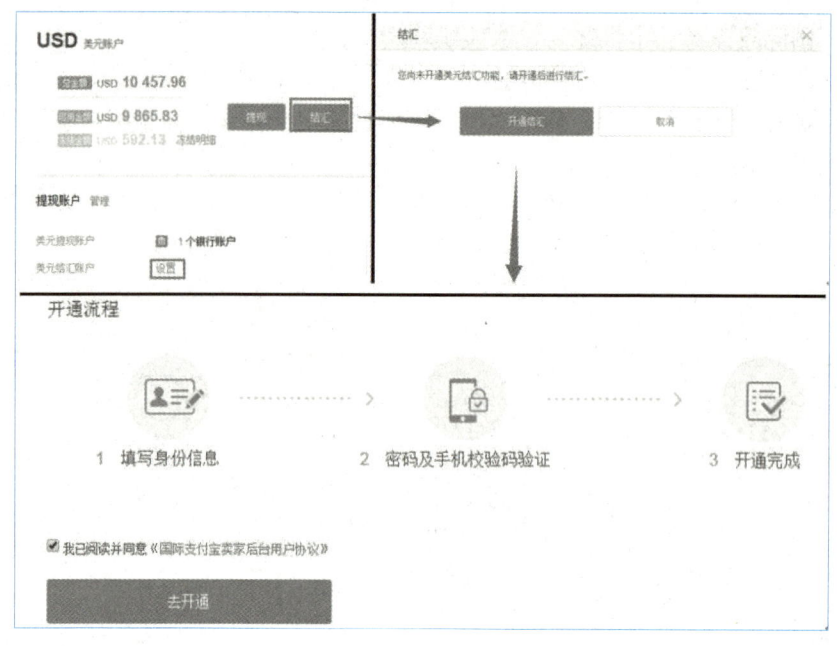

图 8-21　开通结汇功能

2. 退税

速卖通作为跨境电商平台，在买家购买海外的产品时总是会涉及税收方面的内容。卖家可在速卖通后台的"交易"→"退税服务"中申请开通退税服务，如图 8-22 所示。

图 8-22　申请开通退税服务

BBC

BBC（B2B2C）是阿里巴巴一达通联合速卖通专门为速卖通卖家推出的海外仓出口退税服务，卖家通过先备货出口到海外仓存储（B2B），再以平台售卖的方式（B2C）完成出口，即享退税，如图 8-23 所示。

阿里巴巴一达通是面向中小型企业的外贸综合服务平台，改变了传统的外贸经营模式。其集约分散的外贸交易服务资源，可为广大中小型企业和个人减轻外贸经营压力、降低外贸交易成本、解决贸易融资难题。BBC 提供的服务如下。

（1）通关：通过一达通抬头报关，只需在线上操作，即可快速审单、报关出口。

（2）收汇：通过一达通收汇，实时结汇提现。

（3）退税：卖家开具有效增值税发票给一达通，在外汇收齐后，一达通即可垫付退税款，卖家最快在出口3天后拿到退税款。

（4）融资：提供退税融资服务。

（5）物流：提供海运、空运、陆运及快递物流服务。

（6）仓库：提供菜鸟仓仓储服务（目前开通中国香港仓和西班牙仓），30天免收仓库租赁费；卖家也可以选择自有海外仓收货。

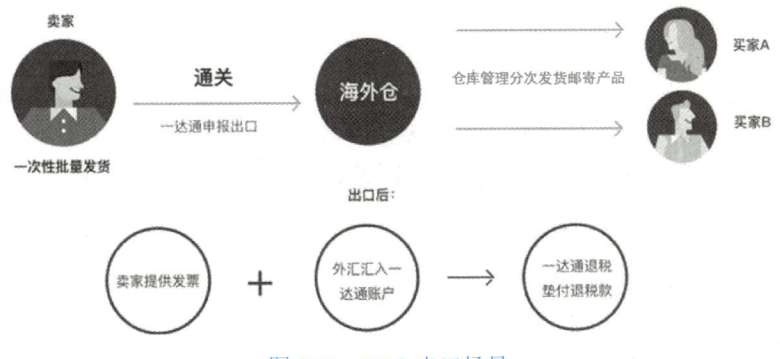

图 8-23　BBC 出口场景

任务 8.3　查看报表与财务管理

8.3.1　订单报表

卖家可以在速卖通后台的"交易"→"管理订单"→"订单批量导出"中批量导出订单，如图 8-24 所示。

图 8-24　批量导出订单

（1）设置订单条件，如图 8-25 所示。

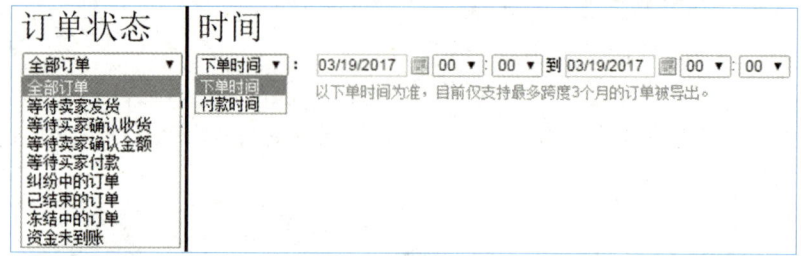

图 8-25　设置订单条件

（2）设置订单字段，包括交易订单信息和物流信息。

（3）导出并下载 Excel 表格，查看订单信息和物流信息，如图 8-26 所示。

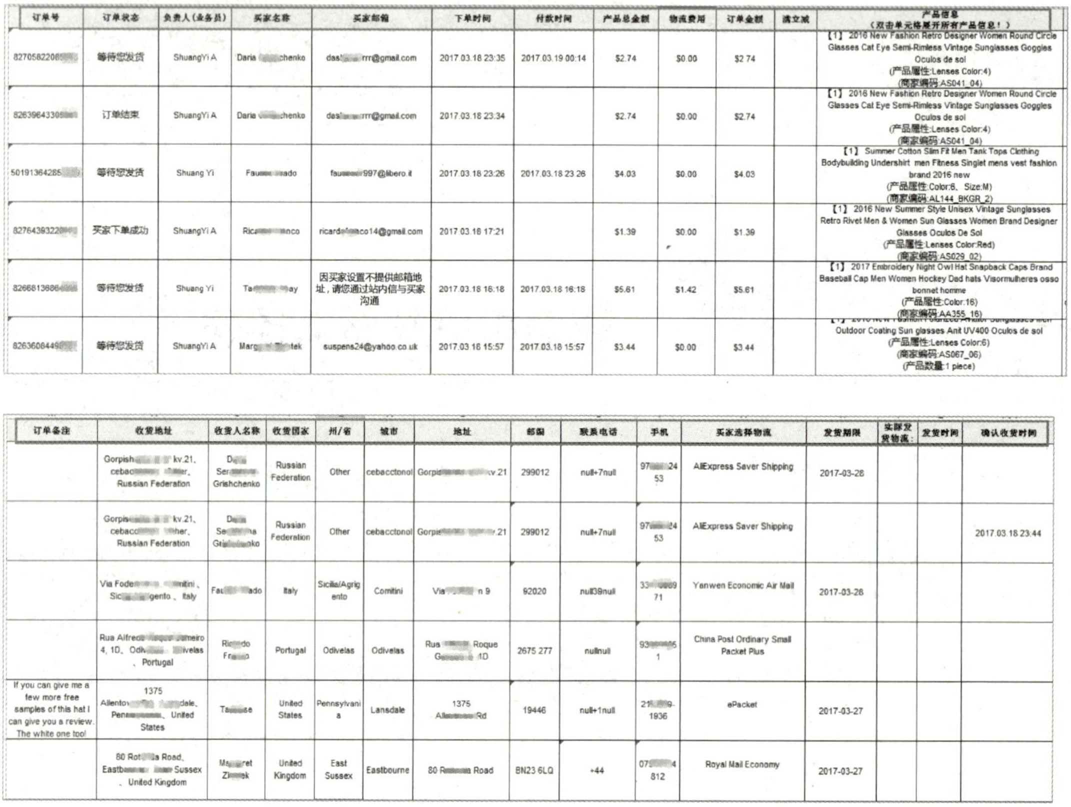

订单号	订单状态	负责人（业务员）	买家名称	买家邮箱	下单时间	付款时间	产品总金额	物流费用	订单金额	满立减	产品信息（双击单元格展开所有产品信息！）
8270582208	等待您发货	ShuangYi A	Daria chenko	das rrr@gmail.com	2017.03.18 23:35	2017.03.19 00:14	$2.74	$0.00	$2.74		【1】 2016 New Fashion Retro Designer Women Round Circle Glasses Cat Eye Semi-Rimless Vintage Sunglasses Goggles Oculos de sol (产品属性:Lenses Color:4) (商家编码:AS041_04)
8263964330	订单结束	ShuangYi A	Daria chenko	das rrr@gmail.com	2017.03.18 23:34		$2.74	$0.00	$2.74		【1】 2016 New Fashion Retro Designer Women Round Circle Glasses Cat Eye Semi-Rimless Vintage Sunglasses Goggles Oculos de sol (产品属性:Lenses Color:4) (商家编码:AS041_04)
50191364285	等待您发货	Shuang Yi	Fau ado	fau 997@libero.it	2017.03.18 23:26	2017.03.18 23:26	$4.03	$0.00	$4.03		【1】 Summer Cotton Slim Fit Men Tank Tops Clothing Bodybuilding Undershirt men Fitness Singlet mens vest fashion brand 2016 new (产品属性:Color:6、Size:M) (商家编码:AL144_BKGR_2)
8276439322	买家下单成功	ShuangYi A	Ric nco	ricard co14@gmail.com	2017.03.18 17:21		$1.39	$0.00	$1.39		【1】 2016 New Summer Style Unisex Vintage Sunglasses Retro Rivet Men & Women Sun Glasses Women Brand Designer Glasses Oculos De Sol (产品属性:Lenses Color:Red) (商家编码:AS029_02)
8266813686	等待您发货	Shuang Yi	Ta ay	因买家设置不提供邮箱地址，请您通过站内信与买家沟通	2017.03.18 16:18	2017.03.18 16:18	$5.61	$1.42	$5.61		【1】 2017 Embroidery Night Owl Hat Snapback Caps Brand Baseball Cap Men Women Hockey Dad hats Visormulheres osso bonnet homme (产品属性:Color:16) (商家编码:AA355_16)
8263608449	等待您发货	ShuangYi A	Marg tek	suspens24@yahoo.co.uk	2017.03.18 15:57	2017.03.18 15:57	$3.44	$0.00	$3.44		Outdoor Coating Sun glasses Anit UV400 Oculos de sol (产品属性:Lenses Color:6) (商家编码:AS067_06) (产品数量:1 piece)

订单备注	收货地址	收货人名称	收货国家	州/省	城市	地址	邮编	联系电话	手机	买家选择物流	发货期限	实际发货物流：	发货时间	确认收货时间
	Gorpish kv.21、cebac er、Russian Federation	D Ser Grishchenko	Russian Federation	Other	cebacctonol	Gorpi v.21	299012	null+7null	97 24 53	AliExpress Saver Shipping	2017-03-28			
	Gorpis kv.21、cebacc her、Russian Federation	D Se a Gr ko	Russian Federation	Other	cebacctonol	Gorpi .21	299012	null+7null	97 24 53	AliExpress Saver Shipping				2017.03.18 23:44
	Via Fode itini、Sic gento、Italy	Fa ado	Italy	Sicilia/Agrigento	Comitini	Via n 9	92020	null39null	33 89 71	Yanwen Economic Air Mail	2017-03-28			
	Rua Alfred eiro 4, 1D、Odi ivelas、Portugal	Ric do Fr	Portugal	Odivelas	Odivelas	Rua Roque G 1D	2675 277	nullnull	93 5 1	China Post Ordinary Small Packet Plus				
If you can give me a few more free samples of this hat I can give you a review. The white one too!	1375 Allento dale、Penn 、United States	Ta e	United States	Pennsylvania	Lansdale	1375 Al Rd	19446	null+1null	21 9-1936	ePacket	2017-03-27			
	80 Rot a Road、Eastb Sussex、United Kingdom	M ret Zi k	United Kingdom	East Sussex	Eastbourne	80 R a Road	BN23 6LQ	+44	07 4 812	Royal Mail Economy	2017-03-27			

图 8-26　查看订单信息和物流信息

8.3.2　运费报表

卖家可以在速卖通后台的“交易”→“物流服务”→“运费统计”中进行运费统计，如图 8-27 所示。卖家可根据物流方式、支付方式、支付状态（已支付或未支付）等条件进行运单查询。

卖家也可以下载运费明细表（Excel 表格），进行财务统计，如图 8-28 所示。

项目 8 跨境电商支付与财务管理

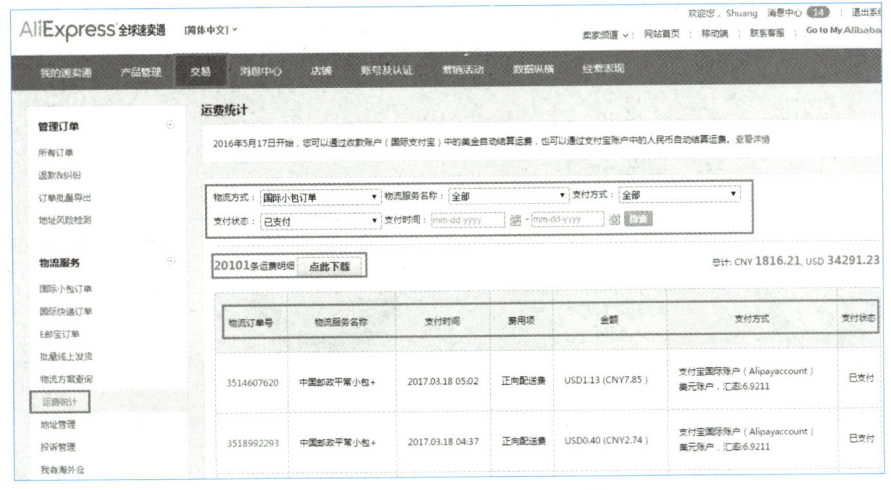

图 8-27 运费统计

图 8-28 运费明细表

8.3.3 资金账户管理

1．放款查询

卖家可以在速卖通后台的"交易"→"资金账户管理"→"放款查询"中进行放款查询（订单状态有已放款和待放款两种状态，币种有美元、人民币和卢布 3 种），如图 8-29 所示。

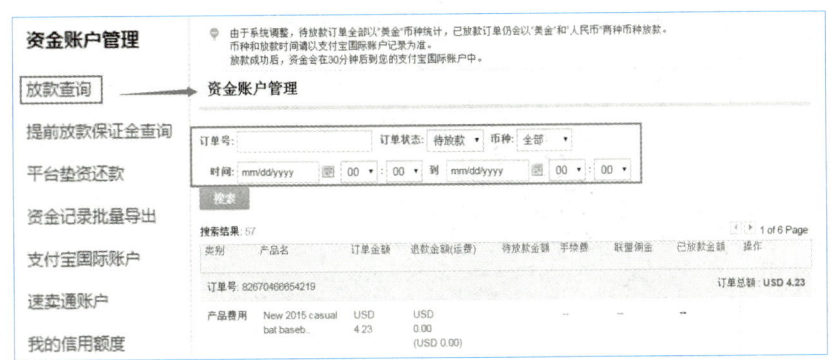

图 8-29 放款查询

2．提前放款保证金

卖家可以在速卖通后台的"交易"→"资金账户管理"→"提前放款保证金查询"中进行提前放款保证金查询。速卖通会根据卖家的经营表现，上调或下调卖家提前放款需要的保证金总额，如图 8-30 所示。

215

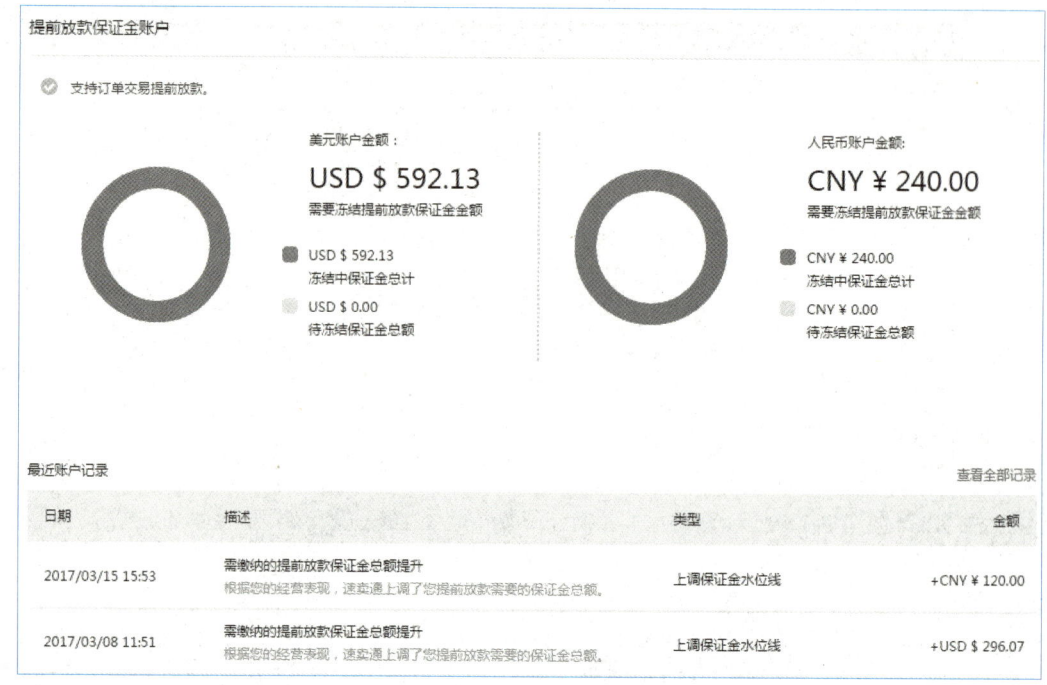

图 8-30　提前放款保证金账户

3. 资金记录批量导出

卖家可以在速卖通后台的"交易"→"资金账户管理"→"资金记录批量导出"中批量导出资金记录，可导出放款记录明细、售后退款明细、保证金冻结解冻记录、保证金使用和追缴明细、平台垫资及偿还平台垫资明细，如图 8-31 所示。

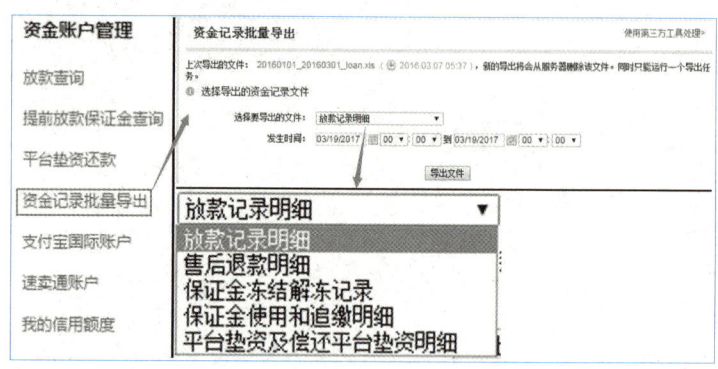

图 8-31　资金记录批量导出

4. 支付宝国际账户

卖家可以在速卖通后台的"交易"→"资金账户管理"→"支付宝国际账户"中查询美元和人民币账户的金额，以及所有资金的进出情况。因此，支付宝国际账户对店铺的财务核算来说非常重要，本项目的同步实训会介绍店铺财务核算的方法。

卖家可以在"交易记录"中查询美元和人民币账户在某一时间范围内的入款及出款明细（见图 8-32），并下载查询表格。

项目 8　跨境电商支付与财务管理

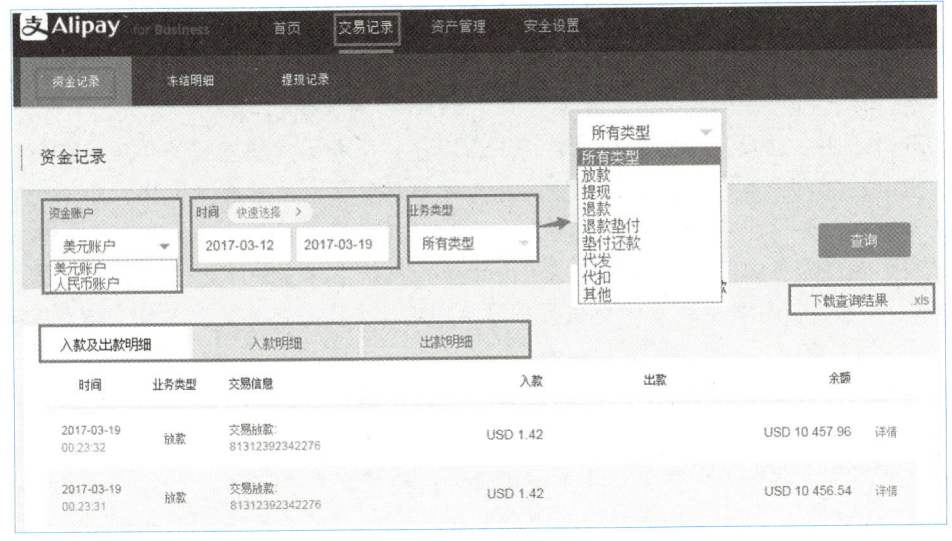

图 8-32　交易记录

跨境支付合规迎新课题

亚马逊于 2021 年更新了支付服务商计划，要求卖家必须使用指定的支付工具。从 2021 年 7 月 15 日起，如果卖家使用未参与该计划的支付服务商，那么亚马逊将停止向该卖家付款。亚马逊表示这是为了进一步提升发现、防范和处置不合规行为的能力，保护买家和卖家免受欺诈等违规行为的侵害。一时间，如何合规地让经营所得回到囊中，成为卖家不得不重视的问题。

"合规跨境收款未来仍有巨大的需求空间。"2021 年 8 月 12 日，博通分析发布的《跨境支付行业专题分析 2021》指出，对经营跨境业务的卖家来说，除了保证自身业务符合国家和相关平台的规定，选择合规、安全的跨境收付款平台也非常重要。

在跨境电商产业链中，收付款环节可谓纷繁复杂。由于各国对外汇监管和洗钱打击都有严格的要求，跨境电商收款环节在某种程度上甚至比产品合规和真实评论更让卖家头疼。再加上交易高频、单笔金额小的特点，单个卖家业务对传统银行缺乏吸引力，第三方收单收款支付机构应运而生。

事实上，跨境支付服务商的命运和卖家的命运紧紧相连。《跨境支付行业专题分析 2021》指出，自 2021 年以来，部分国内知名亚马逊卖家因"滥用评分、反馈或评论""滥用销售排名"等原因等被亚马逊强制关店整改，这对我国跨境电商、跨境支付及其他相关行业的发展造成了一定的负面影响。

卖家若要进一步合规经营，则必须在选择跨境支付服务商方面擦亮眼睛。例如，卖家从 2021 年 7 月 15 日起必须选择使用参与亚马逊支付服务商计划的跨境支付服务商，否则亚马逊将停止向其付款。

传统的 to B 外贸一般只涉及两三方的交易对象，而在 to C 的跨境电商中，整个交易链条被拉长，涉及 C 端消费者、电商平台、独立站卖家、收单和收款机构及银行等多个主体。在这个被拉长的链条中，第三方收付款平台对交易合规风险的把控能力显得格外重要，这

217

也是很多跨境支付服务商争取卖家客户的营销点。

跨境支付服务商能够帮助跨境电商行业更进一步做好合规工作，首先在于甄别不良卖家和买家，防止出现好人和坏人做生意，最后好人吃亏的情况。

2021年7月，国务院办公厅印发的《国务院办公厅关于加快发展外贸新业态新模式的意见》指出，加大金融支持力度、便捷贸易支付结算管理。鼓励金融机构、非银行支付机构、征信机构、外贸服务平台等加强合作，为具有真实交易背景的外贸新业态新模式企业提供便利化金融服务。浙江省也印发了《关于金融支持浙江省跨境电子商务高质量发展的指导意见》，出台金融支持跨境电商9条举措，从跨境人民币、外汇、支付、融资等多方面助跑跨境电商企业。

事实上，自新冠肺炎疫情爆发以来，跨境电商异军突起，叠加政策对跨境支付的支持和规范，跨境支付行业顺势而为。2021年6月28日，Payoneer（派安盈）在纳斯达克上市，成为跨境电商支付第一股，资本市场正迎来更多的跨境支付参与者。

博通分析指出，对跨境支付服务商来说，风控合规、产品服务能力与市场能力构成了其重要的3项核心竞争力。风控合规是跨境支付服务商安全展业的前提与保障；产品服务能力帮助跨境支付服务商更好地满足客户的相关需求；市场能力则助力跨境支付服务商在众多竞争对手中脱颖而出。

卖家应该意识到，选择和资质好的跨境支付服务商合作，不仅能让资金合法、合规出入境，还能享受一些衍生金融服务（如$T+5$甚至$T+0$资金提前到账的服务），而一些电商平台的资金回笼时间长达半个月甚至更久。

实训 8.1　查询银行的 SWIFT Code

实训目的

了解 SWIFT Code 的含义、组成；掌握 SWIFT Code 的查询方法。

实训内容与步骤

（1）SWIFT Code 的含义。

从前文的"小知识"模块中我们了解了 SWIFT 是环球银行金融电信协会（Society for Worldwide Interbank Financial Telecommunication）的简称，它是一个国际银行间非营利性的国际合作组织，为国际金融业务提供快捷、准确、优质的服务。SWIFT 运营着世界级的金融电文网络，银行和其他金融机构通过它与同业交换电文来完成金融交易。

SWIFT Code 是由 SWIFT 提出并被国际标准化组织通过的银行识别代码，也叫 SWIFT-BIC、BIC Code 或 SWIFT ID。

（2）SWIFT Code 的组成。

SWIFT Code 由计算机可以识别的 8 或 11 位英文或阿拉伯数字组成，可以拆分为银行代码、国家代码、地区代码和分行代码 4 个部分。

① 银行代码：由 4 个英文字母组成，每个银行只有一个银行代码，由其自己决定，通常是该行的英文缩写，适用于其所有的分支机构。

② 国家代码：由 2 个英文字母组成，用于区分客户所在的国家和地理区域。

③ 地区代码：由除 0、1 以外的两个数字或两个字母组成，用于区分客户位于所在国家的地理位置，如时区、省、州、城市等。

④ 分行代码：由 3 个字母或数字组成，用于区分一个国家中某一分行、组织或部门。如果银行的 SWIFT Code 只有 8 位而无分行代码，那么其初始值为"XXX"。

国内主要银行的统一代码如下。

中国银行（Bank of China）：BKCHCNBJ。

中国工商银行（Industrial & Commercial Bank of China）：ICBKCNBJ。

中国农业银行（Agricultural Bank of China）：ABOCCNBJ。

中国建设银行（China Construction Bank）：PCBCCNBJ。

中国交通银行：COMMCN。

中国招商银行：CMBCCNBS。

民生银行：MSBCCNBJ。

华夏银行：HXBKCN。

工行国际借记卡：ICBKCNBJICC。

（3）登录国内银行 SWIFT Code 查询网站，根据提示填写你想查询的银行信息，如图 8-33 所示。注意：该网站主要提供国内银行 SWIFT Code 查询服务。

图 8-33　国内银行 SWIFT Code 查询网站

例如，查询中国建设银行杭州分行的 SWIFT Code，在搜索框中输入"中国建设银行 杭州"或"China Construction Bank HangZhou"或中国建设银行的代码，单击"搜索"按钮，会出现多条查询结果，如图 8-34 所示。

（4）登录国际银行 SWIFT Code 查询网站，根据提示填写要查询的银行信息。注意：可查询国内外各银行的 SWIFT Code。

以中国建设银行杭州分行为例：在"BIC"中填写中国建设银行的统一代码"PCBCCNBJ"；在"Name"中填写中国建设银行的英文名"China Construction Bank"；在"City"中填写要查询的城市拼音"hangzhou"；在"Country"中选择"China"；在"Challenge response"中填写你所看到的验证码（区分大小写）；单击"Search"按钮，如图 8-35 所示。

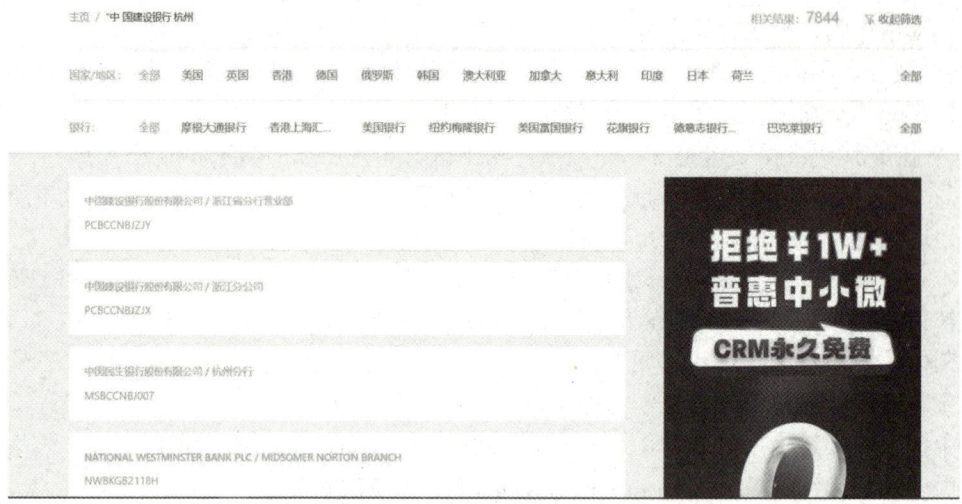

图 8-34　查询结果 1

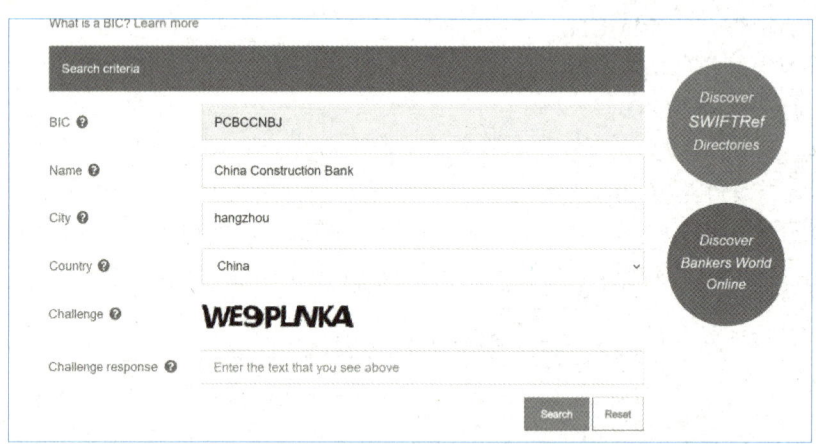

图 8-35　国际银行 SWIFT Code 查询网站

在查询结果中可以看到所要查询的银行的 SWIFT Code，如图 8-36 所示。

图 8-36　查询结果 2

项目 8　跨境电商支付与财务管理

本实训介绍了两个 SWIFT Code 查询网站：国内银行 SWIFT Code 查询网站可以查询国内银行的信息；国际银行 SWIFT Code 查询网站可以查询国内外各银行的信息。两个网站的查询方式及需要填写的信息略有不同，在国际银行 SWIFT Code 查询网站查询银行信息时，需先确认银行代码。

分别在以下两个网站查询下面所列银行的 SWIFT Code。
（1）国内银行 SWIFT Code 查询网站。
（2）国际银行 SWIFT Code 查询网站。
中国银行浙江省分行
中国工商银行广东惠州支行
中国农业银行大连市分行
中国建设银行浙江分行
中国交通银行浙江台州分行
招商银行北京分行
民生银行汕头分行

实训 8.2　店铺财务核算

 实训目的

登录速卖通卖家后台，查找并下载店铺订单信息、收入和支出数据，掌握店铺财务核算的方法。

 实训内容与步骤

（1）登录速卖通卖家后台，在"交易"→"资金账户管理"→"支付宝国际账户"→"首页"中查看支付宝国际账户的美元和人民币账户的金额。
在"交易记录"中可以查询美元和人民币账户在某一时间范围内的入款及出款明细。注意：时间范围不能超过 6 个月。
（2）下载 2017 年 1—2 月的美元和人民币账户的资金记录明细表，步骤如图 8-37 所示。注意：知道下载方法即可，文件下载请扫描二维码。
（3）分别打开美元和人民币账户的资金记录明细表，如图 8-38 和图 8-39 所示，读懂以下数据。
时间：系统款项进出的日期和具体时间。

业务类型：入款包括放款、代发（无忧物流赔付）；出款包括退款、代扣运费（线上发货的订单运费可在后台自动扣除）、提现和提现手续费等。

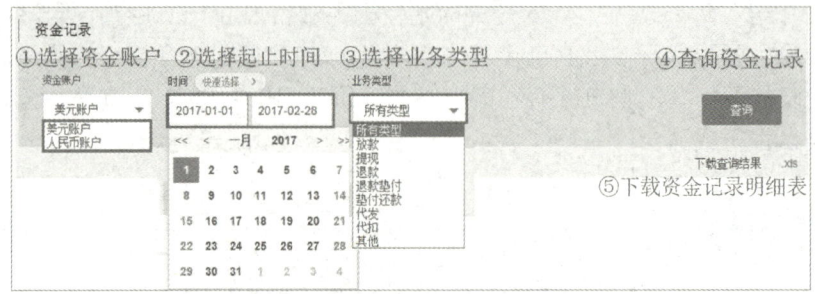

图 8-37　资金记录明细表的下载步骤

	A	B	C	D	E	F
1	时间	业务类型	交易信息	入款	出款	余额
2	2017-03-20 19:27:22	代发	代发:订单号:81410624450111,物流敢用敢赔赔付金额:	USD 4.80		USD 10 538.65
3	2017-03-20 19:27:21	代发	代发:订单号:81410624450111,物流敢用敢赔赔付金额:	USD 7.75		USD 10 533.85
4	2017-03-20 19:06:11	代发	代发:订单号:81410624450111,物流敢用敢赔赔付金额:	USD 4.80		USD 10 526.10
5	2017-03-20 17:51:59	放款	交易放款:82664940088585	USD 3.19		USD 10 521.30
6	2017-03-20 17:01:36	放款	交易放款:82725792106944	USD 4.00		USD 10 518.11
7	2017-03-20 16:26:43	放款	交易放款:501854447269583	USD 3.89		USD 10 514.11
8	2017-03-20 15:43:38	放款	交易放款:501876672279873	USD 3.71		USD 10 510.22
41	2017-03-20 13:46:36	放款	交易放款:82548726459009	USD 3.81		USD 10 400.74
42	2017-03-20 13:22:12	放款	交易放款:501887220200623	USD 2.01		USD 10 396.93
43	2017-03-20 09:29:49	代扣运费	代扣运费:922506644970208		USD 1.65	USD 10 394.92
44	2017-03-20 09:28:39	代扣运费	代扣运费:922758032280208		USD 0.83	USD 10 396.57
45	2017-03-20 09:27:52	代扣运费	代扣运费:922678780400208		USD 1.71	USD 10 397.40
46	2017-03-20 09:27:36	代扣运费	代扣运费:922678706160208		USD 0.81	USD 10 399.11
47	2017-03-20 09:27:21	代扣运费	代扣运费:922574059730208		USD 1.70	USD 10 399.92
48	2017-03-20 09:27:10	代扣运费	代扣运费:922757878820208		USD 2.49	USD 10 401.62
49	2017-03-20 06:17:34	放款	交易放款:501438830419165	USD 5.24		USD 10 404.11
50	2017-03-20 05:57:33	放款	交易放款:501379172639165	USD 5.24		USD 10 398.87
118	2017-03-18 02:40:16	退款	交易退款:81470895820086		USD 2.21	USD 10 446.46

图 8-38　美元账户的资金记录明细表

A	B	C	D	E	F
时间	业务类型	交易信息	入款	出款	余额
2017-01-24 16:09:29	放款	交易放款:81561901046047	CNY 19.36		CNY 2 916.80
2017-01-24 16:07:53	放款	交易放款:81677193987161	CNY 11.32		CNY 2 897.44
2017-01-24 16:07:47	放款	交易放款:81553324857480	CNY 11.73		CNY 2 886.12
2017-01-24 16:07:45	放款	交易放款:81675871881261	CNY 36.95		CNY 2 874.39
2017-01-24 03:14:47	放款	交易放款:80971781674090	CNY 40.90		CNY 2 837.44
2017-01-20 19:38:21	放款	交易放款:81477687817223	CNY 11.69		CNY 2 796.54
2017-01-20 19:26:30	放款	交易放款:81517707088398	CNY 24.70		CNY 2 784.85
2017-01-20 19:26:29	放款	交易放款:81517707088398	CNY 24.70		CNY 2 760.15
2017-01-20 19:24:32	放款	交易放款:81517707088398	CNY 24.70		CNY 2 735.45
2017-01-20 19:24:32	放款	交易放款:81517707088398	CNY 46.33		CNY 2 710.75
2017-01-18 05:52:11	退款	交易退款:80151153801353		CNY 21.78	CNY 2 664.42
2017-01-18 05:47:14	退款	交易退款:80151153801353		CNY 21.37	CNY 2 686.20
2017-01-17 17:36:58	放款	交易放款:81513153208060	CNY 36.49		CNY 2 707.57
2017-01-13 15:02:13	放款	交易放款:81389100493667	CNY 8.59		CNY 2 671.08
2017-01-04 04:17:17	退款	交易退款:79781915811591		CNY 25.34	CNY 2 662.49

图 8-39　人民币账户的资金记录明细表

交易信息：放款、代发、退款项的交易信息为订单号。

入款：本次入账的金额。

出款：本次出账的金额。

余额：款项进出后的余额。

（4）将入款的数据转换为数字格式，用求和公式分别加总入款和出款，总入款-总出款=净收入，如图 8-40 所示。用上述方法计算美元和人民币账户在 2017 年 1—2 月的净收入。

（5）处理表格，将“业务类型”进行统一。可根据“业务类型”进一步统计细分数据，如线上运费=代扣运费，用 SUMIF 公式将“业务类型”是“代扣运费”的“出款”列数据进行加总，如图 8-41 所示。

	A	B	C	D	E	F
1	时间	业务类型	交易信息	入款	出款	余额
7881	2016-07-01 07:10	放款	75424051455639	6.14		13392.94
7882	2016-07-01 06:22	放款	76339925042995	2.9		13386.8
7883	2016-07-01 06:07	代扣运费	901232781910208		1.14	13383.9
7884	2016-07-01 06:06	代扣运费	901223560610208		0.39	13385.04
7885	2016-07-01 05:58	代扣运费	901223285440208		1.02	13385.43
7886	2016-07-01 05:58	代扣运费	901233476140208		0.34	13386.45
7887	2016-07-01 05:58	代扣运费	901223245690208		1.12	13386.79
7888	2016-07-01 05:57	代扣运费	901233399570208		0.39	13387.91
7889	2016-07-01 05:51	代扣运费	901232107990208		0.56	13388.3
7890	2016-07-01 05:47	代扣运费	901233190800208		0.48	13388.86
7891	2016-07-01 05:46	代扣运费	901227058370208		2.37	13389.34
7892	2016-07-01 05:45	代扣运费	901222848410208		3.9	13391.71
7905	2016-07-01 04:16	代扣运费	901224053380208		1.01	13414.6
7906	2016-07-01 04:11	代扣运费	901230432670208		9.59	13415.61
7907	2016-07-01 03:58	代扣运费	901228186010208		6.97	13425.2
7908	2016-07-01 03:40	代扣运费	901227708620208		4.08	13432.17
7909			美元账户入款/出款总计	16243.6	5833.43	
7910			净收入	10410.1		

图 8-40 进出账单总计

时间	业务类型	订单号	入款	出款	余额
2015-01-27 21:07:	放款	65301784103434	7.4		107.72
2015-01-26 08:00:	放款	65133109885327	6.93		100.32
2015-01-26 08:00:	放款	65133109885327	6.93		93.39
2015-01-23 04:09:	放款	65272086905697	7.31		86.46
2015-01-23 04:09:	放款	65272086905697	7.21		79.15
2015-01-21 04:54:	放款	64954334143172	6.93		71.94
2015-01-20 22:36:	放款	64872170585488	7.12		65.01
2015-01-17 14:06:	放款	64982470793664	7.4		57.89
2015-01-13 14:36:	放款	65137862717304	6.93		50.49
2015-01-13 14:33:	放款	65137862717304	7.5		43.56
2015-01-13 14:33:	放款	65137862717304	6.93		36.06
2015-01-08 09:16:	放款	65097058405821	6.93		29.13
2015-01-08 09:16:	放款	65097058405821	7.4		22.2
2015-01-03 09:27:	放款	64965940568867	7.4		14.8
2014-12-29 21:46:	放款	64988429982287	7.4		7.4
		美元收入/支出	21282.61	7613.4	13669.21
			运费支出	=SUMIF(B:B,"代扣运费",E:E)	
			退款	SUMIF(range, criteria, [sum_range])	
			核对	7613.4	

图 8-41 按“业务类型”统计数据

（6）核算店铺收支，收入=放款（产品销售毛收入）+赔付+返点+其他收入，支出=产品成本（含包装成本）+退款+线上运费+线下运费+其他支出，制作店铺财务报表，如表 8-1 所示。

表 8-1 店铺财务报表

	收 入 项 目			支 出 项 目	
1	放款 （产品销售毛收入）		1	产品成本 （含包装成本）	
2	赔付		2	退款	
3	返点		3	线上运费	
4	其他收入		4	线下运费	
			5	其他支出	
	收入总计			支出总计	
净利润（收入－支出）					

实训提示

支付宝国际账户有美元和人民币两个账户，在计算产品销售毛收入时，一定要注意单位统一，通过汇率将美元兑换为人民币进行计算。

思考与练习

根据实训8.2的步骤完成店铺的财务核算,并回答下列问题。

(1)支付宝国际账户有哪些模块?从这些模块中可以查询或下载哪些信息?

(2)要进行店铺的财务核算,需要哪些财务数据?哪些数据可从速卖通后台得到,哪些不能?

(3)根据其他报表,完成表8-1。

项目小结

信息流、资金流、物流是电子商务的三大要素,在跨境电子商务快速增长的刺激之下,跨境支付的需求日益强烈,特别是第三方支付的应用,加快了跨境交易的频率,成为当前跨境网络交易的主要支付手段。

由于国际买家的偏好,在速卖通买家端的支付宝(Alipay)改名为国际支付宝(Escrow),它是一种第三方支付担保服务,其风控体系为卖家提供保障,其第三方担保、保证金机制为买家提供保障。国际支付宝支持的支付方式很多,主要有信用卡/借记卡、西联汇款、T/T电汇、Boleto、QIWI Wallet、WebMoney和Yandex.Money,我们要了解不同国家常用的支付工具及其特点和注意事项。

支付宝国际账户是支付宝为从事跨境交易的国内卖家建立的资金账户管理平台,具有对交易的收款、退款、提现等主要功能,包含美元账户和人民币账户。我们要掌握收款与提现账户的设置、提现、结汇和退税操作。

227 最后,我们应掌握如何在速卖通后台查询和下载各类财务数据和报表,并进行店铺的财务核算。

同步测试

同步测试答案

1. 单项选择题

(1)在速卖通上,买家不能使用的支付方式是( )。

A. 信用卡

B. 西联汇款

C. PayPal

D. QIWI Wallet

(2)下列说法错误的是( )。

A. 针对线上已发货的订单,平台允许使用支付宝付款

B. 针对线上已发货的订单,平台允许使用支付宝国际账户付款

C. 若未主动支付运费且支付宝国际账户中的余额不足,则系统将顺延至第二天划扣,直至运费划扣完成

D. 运费未支付还可创建新的线上发货订单

（3）下列说法错误的是（　　）。

　　A．买家使用信用卡进行支付，如果资金走的是美元通道，平台就会直接将买家支付的美元支付给卖家

　　B．买家使用信用卡进行支付，如果资金走的是人民币通道，平台就会将买家支付的美元兑换成人民币支付给卖家

　　C．如果买家使用 T/T 电汇方式进行支付，平台就会将美元按照买家支付当天的汇率兑换成人民币支付给卖家

　　D．如果买家使用 T/T 电汇方式进行支付，平台就会直接将美元支付给卖家

（4）卖家可以在速卖通后台的"交易"→"资金账户管理"中进行放款查询，订单的币种没有（　　）。

　　A．欧元　　　B．美元　　　C．卢布　　　D．人民币

2．多项选择题

（1）国际支付宝目前支持买家用（　　）支付。

　　A．美元　　　B．英镑　　　C．欧元　　　D．卢布

（2）俄罗斯买家在速卖通上可以使用的支付方式有（　　）。

　　A．WebMoney　　B．QIWI Wallet　　C．MasterCard　　D．VISA 信用卡

（3）俄罗斯的三大主流支付方式是（　　）。

　　A．QIWI Wallet　　　　　　　B．WebMoney

　　C．Boleto　　　　　　　　　 D．Yandex.Money

（4）SWIFT Code 由 8 或 11 位英文或阿拉伯数字组成，包括（　　）。

　　A．银行代码　　　　　　　　B．国家代码

　　C．地区代码　　　　　　　　D．分行代码

（5）下列说法正确的是（　　）。

　　A．SWIFT Code 对于某个具体的银行不是唯一的，可以通过拨打银行服务电话或登录国际银行 SWIFTCode 查询网站查询

　　B．SWIFT Code 是国际编码，相当于银行的身份证号

　　C．速卖通提现采用余额提现方式，分为美元提现与人民币提现

　　D．美元提现将提款到卖家的美元银行账户中，人民币提现将提款到卖家的支付宝国内账户中

3．分析题

（1）国际支付宝支持的支付方式有哪些？买家可以使用哪些币种进行付款？卖家可以使用哪些币种进行收款？

（2）卖家可以设置 3 个美元提现账户，可选个人账户或企业账户。这两类账户在银行办理及结汇手续中有什么不同？

参考文献

[1] 速卖通大学. 跨境电商：阿里巴巴速卖通宝典[M]. 2版. 北京：电子工业出版社，2015.
[2] 伍蓓. 跨境电商理论与实务[M]. 北京：人民邮电出版社，2021.
[3] 肖旭. 跨境电商实务[M]. 3版. 北京：中国人民大学出版社，2020.
[4] 柯丽敏，林洁. 跨境电商速卖通立体化实战教程[M]. 杭州：浙江大学出版社，2020.
[5] 龚文龙，王宇佳. 跨境电商实务[M]. 杭州：浙江大学出版社，2019.
[6] 柯丽敏，洪方仁. 跨境电商理论与实务[M]. 2版. 北京：中国海关出版社，2019.
[7] 黄军明. 跨境电商实务——速卖通平台运营实战[M]. 北京：电子工业出版社，2019.
[8] 廖丽玲，杜艳红. 基于电商B2C英语语言特征的跨境电商专业英语写作教学研究[J]. 北京城市学院学报，2016（6）：67-70.